MANUEL

DES ŒUVRES

DE BRONZE ET D'ORFÉVRERIE

DU MOYEN AGE

PARIS. — IMPRIMERIE DE J. CLAYE

RUE SAINT BENOIT, 7

MANUEL

DES ŒUVRES

DE BRONZE ET D'ORFÉVRERIE

DU MOYEN AGE

PAR

DIDRON AINÉ

SECRÉTAIRE DE L'ANCIEN COMITÉ HISTORIQUE
DES ARTS ET MONUMENTS

DESSINS DE L. GAUCHEREL. — GRAVURES DE E. MOUARD.

PARIS

LIBRAIRIE ARCHÉOLOGIQUE DE VICTOR DIDRON

23, RUE SAINT-DOMINIQUE

M DCCC LIX

BRONZES ET ORFÉVRERIE

DU MOYEN AGE

On peut bien dire que l'homme, à partir du jour où la terre lui fut assujettie et livrée en toute propriété [1], n'a pas laissé son domaine en friche. Si le travail lui fut imposé comme une punition, chaque jour, depuis que le monde existe, le genre humain subit sa peine et accomplit sa tâche avec une ardeur qui s'accroît au lieu de se ralentir ; car c'est pour notre époque surtout que semble avoir été créée l'expression virgilienne du « labor improbus », de ce labeur, poussé à tort et à travers et qui, pour tout vaincre, ne connaît ni obstacle ni repos.

D'ordinaire, les savants divisent les objets naturels, sur lesquels s'exerce le travail de l'homme, en trois grandes classes : les animaux, les végétaux, les minéraux. Pour se nourrir, l'homme s'attaqua d'abord aux animaux ; pour s'abriter, il eut principalement recours aux végétaux, aux feuilles et aux arbres. Ces deux classes subsistent à la surface du globe, et l'homme fut d'abord chasseur et laboureur pour conserver son existence. Mais bientôt, après avoir éventré la surface du sol, il descendit dans les entrailles de la terre et en rapporta des minéraux et des métaux qu'il fit servir à son bonheur et à ses plaisirs, à la gloire de la Divinité et à sa propre satisfaction.

En effet, après avoir assuré l'existence de son corps, l'homme put songer

---

[1]. « ... Et replete terram, et subjicite eam,... et dominamini universis animantibus ». — « Genèse », i, 28.

à la vie de son âme. Or, il est à remarquer que si les animaux et les végétaux concourent principalement à l'existence matérielle, ce sont les minéraux
surtout qui recèlent les éléments de la vie intellectuelle et morale. Les beaux-
arts, dont il est inutile de donner ici une définition que tout le monde sait
par cœur, sont les agents les plus actifs de l'intelligence, et les éléments dont
ils se composent appartiennent principalement aux minéraux. L'architecture,
cette reine dont les autres arts ne sont que les sujets, se fait avec des pierres;
la sculpture, avec des pierres et des métaux; la peinture, la seule qui soit
digne de ce nom à mon avis, c'est-à-dire la peinture monumentale, la mosaïque, la fresque et la peinture sur verre, c'est dans la pierre et dans la
partie colorante des métaux qu'elle trouve sa substance; la musique elle-
même, cet art incorporel et impalpable, c'est encore aux métaux, au cuivre,
à l'airain, à l'or et à l'argent, qu'elle emprunte la classe la plus nombreuse
et la plus éclatante de ses instruments.

Sans les minéraux, la musique serait presque muette, la peinture serait
blème, la sculpture durerait peu et l'architecture n'existerait pas.

Je viens de dire que la sculpture durerait peu, parce que, sans la pierre
et le métal, en n'en ferait qu'en bois; or, entre les autres qualités qui constituent l'art proprement dit, la durée est peut-être la qualité souveraine. On
n'a jamais pu faire un art des parfums, parce que le parfum, à peine éclos,
s'évapore et meurt; la danse est un art secondaire, parce que le mouvement
d'où elle sort ne dure qu'un instant. Il faut le dire, si, par la typographie
et la gravure, on n'avait trouvé le moyen de figer en quelque sorte et de fixer
les sons, la musique elle-même ne vaudrait guère mieux que la danse. L'architecture, au contraire, la sculpture et la peinture monumentale sont les arts
par excellence, surtout à cause de leur durée. La durée, c'est la qualité
suprême : que serait Dieu lui-même, si Dieu ne durait pas toujours?

En revenant de Grèce, je faisais quarantaine à Malte, dans le château
La Vallette, avec mes compagnons de voyage. Un matin, après une nuit
fraîche, nous nous promenions en face de la mer, dans la cour du château,
où, à travers les cailloux, pointaient de petits brins d'herbe. A ces petites
plantes s'étaient accrochées des gouttelettes de rosée que le soleil levant colo-
rait et faisait briller comme de la lumière cristallisée. Regardez, me dit l'un
des nôtres qui avait quelque poésie dans l'âme, si ces larmes de rosée ne
sont pas plus belles et plus diversement colorées que les rubis, les saphirs,
les topazes et les diamants les mieux taillés! C'est vrai, lui répondis-je; mais
le diamant dure, le diamant est éternel, et la goutte de rosée, si resplen-
dissante qu'elle soit, n'a qu'une minute pour exister. Nous avions à peine fini

de parler, mon interlocuteur et moi, que les rayons du soleil, devenus plus
chauds, avaient bu les ruisseaux de saphirs, les rivières de rubis, les fleuves
de topazes et la mer de diamants, et qu'il ne restait plus que des brindilles
d'herbe desséchées et que de grossiers cailloux. On aura beau dire, il faut à
l'art, pour qu'il mérite vraiment ce nom, une longue, une immortelle durée;
faites une statue en neige, plus belle que la Vénus de Milo, si vous le pouvez,
et ce ne sera cependant pas de la sculpture réelle, pas plus que la coupole en
gâteau de Savoie ou le temple en sucre candi destinés au dessert de nos tables
ne sont des monuments d'architecture.

Certes, je comprends bien cet orgueil du poëte qui s'écrie :

« Exegi monumentum ære perennius »;

car il semble attribuer à cette pérennité son génie actuel et sa gloire future.

Cet airain, auquel est comparée la durée des œuvres les plus durables, est
précisément la substance principale dont sont composés, avec l'or et l'argent,
la plupart des objets dont nous allons parler. Si donc à leur forme, qui est
déjà si remarquable, ces œuvres joignent la durée du métal, qui est presque
éternelle, on peut dire que l'art s'est élevé en elles jusqu'à son apogée.

Tous ces objets sont religieux. Une autre série, dont nous recueillons déjà
les éléments, se compose des objets civils, des ustensiles domestiques; mais
ici, en ce moment, il n'est question que des choses mobilières à l'usage du
culte et qui se coulent en bronze ou se fabriquent en argent et en or.

En tête, à cause de ses dimensions matérielles et de son importance liturgique, il faut placer l'autel. Une église n'est bâtie, en quelque sorte, que
pour couvrir l'autel, comme le vêtement n'est fait que pour protéger l'homme.
Sans autel, le temple n'existe pas : ce n'est qu'une grande maison; tandis
que l'autel, centre d'où rayonne toute l'église, subsiste seul et par lui-même.
Il est dans l'édifice sacré ce qu'est le cœur dans l'homme : la source de la
vie, le « primum vivens » et l' « ultimum moriens » de tout ce qui tient au
culte.

I. — AUTELS.

Les autels en bronze sont fort rares [1]. En argent et en or, malgré la valeur
du métal et la cupidité de l'homme, ils existent encore assez nombreux. La

1. M. J. GAILHABAUD, dans l'« Architecture du v⁰ au xvii⁰ siècle », 49⁰ livraison, a publié
l'autel en bronze de la cathédrale de Brunswick. C'est une table portée par cinq colonnes isolées,
une au centre, les autres aux angles; les colonnes sont creuses, bien entendu. Cet autel fort
simple, mais fort intéressant, doit dater du xii⁰ et peut-être du xi⁰ siècle; on va même jusqu'à
l'attribuer au x⁰.

plupart sont en marbre et principalement en pierre. Mais ces autels de pierre et de marbre, surtout ceux d'Avenas, de Saint-Guilhem-du-Désert, de Saint-Denis, qui sont couverts de figures assises ou debout, peuvent s'exécuter facilement et convenablement en métal, surtout en bronze. Ceux-là, même où l'on n'a employé que l'architecture, comme à celui de Saint-Germer que voici, se traduiraient parfaitement en bronze.

1. — AUTEL ROMAN. — XII⁰ SIÈCLE.

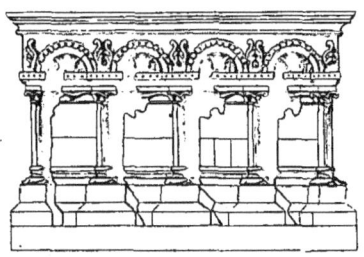

A SAINT-GERMER, PRÈS BEAUVAIS. — LONG., 1ᵐ72; HAUT., 1ᵐ24.

Il se coulerait avantageusement en métal, comme il a été coulé en grès céramique, d'une manière si remarquable, par MM. Virebent, de Toulouse.

Puisque nous venons de nommer ces habiles céramistes de Toulouse, qu'on

2. — AUTEL EN STYLE DU XIIIᵉ SIÈCLE.

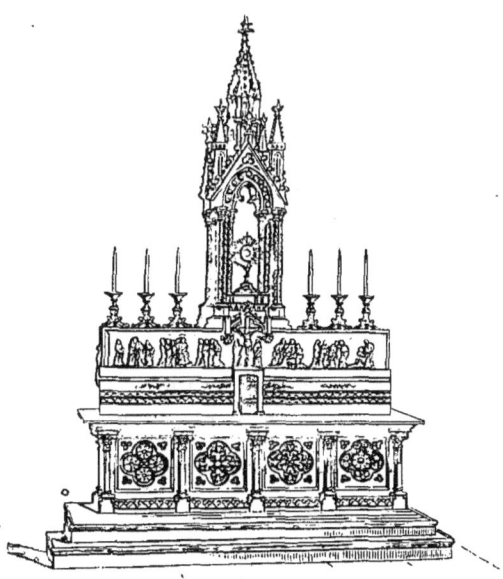

COMPOSÉ ET EXÉCUTÉ PAR MM. VIREBENT FRÈRES. — LONG. VARIABLE DE 2 A 3ᵐ, SUR UNE HAUTEUR PROPORTIONNELLE.

nous permette de montrer l'un de ces autels, moulé complétement en terre cuite, et qui ne perdrait pas à s'exécuter en fonte de cuivre. Mais seulement, en terre cuite, il coûte trois mille francs ; en bronze, il en vaudrait douze mille, et en pierre même il irait au moins à six mille[1].

Un autel de métal, en or, célèbre surtout depuis qu'il est exilé, est celui de la cathédrale de Bâle, que le Gouvernement français a eu la générosité d'acheter et de placer dans le musée historique de l'hôtel de Cluny. Ce n'est à proprement parler qu'un parement qui s'appliquait aux jours solennels contre le massif uni de l'autel, ce que les Italiens appellent une « pala » ou un « paliotto », c'est-à-dire un devant d'autel ou, pour plus de rigueur encore, un vêtement, un « pallium ». Cet autel de Bâle, qui date de 1019, à ce que l'on prétend, et qui paraît avoir été donné par l'empereur saint Henri et sa femme Cunégonde, est divisé en cinq arcades. Celle du milieu, plus élevée, renferme Jésus-Christ, le « Roi des rois, le Seigneur des seigneurs » : REX REGVM, DNS DOMINANTIVM. Aux pieds du Sauveur, qui tient le monde à la gauche et bénit de la droite, sont prosternés les donateurs, prince et princesse. Les trois archanges saint Gabriel, saint Raphaël et saint Michel, puis saint Benoît, occupent les autres arcades, au-dessus desquelles, dans des médaillons, se voient à mi-corps les quatre vertus cardinales : la Prudence, la Justice, la Tempérance et la Force. Des inscriptions latines nomment Dieu, les trois archanges, saint Benoît abbé et les quatre Vertus ; mais, en outre, une inscription, latine également, règne à la frise et à la base du monument, inscription qui, tout en appelant par étymologie ou plutôt par signification les cinq grands personnages, a l'avantage d'être une invocation ardente au Christ, qu'on supplie d'être le médiateur entre son Père et les hommes :

✝ QVIS SICVT HEL FORTIS MEDICVS SOTER BENEDICTVS
✝ PROSPICE TERRIGENAS CLEMENS MEDIATOR VSIAS.

Le QVIS SICVT HEL est la signification du nom de Michel ; le FORTIS, celle de de Gabriel ; le MEDICVS, de Raphaël. Quant à SOTER, c'est « Salvator », Sauveur en grec. Seul, saint Benoît, BENEDICTVS, conserve son nom, dont la signification est parfaitement transparente et n'avait pas besoin d'autre étymologie. Le VSIAS (ousias) de la fin est un mot grec latinisé, comme SOTER, et

1. MM. Virebent frères, de Toulouse, viennent d'établir à Paris un dépôt et une agence pour leurs beaux et solides produits. Le dépôt est rue Saint-Dominique, 23, dans nos magasins, et l'agence dans nos bureaux. Nous avons désiré concourir au succès de cette utile et belle indus- trie d'art à bon marché. On pourra donc, désormais, s'adresser au Directeur des « Annales Archéologiques », rue Saint-Dominique, 23, à Paris, lorsqu'on voudra se procurer des autels, des statues et statuettes, des bas-reliefs, des ornements, des motifs d'architecture de tout style et de toute forme en grès céramique.

qui signifie « substance », substances engendrées de terre, les humains par
conséquent [1].

3. — AUTEL DE BALE, EN OR. — XIᵉ OU XIIᵉ SIÈCLE.

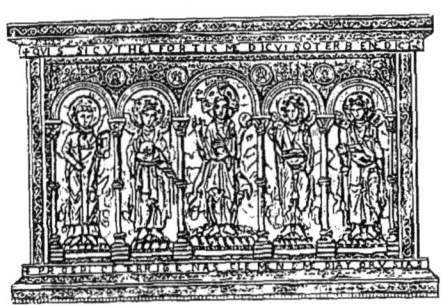

AU MUSÉE DE L'HOTEL DE CLUNY. — LONG., 1ᵐ82; HAUT., 1ᵐ12.

Il y a d'autres autels en métal, bien plus célèbres et bien plus riches
encore que celui de Bâle : le « Paliotto » de Saint-Ambroise de Milan, la
« Palla-d'Oro » de Saint-Marc de Venise, la « Palla-d'Oro » d'Aix-la-Chapelle, dont il ne reste plus que dix-sept bas-reliefs en or repoussé [2]. Je ne
parle ni de l'autel de Pistoja, ni de l'autel Saint-Jean à Florence, ni d'un
autre autel de Saint-Marc de Venise, parce qu'ils datent d'une époque trop
récente, des XIVᵉ et XVᵉ siècles. Du reste, tous trois sont en argent et d'une
très-grande valeur ; d'ailleurs encore, si l'on voulait en exécuter de ce style,
il serait nécessaire d'aller s'y inspirer.

Aux XIIᵉ et XIIIᵉ siècles, ce n'est pas seulement le devant de l'autel que l'on
décore; on en pare surtout le dessus, puis le retable, puis la tranche même
du retable, et enfin tout ce qui l'environne.

Sur le dessus de l'autel, la table proprement dite, on pose les chandeliers

1. M. W. Wackernagel a publié dans les « Mittheilungen der Gesellschaft für vaterlændische
Alterthümer in Basel » (Bâle, 1857, in-4°), un mémoire sur cet autel. A Bâle, MM. Wackernagel
et Ch. Riggenbach sont persuadés que l'autel est bien du XIᵉ siècle. En Prusse, Kugler, et en
Autriche, M. G. Heider, l'assignent au commencement du XIIIᵉ siècle. Entre ces deux époques,
nous pencherions volontiers pour le XIIᵉ siècle, car le roman est très-nettement accusé sur ce
monument.

2. Je possède le moulage en plâtre de ces bas-reliefs, infiniment curieux, qui représentent la
vie, la mort et la résurrection de Jésus-Christ, et enfin le Sauveur (imberbe) dans sa gloire entre
la sainte Vierge, saint Michel et les quatre attributs des évangélistes. Il paraît que l'empereur
Henri II, donateur, à ce qu'on assure, de l'autel de Bâle, aurait également donné cet autel d'or à
Aix-la-Chapelle. Mais celui d'Aix, d'ailleurs plus riche et plus intéressant que l'autel de Bâle, est
aussi plus ancien de cent ans peut-être. En conséquence, en assignant le commencement du
XIᵉ siècle à l'autel d'Aix, il faudrait avancer jusqu'au XIIᵉ celui de Bâle.

et les vases sacrés ; au retable, on représente en relief ou en peinture les scènes principales de la Passion ou de la vie du patron dont l'autel porte le vocable ; sur la tranche, on aligne les reliquaires ; du milieu de cette tranche part une petite construction, pilastre, faisceau de colonnes, clocheton, où l'on suspend la réserve et que l'on surmonte du crucifix. Autour de l'autel on plante des colonnes où se dressent des anges qui tiennent soit des candélabres, soit les instruments de la Passion. Tout cela, chandeliers, candélabres, vases sacrés, bas-reliefs, reliquaires, tabernacle et réserve, crucifix et anges, s'exécute en bronze, en argent, en or, en métal fondu ou battu.

Le n° 4, réduction d'un autel de l'ancienne cathédrale d'Arras, tel qu'il est peint sur un vieux tableau, offre l'exemple le plus complet d'un autel ainsi paré et meublé.

4. — AUTEL DU XIII° SIÈCLE.

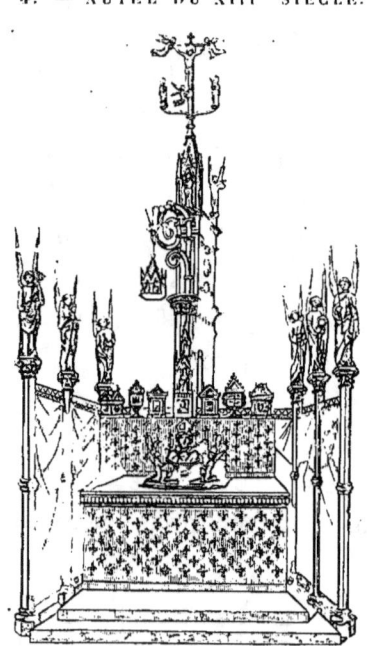

SUR UN ANCIEN TABLEAU, A LA CATHÉDRALE D'ARRAS.

Non-seulement les anges qui portent les instruments de la Passion devaient être en métal, en bronze ou en argent, mais les colonnes elles-mêmes pouvaient être coulées en bronze [1]. Quant à la crosse ou double volute, de laquelle

1. Autour de l'autel qu'il a fait exécuter pour la cathédrale de Clermont-Ferrand, M. Viollet-le-Duc a fixé ainsi des colonnes en métal supportant des anges en métal également. Ce système, d'une richesse si grande et d'un éclat plus grand encore, est tout à fait conforme à l'esprit du

s'échappe le petit ange qui tient la suspension, elle est assurément en bronze
ou au moins en fer forgé. Cette suspension, en forme de tour ou d'extrémité
de clocher, est une œuvre d'orfévrerie du même ordre que les nombreux reliquaires posés sur la table de l'autel et alignés sur la tranche du retable. Le
« chef », assis sur la table et porté par deux petits anges agenouillés, doit être
celui de saint Waast, apôtre et évêque. d'Arras. Les autres reliquaires sont d'une
forme assez variée, et que nous retrouverons dans ceux qui vont passer successivement sous nos yeux. Tout au sommet de l'édicule, auquel est accrochée
la suspension de la réserve eucharistique, est plantée la croix à laquelle Jésus
est attaché entre trois anges qui recueillent le sang divin, et Marie et saint
Jean qui assistent à l'agonie du Sauveur. Ce petit groupe de six personnages
était en métal, à n'en pas douter, comme il en existe encore bien des exemples. Nous engageons les architectes gothiques à méditer et scruter toutes les
parties, même les moins visibles, qui constituent cet autel d'Arras : sauf les
chandeliers et les vases sacrés, il y a là tous les éléments des autels de nos
cathédrales du xiiie siècle.

De cet ensemble, passons aux détails.

II. — RELIQUAIRES.

Aux jours de fêtes, les premiers objets que l'on apportait sur les autels, au
moment des cérémonies, étaient les reliquaires et, entre ceux-ci, les châsses
proprement dites.

Sur l'autel d'Arras, s'offre avant tout le chef de saint Waast ; de même,
dans les autres églises, se plaçaient d'abord les châsses des grands patrons.

C'est un fait constant dans tout le moyen âge : les grandes châsses affectent
la forme des églises ; ce sont des églises de métal, bronze, argent ou or,
peintes d'émaux et de nielles, relevées de filigranes et de pierreries ; des
églises en miniature ; des âmes d'églises, si l'on peut parler ainsi, placées au
centre du grand corps matériel de l'église de pierre. A la Sainte-Chapelle de
Paris, la châsse des grandes reliques offrait la réduction en petit de la Sainte-
Chapelle même. En Belgique, à Nivelles, la châsse métallique de sainte Ger-
trude, qui date de la fin du xiiie siècle, reproduit une église de pierre avec

moyen âge. Il permet de donner à l'autel une dimension moins colossale, moins exagérée que
celle qui n'a cessé de s'amplifier depuis Louis XIV, car, par ces hautes colonnes haussées chacune
d'un ange debout, cet ensemble, qui constitue l'autel, prend une importance considérable.

une affectation que nous trouvons ridicule : portail à trois entrées avec vous-sures profondes et pleines de figurines ; tympans au-dessus des portes ; balustrade à jour à la naissance des voûtes ; rosace à douze compartiments pour des vitraux, comme aux cathédrales de Reims et de Paris ; crochets sur les rampants des pignons ; crête dans toute la longueur du toit ; contre-forts et arcs-boutants pour retenir la poussée des voûtes. A l'intérieur, trois nefs, deux bras de croix. Il n'y manque qu'une abside circulaire, mais le chevet en est droit, comme à la cathédrale de Laon et, comme à la même cathédrale, percé d'une grande rose à douze compartiments. C'est puéril, assurément, mais fort curieux, et je ne connais pas de chàsse qui donne plus exactement l'impression d'une grande église que ce monument de Nivelles : c'est une cathédrale en miniature.

Pour établir aux yeux de nos lecteurs cette preuve d'un fait constant, au moyen âge et chez tous les peuples, nous avons fait graver trois chàsses représentant les trois types principaux de l'architecture chrétienne : le byzantin de l'Orient, le roman des bords du Rhin, le gothique de la France.

5. — CHASSE BYZANTINE A COUPOLE. — XIIᵉ SIÈCLE.

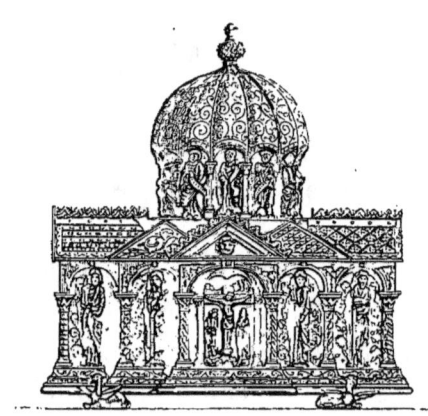

A M. LE PRINCE SOLTYKOFF. — 50 CENTIMÈTRES DE HAUT SUR 50 DE LARGE.

Cette œuvre, qui serait incomparable s'il n'en existait pas, à ma connais-sance, deux autres absolument pareilles, est complétement en cuivre fondu, battu, émaillé, ciselé, gravé et doré. Des sujets et des personnages en ivoire, vie de Jésus, prophètes et apôtres, occupent les arcades des parois, les portes, les croisillons et les niches de la coupole. Cette alliance de l'ivoire et du métal, de la lumière, blanche comme le lait et dorée comme le soleil, donne à ce petit monument un éclat qui fait rêver à la Jérusalem céleste. Il n'est

pas nécessaire d'insister sur la forme byzantine de l'édifice [1], quoique l'exécution et les émaux en soient germaniques. Mais, aujourd'hui, cette double
question ne doit pas nous arrêter ; ce qui nous occupe c'est la matière, qui est
métallique et parfaitement appropriée au but voulu. Cette châsse nous paraît
d'une exécution si facile, malgré sa richesse, que nous la faisons reproduire
en ce moment en bronze ciselé pour la placer, comme tabernacle, sur l'autel
d'une des plus belles églises romano-byzantines de France. L'ivoire entre
comme accessoire dans cette châsse byzantine ; dans la suivante, au contraire,
il compose la châsse tout entière. Mais il est évident que les personnages, le
Christ assis à l'entrée du temple, les apôtres du soubassement et les grands
soldats debout près des attributs des évangélistes, pourraient être en métal.
Dans ce cas, on aurait la contre-partie de la châsse byzantine, où la construction est en métal et les personnages en ivoire. Quoi qu'il en soit, ce petit
édifice d'ivoire, qui appartient aujourd'hui au Musée royal d'antiquités de
Bruxelles, offre la plus curieuse imitation d'une église romane des bords de

6. — CHASSE ROMANE DES BORDS DU RHIN. — XII° SIÈCLE.

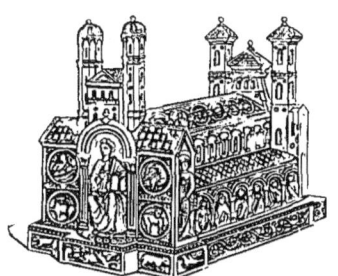

AU MUSÉE ROYAL D'ANTIQUITÉS A BRUXELLES.

la Meuse, de la Moselle ou du Rhin : c'est, si l'on veut, Saint-Servais de
Maëstricht, la cathédrale de Trèves ou la cathédrale de Worms [2].

La châsse des rois mages, à Cologne, et celle de Saint-Eleuthère, à Tournai,

---

1. Dans le trésor de Saint-Marc, à Venise, on voit une petite châsse analogue surmontée d'une
coupole, et qui, certainement, n'est pas plus byzantine de forme, sinon de détail, que cette châsse
du prince Soltykoff. Le trésor d'Aix-la-Chapelle possède également un reliquaire en forme
d'église byzantine, surmontée d'une coupole ; c'est le reliquaire qui renferme la tête de saint
Athanase ou saint Anastase, car j'ai vu le nom écrit des deux manières. Mais Athanase ou Anastase, dont le nom est grec sous ces deux formes, devait avoir un reliquaire byzantin et probablement exécuté en Orient. Le dessin de la châsse du prince Soltykoff nous a été donné par
M. Charles Sauvageot, qui nous prépare, en une série de dix ou douze gravures, une monographie complète de ce véritable monument. Cette monographie sera publiée dans les « Annales
Archéologiques ».

2. M. Arnaud Schaepkens a décrit et gravé cette châsse romane dans le « Trésor de l'art
ancien en Belgique », pages 19-20 et planche XXIII.

affectent déjà la forme d'une église, mais d'une église sans clocher et sans franssept; c'est plutôt un tombeau dont le couvercle serait en forme de toit, comme la châsse de sainte Julie, à Jouarre, dont voici le petit côté.

7 — CHASSE DE SAINTE JULIE. — COMMENCEMENT DU XIIIᵉ SIÈCLE.

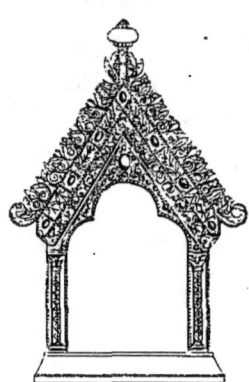

DANS L'ÉGLISE DE JOUARRE (SEINE-ET-MARNE).

Il faut aller dans le midi de la France, à Bouillac, près de Montauban, où ont été recueillies quatre châsses provenant de l'abbaye détruite de Grandselve. Là ce sont de petites églises avec haute nef, bas côtés, transsept, clocher au centre de l'intersection des nefs, absolument comme si c'était construit en pierre[1]. La forme en est de la transition du roman à l'ogival, mais la date est bien de ce XIIIᵉ siècle dont la fin a exécuté la châsse de Saint-Taurin, à Évreux. La forme de l'église est parfaitement caractérisée sur cette châsse de Saint-Taurin, œuvre de métal estampé, repoussé, ciselé et gravé. Une nef soutenue par des contre-forts « maçonnés », comme on dira si fréquemment un siècle plus tard; cette nef est coupée par un transsept, à l'une des portes duquel se tient debout et bénissant saint Taurin habillé en évêque. Crête ouvragée sur le toit, flèche s'élançant du centre de la croisée. La vie du saint distribuée sur les parois et la toiture du monument. Le tout assis sur un soubassement que portent quatre grosses pattes de lion[2]. L'affectation avec laquelle on a imité l'architecture, les contre-forts, les arcs-boutants et surtout l'appareil des pierres, la maçonnerie, est ridicule; on y sent

1. Voyez, sous le titre de « Monographie de l'abbaye de Grandselve », une fort curieuse notice de M. Jouglar, insérée dans le volume VII des « Mémoires de la Société impériale archéologique du midi de la France », Toulouse, 1857. A cette notice sont joints les dessins des quatre châsses.

2. Voyez dans les « Mélanges d'Archéologie » des PP. Martin et Cahier, volume II, la gravure et la description de ce précieux monument de notre orfévrerie française.

le XIVᵉ siècle, ce commencement de la puérilité du moyen âge. Mais la châsse de Nivelles, quoique un peu plus ancienne, au moins de style, est tombée plus bas encore et dans l'enfance complète. Du moins le mérite de la châsse de Saint-Taurin est d'accuser parfaitement l'architecture ogivale de la France, comme la châsse de Bruxelles l'architecture romane des bords du Rhin, comme la châsse du prince Soltykoff l'architecture byzantine.

Voici l'un des larges côtés de la châsse de Saint-Taurin.

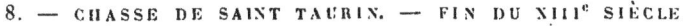

8. — CHASSE DE SAINT TAURIN. — FIN DU XIIIᵉ SIÈCLE.

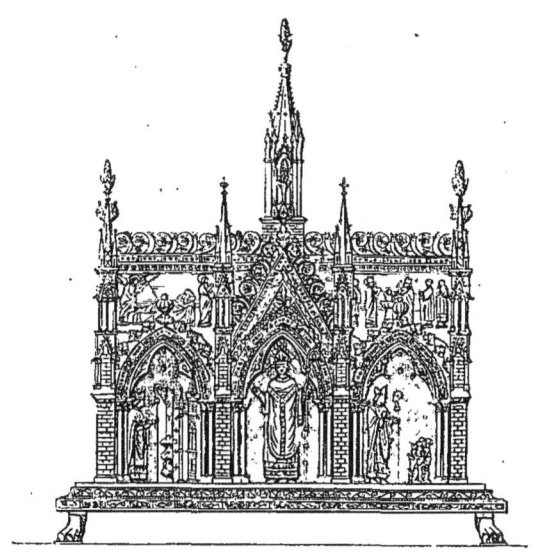

DANS L'ÉGLISE SAINT-TAURIN, A ÉVREUX. — LONG., 1ᵐ; HAUTEUR TOTALE, 1ᵐ20.

Toutes les châsses en forme d'église sont très-différentes de dimensions : elles varient, en longueur, de 20 à 25 centimètres seulement, jusqu'à 1 et 2 mètres passés, sur une hauteur proportionnelle. La châsse des rois mages, à Cologne, a plus de 2 mètres de longueur; la dimension la plus ordinaire est celle de 50 centimètres, et surtout celle de 1 mètre. On a donc exécuté en métal des châsses même plus grandes qu'un corps humain étendu tout de son long, de façon que le corps saint, vénérable ou illustre, y repose et s'y voit tout entier. L'ancienne collégiale des comtes de Champagne, à Troyes, possédait un reliquaire en or, argent et cuivre émaillé, ayant la forme d'un haut cercueil, percé d'arcades à jour à travers lesquelles on voyait couchée la statue du comte de Henri Iᵉʳ dit le Large. La révolution de 1793 a détruit ce riche cercueil; mais il en reste un dessin ancien et assez exact, que nous avons l'intention de reproduire. Le monument suivant, quoique exécuté en pierre, non en métal, peut donner une bonne et belle idée du cercueil de Henri le Large.

9. — CHASSE DE SAINT ÉTIENNE D'OBASINE. — COURANT DU XIIIᵉ SIÈCLE.

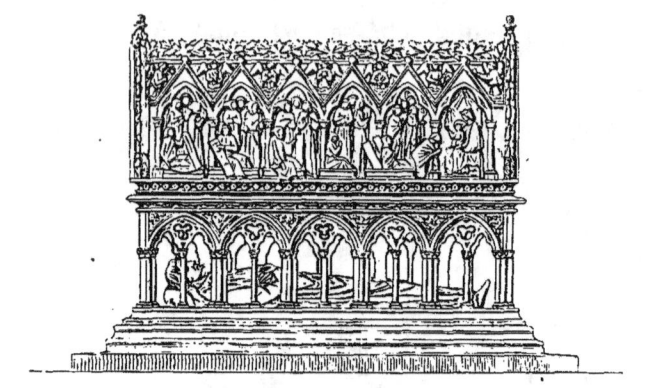

DANS L'ÉGLISE D'OBASINE, (CORRÈZE). — LONG., 2ᵐ36; HAUT., 2ᵐ40.

C'est une châsse et un cercueil. Cercueil, le saint y repose sous terre, en partie ou en totalité, et son effigie de pierre couvre et conserve ses derniers débris. Châsse, elle offre sculptées l'existence des moines vivants et la résurrection des moines morts dont le saint est le chef d'ordre, le patriarche. Le XIIIᵉ siècle est près de finir dans cette œuvre, et le XIVᵉ y fait déjà sentir ses premières influences; mais c'est bien supérieur à la châsse de Saint-Taurin, et, si j'avais à exécuter en métal une châsse qui dût contenir un corps saint, c'est ainsi que je voudrais la faire. Je ne sais rien de plus charmant ni de plus beau tout à la fois. Arcades à jour, dans le bas, à travers lesquelles on voit la statue couchée du saint. Dans le haut, sur le toit, arcades pleines où sont figurées toutes les scènes de la vie et de la résurrection des abbés, des pères, des convers et des frères lais de l'ordre, tous vivants ou ressuscitants, en prières devant l'enfant Jésus que porte la sainte Vierge assise sur un trône.

On rencontre très-fréquemment des châsses en forme de coffres : coffres en métal, coffres en ivoire, coffres en pierre, coffres en bois, montés ou non sur des pieds.

Le suivant, qui est en bois, est par destination une châsse véritable, car il renfermait le corps de saint Thibault. La relique était solidement protégée

par les pentures, barres, vertevelles, verrous, serrures qui la couvrent
et la ferment; c'est donc du bois et du fer en même temps.

10. — CHASSE DE SAINT THIBAULT. — XIII° SIÈCLE.

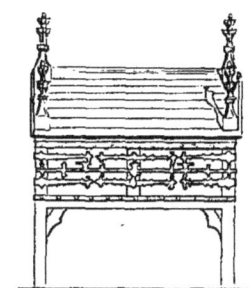

DANS L'ÉGLISE SAINT-THIBAULT, COTE-D'OR.

Un coffre entièrement en métal est celui de Molsheim (Bas-Rhin), véritable petite châsse en forme de monument carré, surmonté d'un toit à double
versant et à double croupe, le tout coulé en bronze et porté sur quatre
pattes de lion également en métal. Sur la face, au centre, dans une auréole
ovale, est assis le Christ triomphant entre les attributs des évangélistes, la
sainte Vierge et l'archange Gabriel. Suivant l'usage si fréquent en Allemagne, les attributs ont le corps de l'homme, mais les ailes et la tête de
l'animal. Sur les versants et les croupes du toit, les douze apôtres debout,

11. — CHASSE DU CHRIST ET DES APÔTRES. — XII° SIÈCLE.

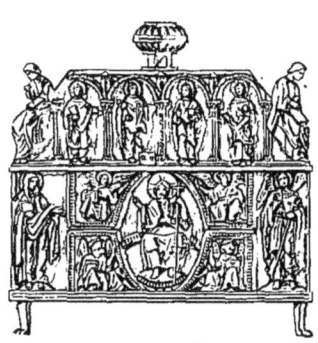

A MOLSHEIM, BAS-RHIN. — LONGUEUR, 25 CENT.; HAUT., 30.

contre-butés aux angles, pour ainsi dire, par quatre petits personnages assis,
qui pourraient bien être les Pères de l'Eglise [1]. Si l'on s'en rapporte à

1. Voir une « Notice » sur ce reliquaire, par M. l'abbé Straub, qui l'a découvert, dessiné et
décrit, et qui, à ma prière, l'a fait mouler pour me permettre de le couler en bronze, ce qui ne
tardera pas à s'exécuter.

cette iconographie, ce coffret devait renfermer des reliques du Sauveur, de la Vierge, de saint Gabriel, des évangélistes, des apôtres et des quatre Pères de l'Église. En général, les châsses sont historiées de la vie où tout au moins de la figure des personnes aux reliques desquelles elles sont destinées. Au dehors c'est la représentation de la vie, au dedans ce sont les débris laissés par la mort.

Un motif de châsse, aussi charmant qu'original, est celui qui se voit en double exemplaire au musée de l'hôtel de Cluny. Un cylindre de cristal renferme les gros ossements d'un saint. Ce cylindre, disposé pour laisser voir entièrement la relique, et de face et de profil, est monté en long dans une armature de métal. Chaque extrémité du cylindre est arrêtée par une lunette qui s'enchâsse dans une sorte de petit portail droit que coiffe un pignon à crochets. Dans sa longueur, le cylindre est surmonté d'une crête comme celle d'une église. Ce petit monument est porté, au moyen de deux longues barres de fer, par quatre petits personnages en longue robe, tête nue, armés chacun d'une crosse très-simple. Je suppose que ce cylindre renferme les reliques d'un abbé, d'un chef d'ordre, de saint Benoît, par exemple, ou de saint Bernard, et que les quatre chefs principaux des grandes abbayes relevant des Bénédictins ou des Bernardins portent ainsi sur leurs épaules la relique de leur patriarche. Ces quatre porteurs sont établis sur une plate-forme en métal, qui repose elle-même sur quatre colonnettes fort courtes.

12. — CHASSE D'UN ABBÉ. — XIIIᵉ-XIVᵉ SIÈCLE.

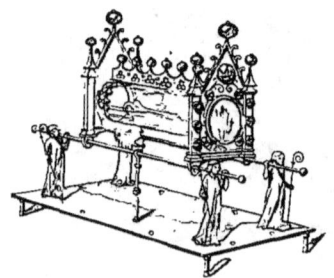

AU MUSÉE DE L'HOTEL DE CLUNY. — LONG., 25 C.; HAUT., 23.

Il est inutile d'insister sur l'élégance et l'originalité de ce joli reliquaire. J'ai failli être chargé d'exécuter, pour Saint-Ouen de Rouen, une châsse destinée à recevoir les reliques de l'illustre patron de cette église, du grand chef religieux de la Normandie, qui fut le contemporain et l'ami de saint Éloi. Si j'avais pu obtenir ce travail, je me serais inspiré du petit reliquaire du musée de Cluny. J'aurais fait une châsse contemporaine de la magnifique église Saint-Ouen à laquelle elle est destinée, et, cette châsse, je l'aurais placée sur les épaules des quatre évêques personnifiés de la province de Rouen, c'est-à-dire des quatre évêques d'Évreux, de Bayeux, de Coutances et d'Avranches. Les quatre suffragants auraient ainsi porté leur métropolitain directement sur leurs épaules pour lui rendre un perpétuel hommage.

Les reliquaires ayant la forme d'une église sont extrêmement nombreux, nous l'avons vu, non-seulement chez les latins, mais même chez les byzantins. Ceux qui n'ont pris qu'une portion de l'église, au lieu d'une église entière, sont plus nombreux encore. Ainsi un portail complet ou une porte seulement, la fenêtre, la tour, la flèche, l'abside, la colonne ont prêté leur forme à tant de reliquaires, qu'il suffira d'en donner deux ou trois exemples.

Voici un triptyque qui n'est pas autre chose qu'une grande porte tréflée, fermée par deux battants. Défoncez le centre de cette porte et prolongez-en la perspective jusqu'à une certaine profondeur, vous aurez au fond comme une sorte de jubé où brillera cette grand croix du milieu placée entre la Religion chrétienne et la Religion juive qui sont dans le haut, la sainte Vierge et saint Jean évangéliste qui occupent le bas. Sur les battants, dans le haut, deux anges céroféraires; dans le bas, un ange thuriféraire et un saint patron. A l'extérieur, les volets sont gravés et émaillés de saint Jean-Baptiste qui a précédé et annoncé l'Agneau qui devait mourir sur la croix, d'un jeune apôtre nu-pieds et nimbé qui tient précieusement une croix avec les

13. — TRIPTYQUE DE L'ABBAYE DE FLOREFFE (BELGIQUE). — XIIe SIÈCLE.

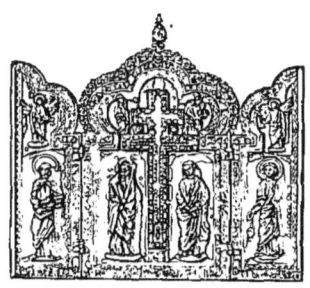

AU MUSÉE ROYAL D'ANTIQUITÉS, A BRUXELLES.

pans de son manteau, de deux anges adorateurs de cette croix figurée au dehors et représentée en réalité par un morceau considérable à l'intérieur. On peut considérer ce reliquaire comme l'entrée d'une église dédiée à la vraie croix.

M. Arnaud Schaepkens, qui a décrit et gravé ce splendide reliquaire dans son « Trésor de l'art ancien en Belgique », pages 15-17, planches XVI-XVII, assimile avec raison ce reliquaire à un sanctuaire s'ouvrant par une porte trilobée.

Les reliquaires en forme de chapelle absidale ou d'abside entière à plusieurs chapelles sont très-nombreux ; ceux qui affectent la forme d'un clocher sont plus nombreux encore. Il y a même toute une série de vases sacrés, dont nous verrons plus loin plusieurs exemples, c'est-à-dire, les ostensoirs des XIVe et XVe siècles, qui ont presque toujours la forme d'une tour et d'une flèche.

Le petit reliquaire n° 14 n'est pas un ostensoir, mais sa forme de clocher en flèche est une des mieux accusées que nous connaissions. Depuis quelques années, les orfévres et bronziers de Paris et de Lyon ont jeté des reliquaires en clocher dans le commerce des objets religieux ; rien n'est plus laid que la forme générale, rien n'est plus bâtard que les détails pseudo-gothiques de ces fontes et de ces repoussés vraiment hideux. Comment ne se sont-ils pas encore inspirés de ces belles formes simples des XIIIe et XIVe siècles, d'après lesquelles a été exécuté ce charmant reliquaire ?

14. — RELIQUAIRE EN FLÈCHE D'ÉGLISE. — FIN DU XIIIe SIÈCLE.

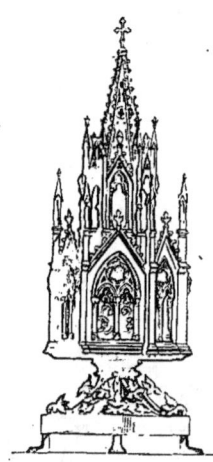

AU COUVENT DES OISEAUX, A PARIS. — HAUT., 25 CENT.

Les reliquaires en clocher ou surmontés d'un campanile abondaient dans le trésor de la cathédrale de Laon. Ainsi, entre autres titres de séries, on y trouve celui-ci :

« Vingt-huit vases d'argent ou reliquaires, tant grands que petits, à pied rond d'argent, surmontés d'une tige et d'un campanile[1] ».

1. « Viginti octo vasa argentea seu reliquiaria, tam magna quam parva, cum pede argenteo rotundo, stipite et campanili superius. » — ÉDOUARD FLEURY, « Inventaire du trésor de la cathédrale de Laon », Paris, 1855, in-4°, page 15.

Le trésor de Hildesheim, au royaume de Hanovre, possède le plus beau reliquaire en forme de tour romane que je connaisse : il est en argent doré, et il contient les reliques de tous les patrons de l'église de Hildesheim. Cette tour est posée sur un soubassement octogonal, à trois étages, en retraite l'un sur l'autre. Comme le soubassement, chaque étage est octogone. Sur chaque pan sont percées des arcades, au nombre de soixante-quatre, dans chacune desquelles se tient debout une statuette d'argent d'un patron vénéré par des fidèles. Chaque étage est terminé par un toit côtelé dont les divisions simulent la construction[1].

Le reliquaire suivant, qui appartient au trésor de l'église de Conques

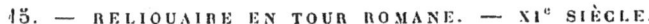

15. — RELIQUAIRE EN TOUR ROMANE. — XIe SIÈCLE.

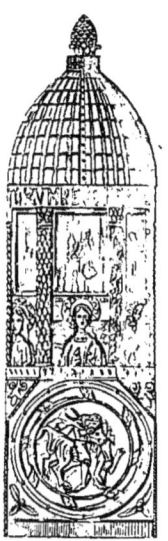

DANS L'ÉGLISE DE CONQUES, PRÈS DE RODEZ. — HAUT., 30 CENT.

(Aveyron), offre également la forme d'un clocher roman. Base carrée, où se voit en médaillon l'Atlas juif, Samson, qui déchire la gueule du lion.

1. Voir dans « Der Dom zu Hildesheim », par le docteur Kratz, la description et le dessin de ce remarquable monument, pages 184-187 du texte, planche XI, figure 4, de l'atlas. Sur la face où se voit Marie tenant l'enfant Jésus qu'adorent deux fidèles agenouillés, est gravée l'inscription suivante :

LIPPOLDVS · NATVS · DE · STEYNBERCH · DIGNIFICATVS ·

HIC · CELLERARIATV · IVNCTO · CANONICATV ·

HVIC · PRO · CHRISTO · ME · CONTVLIT · ECCLESIE ·

MEMBRA · PATRONORVM · SVNT · IN · ME · CLAVSA · PIORVM ·

NATE · DEI · DONABIS · EI · DONVM · REQVIEI ·

Dans le trésor de la petite ville d'Essen, en Westphalie, existent huit petits reliquaires des XIVe et XVe siècles, en forme de clochers ronds, carrés, polygonaux, montés chacun sur un pied.

Premier étage à pans dans le bas, circulaire dans le haut, où se montrent en buste les patrons de Conques dont les ossements apparaissent au-dessus de leur tête. Toit circulaire, côtelé et tout couvert de tuiles rondes à la romaine [1].

Les reliquaires, destinés au culte et contenant des reliques de saints, doivent affecter principalement la forme religieuse, la forme des églises ; cependant quelques-uns reproduisent celle des habitations civiles, des maisons. Du reste, il faut le dire, les maisons de ce genre sont aussi sacrées que des églises : c'est, par exemple, la petite maison de Nazareth habitée par la sainte Vierge et où l'archange Gabriel vint annoncer à Marie qu'elle serait mère de Dieu [2].

Non-seulement on a exécuté des reliquaires en forme de maison isolée, mais même en forme de maisons réunies, et composant une ville. Toutefois, là encore, cette ville est sainte par excellence, car ce n'est rien moins que la Jérusalem céleste. Aux appareils de lumière et aux encensoirs, nous donnerons des exemples de ces Jérusalem en bronze.

Enfin, la forme du château fort, du donjon central défendu par des tours de circonférence, fut quelquefois imitée, et l'un des plus curieux exemples de cette variété a été découvert, au mois d'août 1856, dans le cloître de l'abbaye

16. — RELIQUAIRE EN CHATEAU-FORT. — FIN DU XIIIᵉ SIÈCLE.

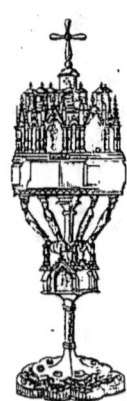

A CHARROUX, DÉPARTEMENT DE LA VIENNE. — HAUT. TOTALE, 38 CENT.

ruinée de Charroux, près de Poitiers. En défonçant une arcade de ce cloître, des maçons trouvèrent cachés deux importants reliquaires de la fin du .XIIIᵉ siècle [3]. L'un des deux est celui dont voici le dessin.

1. Voir dans les « Annales Archéologiques », volume XVI, le dessin et la description de ce reliquaire par M. Alfred Darcel.

2. Au trésor d'Aix-la-Chapelle, il y a notamment un joli reliquaire en forme de maisonnette.

3. Voir, dans les « Bulletins de la Société des antiquaires de l'Ouest », année 1857, pages 173-183, la description et le dessin de ces reliquaires par M. A. Brouillet.

Sur un pied de calice, à sept lobes, terminé par un gros nœud composé de petites niches, reposent, en forme d'Atlas, quatre personnages nimbés, nu-pieds, qui portent sur leur tête un soubassement circulaire en cristal. Sur cette vigoureuse fondation est assise une haute tour que surmonte une croix et qu'environnent sept tourelles. Une série de portes trilobées, que séparent des contre-forts étroits, servent de parement et de lien aux tourelles. Hors le cristal du soubassement, l'édifice entier et le pied qui le porte sont en argent doré.

Dans tous ces reliquaires qui viennent déjà de passer sous nos yeux, on plaçait des corps entiers ou des parcelles de corps, où bien des objets, comme des vêtements, qui avaient appartenu aux saints en l'honneur desquels ces reliquaires étaient exécutés. Aucune religion n'a, autant que la religion chrétienne, honoré la vertu, la sainteté dans l'homme. Elle a élevé des églises colossales qu'elle a baptisées du vocable de ses plus grands saints, comme toutes ses Notre-Dame, comme Saint-Denis près de Paris, Saint-Ouen à Rouen, Saint-Sernin à Toulouse, Saint-Hilaire à Poitiers, Saint-Martin à Tours. Dans ces églises, elle élevait des tombeaux qui étaient eux-mêmes des monuments, comme celui de saint Remi à Reims, de saint Front à Périgueux, des rois Mages à Cologne. Lorsqu'elle ne possédait qu'une parcelle de leur corps, elle faisait des reliquaires de forme et de dimensions extrêmement diverses. Un objet plus sacré, un saint plus illustre qu'un autre ont donné naissance à des milliers de reliquaires. Il n'est pas possible d'énumérer dans combien de châsses ou de reliquaires ont été renfermées et dispersées par toute la terre des parcelles du bois de la vraie croix, ou des objets qui ont appartenu à la Vierge, ou des atomes du corps des apôtres. La poussière impalpable d'un grand saint est devenu l'objet d'un culte public. Il ne faut donc pas s'étonner s'il existe des reliquaires particuliers pour la tête d'un saint, pour ses bras, ses jambes, ses doigts, ses ongles, ses dents, son nez, ses yeux, ses oreilles, ses cheveux, sa peau, ses muscles, ses cartilages et ses divers ossements.

En partant du culte rendu à toutes ces parcelles du corps humain et du génie spécial, dont le moyen âge était doué, de représenter aux yeux, par l'enveloppe extérieure, la forme de l'objet contenu dans cette enveloppe même, on peut deviner à quelle infinie variété les reliquaires ont été soumis..

On renfermait le corps naturel dans un corps, dans une statue en métal; le bras et le pied dans une enveloppe épousant la forme du bras et du pied; le crâne se plaçait dans une tête de métal qui prenait le nom de « chef », comme le buste dans un tronc qui s'appelait le « corset » ou le « cor-

selet » [1]. Il n'est pas jusqu'aux côtes qui n'aient été renfermées quelquefois dans un reliquaire exécuté suivant la forme semi-circulaire d'une côte.

Examinons donc quelques-uns de ces reliquaires et recommandons aux
orfévres et fondeurs de bien s'imprégner de l'esprit religieux du moyen
âge, et de fabriquer des œuvres de métal qui rappellent aux yeux la forme
des objets à y renfermer.

Chargé d'exécuter pour Saint-Maximin, dans le département du Var,
un reliquaire destiné à contenir la tête de sainte Marie-Madeleine que
possède la belle et grande église de cette ville, c'est dans un « chef »
que nous avons dû placer cette relique insigne. Fidèle au génie du moyen
âge, M. H. Révoil, l'architecte de Saint-Maximin, a dessiné le buste de
sainte Madeleine que trois anges semblent porter en l'air. En effet, dans la
Sainte-Baume où elle fit pénitence, sainte Madeleine avait des ravissements.

17. — CHEF DE SAINTE MADELEINE. — STYLE DU XIII⁰ SIÈCLE.

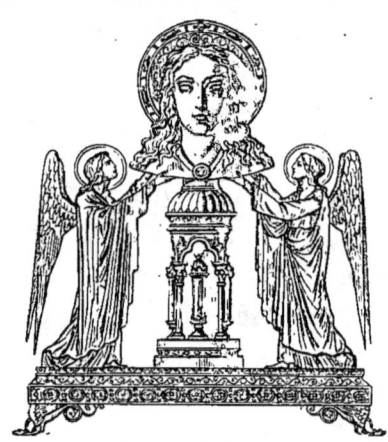

A SAINT-MAXIMIN, DÉPARTEMENT DU VAR. — HAUT., 1ᵐ10; LONG., 90 CENT.

« Chaque jour, aux sept heures canoniales, les anges l'emportaient dans les
airs, et elle entendait, des oreilles du corps, les glorieux concerts des armées
célestes [2], puis les mêmes anges la ramenaient dans sa caverne ». En commé-

1. M. l'abbé TEXIER, « Dictionnaire d'orfévrerie chrétienne, in-8° à 2 colonnes, Paris, 1856,
publie, colonne 846, des inventaires de l'abbaye de Grandmont, rédigés au XVIIᵉ, où, à propos du
« chef » de saint Étienne, premier abbé et fondateur de l'abbaye, on lit : « Le corset dudit saint
Étienne, châsse en argent doré ». — « Le corselet d'argent de saint Étienne, où l'on trouve son
chef ».

2. « Qualibet autem die septem horis canonicis ab angelis in æthera elevabatur, et cœlestium
agminum gloriosos concentus etiam corporalibus auribus audiebat... et inde per eosdem angelos ad locum proprium revocata... ». — LEGENDA AUREA : « de Sancta Maria Magdalena ».

moration de ces ravissements célèbres, nos anges exhaussent perpétuellement la sainte dans l'air.

La sainte, qui est un peu plus forte que nature, est en argent fondu et ciselé; le reste est en bronze. Les niches pratiquées dans le socle qui portent le chef ont reçu des reliquaires destinés à renfermer des reliques de sainte Madeleine, mais autres que celles de la tête.

Un charmant petit reliquaire, qui nous vient d'Allemagne, est le suivant; il n'a que 12 centimètres de hauteur. Destiné à renfermer quelque parcelle du crâne d'un saint évêque, on a fait un petit chef, creux à l'intérieur et disposé pour recevoir la relique; il peut s'ouvrir à volonté, soit à la base du buste, soit à la naissance de la mitre. Combien de jolis reliquaires de ce genre ne pourrait-on pas exécuter pour des oratoires ou des chapelles! Au lieu de ces petites boîtes informes, où l'on renferme des reliques; au lieu de ces cadres insignifiants, où l'on montre des débris d'ossements dans des filigranes de papier doré, comme il en existe tant dans les communautés religieuses, on pourrait avoir ainsi une série de statuettes ou de petits bustes en métal,

18. — BUSTE D'ÉVÊQUE. — FIN DU XVᵉ SIÈCLE.

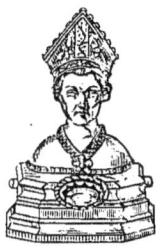

PROVIENT DE COLOGNE. — HAUT., 12 CENT.

bronze, argent ou or, dans lesquels se placerait le fragment spécial à chaque saint. Des rangées de petites figures diverses, qui pourraient être des œuvres d'art, parleraient ainsi et tout à la fois au cœur et aux yeux, au goût et à la piété[1].

1. L'un des bustes les plus intéressants et les plus historiques est celui du roi saint Oswald, en bronze doré, que possède le trésor de la cathédrale de Hildesheim. Un octogone porte une sorte de dôme à huit côtés, d'où s'élève la tête couronnée du saint. Sur chaque face de l'octogone est représenté en émail un des sept rois canonisés pour leur sainteté, et qui font ainsi honneur à saint Oswald figuré une seconde fois, assis sur un trône et occupant la huitième face. La tête, qui domine tout le monument, est coiffée d'une couronne ornée des plus riches pierreries. Dans son « Der Dom zu Hildesheim », M. le docteur Kratz a donné en description (pages 144-148) et en lithographie (planche III, figure 2) ce buste de saint Oswald que M. Th. King, architecte de Bruges, vient de reproduire sur une plus grande échelle dans ses « Études pratiques de l'archi-

La planche qui suit offre de l'intérêt, non pour la beauté du personnage, mais pour l'exécution et la forme de l'objet. C'est de l'argent martelé en feuilles minces, relevé de pierres et de filigranes, et cloué sur une âme en bois. C'est ainsi qu'on a toujours exécuté les reliquaires en or, comme l'autel de Bâle, comme les statuettes de la sainte Vierge à Münster et à Essen (Westphalie). La matière est trop précieuse pour la couler comme on coule le bronze. L'argent, trop précieux aussi, a presque toujours été traité comme l'or, par feuilles amincies au marteau et clouées sur un noyau en bois. Ainsi est fait le buste de saint Théofrède ou saint Chaffre, deuxième abbé du Monastier (Haute-

19. — BUSTE DE SAINT-THÉOFRÈDE. — XII° SIÈCLE.

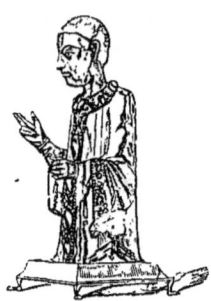

DANS L'ÉGLISE DU MONASTIER, HAUTE-LOIRE. — HAUT., 64 CENT.

Loire), martyrisé par les Sarrazins vers l'an 732. « C'est un reliquaire en chêne, revêtu de plaques d'argent, qui mesure 64 centimètres de hauteur. Le socle, dont la hauteur est de 45 millimètres, est garni de feuilles de cuivre que décore supérieurement une bande ou bordure d'argent. Toutes les lames sont liées ensemble, par superposition de leurs bords, au moyen de petits clous en argent. Enfin, à la face inférieure du socle, une porte en cuivre ferme l'entrée d'un réduit consacré aux reliques [1] ».

tecture », volume II, planches LXV et LXVI. A la frise, qui sépare du toit la partie droite de l'octogone, on lit :

+ Rex · pivs · Oswaldvs · sese · dedit · et · sva · Christo ·
Lictoriqve · capvt · qvod · in · avro · conditvr · isto ·

Les sept autres rois qui accompagnent Oswald sont : saint Édouard, saint Elfrède, saint Edelwald, saint Canut, saint Edelbert, saint Edmond et saint Sigismond.

1. AUGUSTE AYMARD et HIPPOLYTE MALÈGUE, « Album photographique d'archéologie religieuse », page 7, planche I. — Ce buste n'est pas sans analogie, comme époque et comme facture de construction, avec celui de saint Candide, soldat martyr, qui est conservé dans le trésor de Saint-Maurice en Valais. Voir l'« Histoire de l'architecture sacrée en Suisse », par Blavignac, architecte, Paris, 1853, pages 164-165, planches XVIII-XIX.

Il est rare de voir des reliquaires dont le buste soit aussi prolongé que celui de saint Théofrède; ordinairement, on ne montre que la tête, le cou et le haut des épaules, comme au reliquaire de sainte Madeleine, n° 17, et comme à celui du n° 18. Cette particularité nous conduit tout naturellement à la statue ou statuette en pied comme celle qui suit, et que les lecteurs des « Annales Archéologiques » connaissent parfaitement, grâce à la description de M. l'abbé Texier et à la gravure sur métal de M. Léon Gaucherel[1]. C'est assurément l'une des œuvres les plus élégantes de la fonte, de la ciselure, de la gravure, de l'émaillerie et de la joaillerie du XIII° siècle. Toute la métallurgie du moyen âge est là, et merveilleusement représentée. On me reproche souvent d'aimer le moyen âge aux dépens de la renaissance et même de l'antiquité; l'accusation est fondée, mais aussi, c'est que l'antiquité et la renaissance ne valent pas le moyen âge. Je défie les admirateurs de l'art païen de me montrer une œuvre d'un travail analogue à cette statuette de saint Étienne de Muret, et qui lui soit égale ou même comparable.

20. — STATUETTE DE SAINT ÉTIENNE DE MURET. — XIII° SIÈCLE.

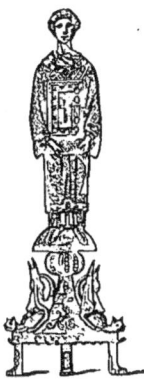

PROVIENT DE GRANDMONT, EST DANS L'ÉGLISE DES BILLANGES, HAUTE-VIENNE. — HAUT., 40 CENT.

Du reste, il faut le dire, cette petite gravure sur bois est un rare chef-d'œuvre. Le dessin, porté sur bois par M. Gaucherel, qui aime beaucoup ce reliquaire, a été gravé par M. Mouard avec une exactitude, une finesse, une entente de l'effet qu'on croirait ne pouvoir trouver que dans la gravure sur acier[2]. — Encore un reliquaire comme on n'en fait pas assez. Qui nous

1. « Annales Archéologiques », volume XIII, pages 323-326.
2. M. Léon Gaucherel a dessiné, et M. Eugène Mouard a gravé les bois du présent catalogue. M. Charles Sauvageot a bien voulu me donner le dessin de la châsse byzantine, n° 5; mon neveu, Édouard Didron, m'a remis une dizaine de dessins, notamment celui de la châsse de sainte Ma-

délivrera donc de l'orfévrerie et du bronze trabadours, pour nous donner le
métal modelé, fondu et gravé comme on le faisait au moyen âge? Nous y
pousserons de notre mieux, car, en ce moment, nous faisons reproduire ser-
vilement la statuette de Saint-Étienne de Muret, qui, piédestal compris, a
40 centimètres de haut.

Dans l'impossibilité où nous sommes de reproduire toutes les variétés des
reliquaires qui s'appliquent aux différentes parties du corps humain, nous
allons montrer seulement un pied, un bras et une côte.

Le pied est au Musée de Cluny ; c'est celui d'un saint abbé d'Italie dont le
nom est gravé, en caractères du XIIIᵉ-XIVᵉ siècle, au-dessus de la cheville, à
la naissance du cou-de-pied :

+ QVI ENTRO · E IL PIEDE · DI SANTO · ALARDO · ABATE

Ce reliquaire, en bronze très-adroitement fondu et limé, date en effet de
la fin du XIIIᵉ sièle.

21. — PIED DE L'ABBÉ SAINT ALARD. — FIN DU XIIIᵉ SIÈCLE.

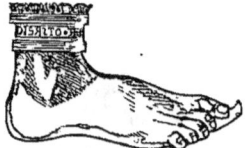

AU MUSÉE DE L'HOTEL DE CLUNY. — GRANDEUR DE PETITE NATURE.

Les reliquaires en forme de pied sont assez rares aujourd'hui ; je ne me
rappelle pas en avoir vu dans les églises que je connais en France. Quant
aux reliquaires en bras et en main [1], ils sont plus nombreux, mais ils abon-

deleine, n° 47, et du chandelier n° 36, qu'il a modelés, fait mouler et exécuter en métal. Pendant
une maladie de M. Mouard, MM. Pannemaker, Midderigh, Eugène Guillaumot, et surtout M. L. Cha-
pon, ont gravé une vingtaine de bois. Mais, à part ces exceptions, je dois tous les dessins à M. Gaucherel, toutes les gravures à M. Mouard, et je puis déclarer que ces deux excellents artistes se
sont entendus pour me donner une suite de petits chefs-d'œuvre.

1. Je crois qu'une main d'argent, du XIIIᵉ siècle, provenant de Grandmont, appartient aujour-
d'hui à l'église paroissiale de Bourganeuf (Creuse). Pour les bras qui faisaient partie du riche
trésor de cette abbaye, voici ce qu'on lit dans un inventaire de 1666, publié par M. l'abbé Texier,
dans son « Dictionnaire d'orfévrerie chrétienne », colonne 846 :

« Un bras d'argent doré, et la main non dorée, de saint Étienne (de Muret), où il y a au doigt
du milieu une bague d'argent doré dont la pierre est perdue. Le bras est orné de quelques
pierres et de quelque orfévrerie en façon de passement au poignet, à l'extrémité du bras, et tout
le long de la manche en quatre ou cinq endroits. Vers le milieu du bras est une petite porte
en façon de grille, à travers laquelle on voit un os du bras et quelques drapeaux rouges ; tout

dent surtout en Allemagne[1], et la ville de Cologne en possède plusieurs. C'est à son église Saint-Géréon que nous empruntons le bras qu'on voit ici[2].

22. — RELIQUAIRE EN BRAS. — FIN DU XIIᵉ SIÈCLE.

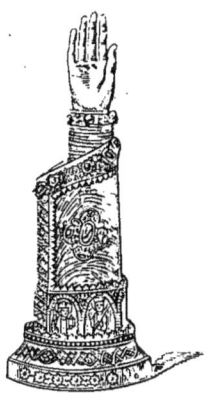

A SAINT-GÉRÉON DE COLOGNE. — GRANDEUR DE NATURE.

Ce bras, l'un des plus riches que nous connaissions, est historié de figures à la manche, figures relatives à l'histoire du saint dont c'est la relique. A mi-bras, une ouverture carrée, fermée par une petite porte en quatre feuilles, assujettie par une goupille, permet aux fidèles les plus dévots, au jour de la fête du saint, de voir, de toucher, de baiser ce bras en chair et en os. Un autre bras de métal, également dans Saint-Géréon, porte à l'intérieur de l'index une petite ouverture par laquelle on aperçoit constamment la relique. Il est probable qu'au lieu du bras entier, c'est la main seulement et peut-être même l'index qui est renfermé dans le bras. J'appelle l'attention sur la petite porte en quatre feuilles qui ferme le trou percé dans le bras dont nous donnons la gravure. On trouve fort souvent, chez les marchands d'antiquités ou

autour et plus bas, une petite lame d'argent où est écrit : SANCTI STEPHANI CONFESSORIS; le bras et la main de la hauteur d'un pied et demi. »

Un peu plus loin, colonne 846, sont inventoriés et décrits de même le bras de saint Félicien et le bras de saint Apollinaire, tous deux évêques et martyrs. Dans chacun de ces bras est pratiquée une ouverture défendue par une petite porte grillée ou de verre, à travers laquelle on voit l'os des saints martyrs.

1. Le docteur Kratz, dans « Der Dom zu Hildesheim », en a publié deux, planche x, qui appartiennent à Hildesheim. Les deux grands bras de Charlemagne sont célèbres à Aix-la-Chapelle. A Münster, en Westphalie, sur l'un des trois bras du XIIIᵉ siècle, qui enrichissent le trésor du maître-autel, on lit en argent niellé : BRACHIVM FELICITATIS MATRIS SEPTEM FRATRVM. A Saint-Maurice en Valais, on conserve précieusement le bras de saint Bernard de Menthon.

2. M. l'abbé Bock l'a décrit et dessiné dans sa « Cologne sainte » (Das heilige Koëln »), livraison 1ʳᵉ, planche 2.

dans les collections particulières, des plaques ainsi faites et entièrement isolées. Dernièrement, les « Annales Archéologiques [1] » en ont publié une de ce genre. On y a vu une espèce de reliquaire, ou bien un pectoral, une agrafe de chape; c'est peut-être tout simplement le volet qui fermait le trou percé dans un reliquaire ayant la forme d'un bras ou une forme quelconque.

Une côte, en voici une et des plus illustres : elle vient de saint Pierre, comme le déclarent l'authentique et une inscription gravée, et elle appartient au couvent des Bénédictines françaises établies à Namur.

23. — COTE DE SAINT PIERRE, DANS UN RELIQUAIRE DU XIIIᵉ SIÈCLE.

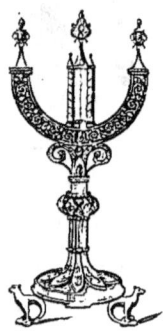

PROVIENT DE L'ABBAYE D'OIGNIES. — AUJOURD'HUI DANS LE COUVENT DES DAMES BÉNÉDICTINES DE NAMUR.

Je ne suis pas bien sûr que les petites bêtes qui portent le pied, ni le cylindre flanqué de tourelles qui s'élève du milieu de la côte, datent de l'époque du pied et de cette côte; je les regarderais comme une addition désagréable faite à un reliquaire plein de goût. Mais, quant au pied, à la tige, au nœud, aux rinceaux qui portent la côte, quant à la côte même, c'est de la plus rare délicatesse. Nous possédons un estampage des arabesques en filigranes et en bosse dont la côte est historiée, et rien n'est plus habilement ouvragé; je défie bien un orfèvre d'aujourd'hui, n'importe lequel et de n'importe quel pays, d'en faire autant [2]. Cette côte de saint Pierre a donc été singulièrement glorifiée par l'art; mais, il faut le dire, celle de l'empereur Henri II d'Allemagne (saint Henri) l'a été davantage encore. Le reliquaire qu'on lui a consacré n'est pas aussi beau, mais il est plus important que celui de la côte de saint

1. Volume XVIIIᵉ, p. 344. Cette plaque appartient à M. le Cᵗᵉ Ch. de l'Escalopier.

2. Dans les « Mélanges d'archéologie » des PP. Martin et Cahier, vol. I, pages 118-123, planche XXIII, est décrit et gravé ce reliquaire. Les chasses au cerf et au lièvre, exécutées en gravure et en relief sur le pied et le croissant de la côte, ont reçu du P. Martin une explication symbolique ingénieuse, mais cependant plausible.

Pierre. Du reste, outre la côte, il contient des parcelles de la poussière et des fragments des vêtements du saint empereur. Cette pièce de fonte, d'orfévrerie, de ciselure, d'émail et de joaillerie, si curieuse, si facile à reproduire et d'un si agréable effet, appartient aujourd'hui, grâce aux indications et aux démarches de notre ami M. Darcel, au Musée impérial du Louvre.

24. — COTE ET AUTRES RELIQUES DE L'EMPEREUR SAINT HENRI. — XIIe SIÈCLE.

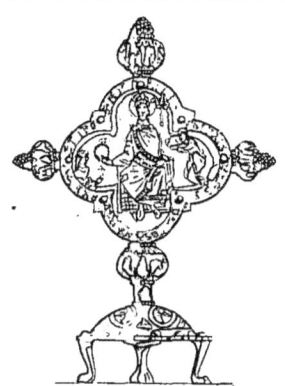

AU MUSÉE IMPÉRIAL DU LOUVRE. — HAUTEUR TOTALE, 24 CENT.

Cette forme du quatre-feuilles, où est enfermée la côte de saint Henri l'empereur, était aimée du moyen âge; la voici, plus nettement accusée encore et dépouillée de tout ornement à la circonférence, dans ce reliquaire qui provient de l'abbaye de Grandmont et qui est conservé aujourd'hui dans l'église de Balledent (Haute-Vienne).

Au centre est un ivoire sculpté d'une tête de femme que les inventaires anciens de Grandmont appellent la Véronique. Ce doit être effectivement

25. — RELIQUAIRE DE SAINTE VÉRONIQUE. — XIIIe SIÈCLE.

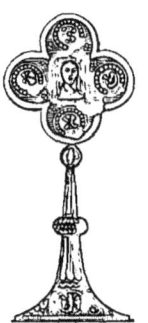

DANS L'ÉGLISE DE BALLEDENT (HAUTE-VIENNE). — PROVIENT DE L'ABBAYE DE GRANDMONT.

la représentation de cette femme courageuse qu'on croit être sainte Madeleine, et qui essuya le visage couvert de sang, de sueur et de poussière de

Jésus portant sa croix. Cette tête, inscrite dans un cadre de filigranes et de pierreries, sert de volet à une ouverture où est placé du bois de la vraie Croix. La sainte est donc appliquée sur cet instrument de supplice et de gloire que portait le Rédempteur au moment où elle lui essuya la figure. Un bronzier de Paris a reproduit ce reliquaire assez exactement, et cette imitation sérieuse a obtenu un certain succès. Que sera-ce donc quand on copiera strictement des reliquaires d'une forme plus parfaite encore!

Une rose à six feuilles, bien plus remarquable de pied, de nœud, de tige et d'épanouissement que le quatre-feuilles de Grandmont, appartient au trésor de la cathédrale de Reims. La partie inférieure de la tige et le gros nœud qui la surmonte sont d'une vigueur et d'une beauté qui n'ont été surpassées ni même, à notre connaissance, égalées par aucune pièce d'orfévrerie du XIIIe siècle, époque de celle-ci. Il n'est pas possible d'offrir aux orfévres et bronziers un plus noble modèle. Au centre de la rose, une charnière rend mobile une plaque qui sert de volet et qui, levée, laisse voir la relique [1].

26. — RELIQUAIRE EN ROSE A SIX FEUILLES. — COMMENCEMENT DU XIIIe SIECLE.

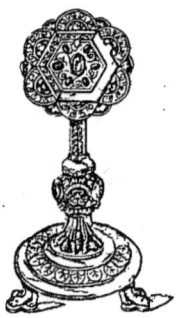

A LA CATHÉDRALE DE REIMS. — HAUTEUR, 30 CENT.

Une forme très-fréquente de reliquaire est celle d'un cylindre de métal ou de cristal, dans lequel est renfermée la relique et que porte un pied absolument semblable au pied d'un calice ou d'un ostensoir. Le reliquaire dit de saint Junien, parce qu'il contient, entre autres reliques, celles de ce saint confesseur, est ainsi composé. Il est aujourd'hui dans l'église de Saint-Silvestre (Haute-Vienne), mais il provient du riche trésor dispersé de l'abbaye de Grandmont. Dans les inventaires de 1495 et 1515, publiés par M. l'abbé Texier [2], on lit : « Un vaisseau ou reliquaire d'argent, auquel est un cristal

1. Dans les « Mélanges d'archéologie » des PP. Martin et Cahier, volume I, page 117, planche XXI, est décrit et gravé ce reliquaire.

2. « Dictionnaire d'orfévrerie chretienne », colonnes 854-855. Dans l'inventaire de 1666, le

garni d'argent menuisé, et au-dessus dudit cristal une image d'argent tenant une croix comme saint Michel, dans lequel il y a des reliques... » Le pied de ce joli reliquaire est si bien celui d'un calice, qu'on a exécuté, depuis que nous en avons publié la gravure dans le dixième volume des « Annales Archéologiques », un grand nombre de calices avec ce pied, calices qui portent même dans le commerce le nom de « calices Saint-Junien ».

27. — RELIQUAIRE DE SAINT JUNIEN, DE L'AN 1255.

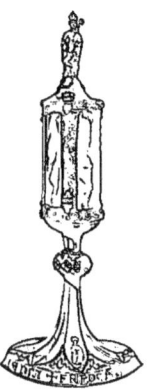

DANS L'ÉGLISE DE SAINT-SILVESTRE (HAUTE-VIENNE). — PROVIENT DE L'ABBAYE DE GRANDMONT. — HAUT., 30 CENT.

Toutes les reliques n'étaient pas également précieuses, ni les reliquaires également beaux ; mais quand, d'un saint illustre, on possédait une relique insigne, on cherchait ce qui pouvait exister de plus riche en matière, de plus ancien en date, de plus remarquable en art pour l'y renfermer, comme on renferme la divinité, sous les espèces du pain et du vin, dans les vases les plus riches, dans les plus somptueux tabernacles. On ne s'inquiétait même pas de la provenance de ces objets ; pourvu qu'ils fussent d'un prix inestimable et d'une antiquité reculée, on leur pardonnait d'offrir souvent des scènes fort libres du paganisme et d'avoir pu servir au culte des faux dieux : ils étaient beaux, ils étaient riches, ils étaient vieux ; on ne leur en demandait pas davange et on les regardait comme les seuls dignes de contenir les débris d'un saint, les reliques de la Vierge, les vêtements et même la chair du Christ[1]. Dans le trésor de Saint-Maurice en Valais, un vase de sardoine,

saint placé au-dessus du cylindre de cristal est appelé BEATUS JUNIANUS ; or, saint Junien fut solitaire, non évêque, et M. Texier dit avec raison qu'il faudrait changer le petit évêque de notre gravure.

1. Le trésor de l'abbaye de Saint-Denys possédait autrefois un vase de porphyre rouge monté dans une forme d'aigle, serres, ailes, cou et tête, en argent doré et habilement travaillé. Ce vase est probablement antique ; l'abbé Suger le fit monter ainsi au XIIe siècle pour y mettre une de

monté en or et sculpté, en camée, d'une scène de l'Iliade, contient du sang des martyrs de la légion thébéenne. Un autre vase, d'origine arabe, en or émaillé d'émaux cloisonnés, contient également du sang des mêmes martyrs. Suivant la légende, le premier, tout païen qu'il fût, aurait été apporté du ciel, par un ange, au grand saint Martin, au moment où il venait de faire sortir près d'Agaune, dans la vallée de Virolley, une fontaine de sang sur le lieu même où saint Maurice et ses compagnons avaient été décapités. Le second aurait été donné à l'abbaye d'Agaune par l'empereur Charlemagne. De là le nom imposé à ces objets, qui s'appellent, le premier, « Vase de saint Martin », le second, « Aiguière de Charlemagne [1] ».

L'abbaye de Grandmont possédait elle-même une petite aiguière en cristal, qui est probablement antique, et où se voit gravé un gros aigle au vol

28. — RELIQUAIRE EN BURETTE MONTÉE SUR UN PIED. — XIIIe SIÈCLE.

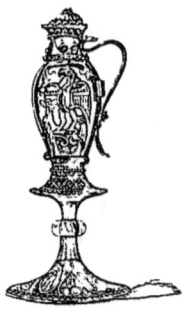

DANS L'ÉGLISE DE SAINT-GEORGES-LES-LANDES (HAUTE-VIENNE). — HAUTEUR TOTALE, 35 CENT.

abaissé. Ce cristal a été saisi, au commencement du XIIIe siècle, dans une monture en argent ciselé, gravé et niellé, d'un art vraiment incomparable.

ses plus précieuses reliques, et il le dit dans un inscription gravée à la naissance du col de la bête de proie.

> Inclvdi gemmis lapis iste meretvr et avro
> Marmor erat sed in his marmore carior est.

Le marbre, l'or et les gemmes ont du prix, mais la relique est plus précieuse encore. Dans son « Dictionnaire raisonné du mobilier français », pages 224-225, planches 7 et 8, M. Viollet-le-Duc a donné une gravure de ce bizarre reliquaire. Le dessin est d'une rare énergie et je ne voudrais pas me fier à cet aigle vraiment terrible.

1. Ces deux vases, nous les avons vus de nos yeux et longuement admirés en 1854, dans le trésor de l'église Saint-Maurice. En voir le dessin et la description minutieuse dans l'« Histoire de l'architecture sacrée en Suisse », par M. Blavignac, pages 451-458, planches XIV-XVI. — M. Blavignac, page 455, cite à ce propos la coupe de Ptolémée ou de Mithridate, en sardoine, donnée à l'abbaye de Saint-Denys par Charles le Simple; cette coupe, où sont gravées des bacchanales, renferme cependant de très-saintes reliques.

Le tout a la forme d'une élégante burette, et nous ne connaissons guère de modèle ni plus ancien ni plus beau que ce petit vase liturgique qu'on rencontre si rarement aujourd'hui dans nos trésors. Mais, pour prouver l'importance qu'on y attachait et le faire voir plus facilement au milieu des autres reliquaires de Grandmont, on l'a exhaussé sur un pied de calice, en cuivre ciselé et gravé, coupé par un nœud de cristal. Toutefois, ce pied a été spécialement exécuté pour la burette, car le plateau en est ovale, comme la burette même, afin d'en mieux épouser la forme.

C'est au dévouement, nous pouvons le dire, de M. l'abbé Texier, que nous devons la connaissance, la communication et le moulage de ce précieux reliquaire que nous faisons reproduire en ce moment.

L'abondance des reliques a toujours été telle, au moyen âge, que la plupart des reliquaires, surtout les châsses, les boîtes, les coffres, les pyxides, les monstrances proprement dites, ont contenu des objets ou des reliques de plusieurs saints. A l'exception des chefs, des bras et des pieds, qui ne sont ordinairement consacrés qu'à cette partie du corps d'un saint et d'un saint unique, on peut affirmer, en conséquence de la mention qu'en font les inventaires et les authentiques attachés aux reliquaires mêmes, que ces vases renfermaient des reliques fort diverses. Ainsi, dans les inventaires du trésor de Grandmont, publiés par M. l'abbé Texier[1], on voit, par exemple, des mentions de ce genre pour un seul reliquaire :

« De corrigiis quibus fuit verberatum corpus Domini; de sancto Eutropio ; de capillis beatæ Catharinæ; de sanctis Lupo, Bartholomeo apostolo; de cunabulo et ossibus beatæ Mariæ Magdalenæ[2]. »

Quelquefois les reliques sont très-nombreuses, mais anonymes, et l'on écrit sur un paquet d'ossements :

« De sanctis reliquiis quorum nomen Deus novit[3]. »

Il y a donc des reliquaires individuels, des reliquaires multiples et des reliquaires presque universels. Un des plus intéressants de cette dernière espèce est le suivant, que nous avons même surnommé le reliquaire de tous les saints, parce qu'il en contient un si grand nombre, qu'on peut croire qu'il aurait voulu, si c'eût été possible, les contenir tous. Ainsi, avant tout, reliques de Notre-Seigneur et de la sainte Vierge; puis des saints Jean-Baptiste, André, Philippe, Barthélemi, Barnabé, Thomas, Jacques Majeur, Innocents, Marc, Luc, Étienne, premier martyr, Laurent, Vincent, Ignace, Eustache, Théodore,

---

1. « Dictionnaire d'orfévrerie chrétienne », colonnes 825-905.
2. Même ouvrage, colonne 875.
3. Même ouvrage, colonne 871.

Éleuthère, Martin, Nicolas, Hilaire, Jacques Mineur, Grégoire, Jérôme, Zé-
bédée, Siméon; des saintes Marie-Madeleine, Euphémie et Catherine. C'est
presque complet : saints de l'Ancien Testament, saints du Nouveau, le Sauveur, sa Mère, les apôtres, les martyrs, les confesseurs et les vierges; tous
les temps et tous les pays dans un monument haut de 33 centimètres [1].

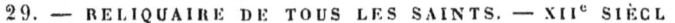

29. — RELIQUAIRE DE TOUS LES SAINTS. — XIIe SIÈCL .

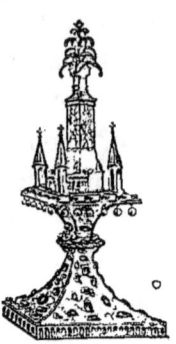

AUTREFOIS A GRANDMONT. — AUJOURD'HUI DANS L'ÉGLISE DE CHATEAU-PONSAT (HAUTE-VIENNE).

On croirait que l'article suivant de l'inventaire de Grandmont, dressé en
1666, a été écrit pour le reliquaire n° 30 : — « Un reliquaire fait en tableau,
dont le cadre est en bois, et par-dessus orné d'ivoire et d'ébène, bien travaillé. On lit à travers d'une glace ces mots tout autour d'un carré : *Sancti
per fidem vicerunt regna; operati sunt,* etc., et les noms autour des reliques
dont il est garni :

« Sancti Andreæ, apostoli; sancti Mathiæ, apostoli; sanctorum Innocen-
« tium, martyrum; sancti Sebastiani, martyris; sanctæ Apolloniæ, Virginis
« et martyris; sanctæ Gersinæ; sancti Ambrosii, episcopi Mediolani; sanctæ
« Potentianæ, virginis; sancti Agapiti, martyris; 40 martyrum; sancti Odol-
« phi; sanctæ Cordulæ, virginis et martyris; sancti Mauricii, martyris; sanctæ
« Catharinæ, virginis et martyris; sanctæ Barbaræ; undecim millium virginum
« et martyrum; sanctorum Machabæorum ex legione sancti Gereonis; sancti
« Alexandri, militis; sancti Bonifacii, papæ; sanctorum Thebæorum, marty-
« rum, 1618[2]. »

Voilà un reliquaire presque universel, ou du moins d'une généralité considérable : outre les saints et saintes nommés par leur nom propre, il y a des

1. Voyez dans les « Annales Archéologiques », volume XIII, page 327, une description par
M. Texier et une gravure par M. Gaucherel de ce curieux et beau reliquaire.
2. M. l'abbé Texier « Dictionnaire d'orfévrerie chrétienne », colonne 871.

reliques des saints Machabées de la légion de Saint-Géréon, de seize cent
dix-huit soldats martyrs de la légion Thébéenne, et enfin des onze mille compagnes de sainte Ursule. Pour contenir et surtout pour montrer les reliques
d'un nombre aussi grand de personnages, le moyen âge a inventé de petits
tableaux à une face, comme paraît avoir été celui de Grandmont, ou à deux
volets, comme celui de l'église de Polignac, gravé ci-dessous, ou à trois compartiments, c'est-à-dire en triptyque, comme celui qui appartient à M. Arondel, et que M. Viollet-le-Duc a décrit et dessiné [1], ou enfin à cinq, sept, neuf
compartiments, comme on en voit encore dans certaines églises d'Autriche et
d'Allemagne. Ces tableaux étaient divisés en un très-grand nombre de petites
cases, comme des alvéoles dans une ruche d'abeilles, et dans chaque cham-
brette était logée au moins une relique. Cela rappelle un peu le « columba-
rium » de l'antiquité ou les chambres et galeries des catacombes de Rome.

30. — RELIQUAIRE EN DIPTYQUE. — XIVᵉ SIÈCLE.

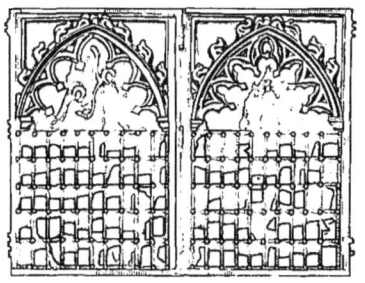

DANS L'ÉGLISE DE POLIGNAC (HAUTE-LOIRE). — HAUT., 28 CENT.

Dans le haut, à l'intérieur des volets, une peinture presque effacée représente l'Annonciation et Marie tenant Jésus ; à l'extérieur, le Crucifiement et
la Glorification de Jésus entre les prophètes et les apôtres. Dans les cent petites
cases séparées par des cloisons de métal, reliques diverses auxquelles est attaché le nom écrit sur parchemin [2].

Un reliquaire analogue, mais d'une forme entièrement différente, est celui

1. « Dictionnaire raisonné du mobilier français », pages 227-231, planches 10-18. Ce reliquaire
triptyque contient 36 reliques diverses, parmi lesquelles « des parcelles de pierres du Calvaire,
du Saint-Sépulcre, de la grotte où Jésus s'est désaltéré, du rocher du mont des Oliviers où Dieu
pleura, du bloc sur lequel saint Georges eut la tête tranchée, de la colonne où le Christ fut attaché, des fragments du bois de la Crèche, de la porte Noire, etc. »
2. MM. AUGUSTE AYMARD et HIPPOLYTE MALÈGUE ont publié la description et la photographie
de ce diptyque reliquaire dans leur « Album photographique d'archéologie religieuse », pages 87-
88, planche 26. C'est d'après leur photographie qu'a été réduit et gravé notre petit dessin.

qui vient de l'abbaye de Grandselve, près de Toulouse, et que possède aujourd'hui l'église paroissiale de Bouillac (Hérault). Au lieu de s'étaler en plaque, il s'arrondit en cylindre contenu dans une sorte de clocheton carré. C'est comme une espèce de quenouille ou plutôt de lanterne emmanchée d'un bâton. Le noyau où sont les reliques est donc un cylindre creux, percé de trois étages d'arcades en plein cintre, dans chacune desquelles est une petite image, peinte sur parchemin, représentant le saint ou la sainte dont la relique est là. Ces reliques sont nombreuses, car sur une plaque de cuivre, qui forme le derrière du reliquaire, on lit cette inscription gravée au burin et disposée sur vingt-quatre lignes, comme il suit; j'en retire les seules abréviations que la typographie ne peut reproduire convenablement.

```
RELIQVIE : CONTJNENTVR : HIC
DE SPJNIS CORONE DNI : DE VESTJ
MENTIS IPSJVS : DE CINGLO ET VE
LO ET DE VESTIMETJS BE MARJE
DE VESTJMENTIS STI IOHIS BBE
STORVM PETRJ ET PAVLJ : BI ADREE
BI BARNABE : BI STEPHI PTHOMRIS
BI LAVRENTJI : BI VINCETJI : BOR
INNOCENTVM : DANJELIS PPHE
BEATI MARTJNJ : DE OLEO QD E
MANAT DE TVMBA STI NICHO
LAJ : SCI MARCIALJS : DE ARBORE
QI DNO ET BE MARJÆ ET BO IOSEPH
SVPPLJCAVJT : DECEM MJLJA
MRM : BORVM MARCELLJ ET MARC
ELLJANJ : DE FORAMJNE PET
RE P QVOD ANGLVS JNTRAVJT
AD VJRGINEM : SCI BERNARDJ
SCI BALSIJ : SCI ADRIANJ : SACTJ
DIONISIJ : BI EGJDIJ : VNDECVM M
ILJA VIGINVM : BE MARJE MAG
DALE : SCE KATERINE : SCE LV
CJE : SCE EVGENIE : BE CE
CJLIE : ET ALJE MVLTE RELJQUIE
```

Des faits très-curieux résultent de cette inscription : l'archange Gabriel serait entré par le trou d'une pierre pour annoncer à la Vierge qu'elle serait mère de Dieu : « de foramine petræ per quod angelus intravit ad Virginem » ; pendant la fuite en Égypte, un arbre se serait incliné devant l'enfant Jésus, la Vierge et saint Joseph, soit pour les saluer, soit pour leur offrir plus facilement ses fruits; sainte Eugénie, une sainte dont les reliques sont assez rares, est placée entre sainte Lucie et sainte Cécile. Quant au reliquaire proprement dit, qui a 13 centimètres environ de hauteur, on voit par quelle quantité de parcelles il est rempli : reliques du Sauveur, de la Vierge, du Précurseur, de quatre apôtres, des trois diacres martyrs, des saints Innocents, du prophète Daniel, des trois saints confesseurs Martin, Nicolas, Martial, de l'arbre de la fuite, des saints Marcel et Marcellin, de la pierre de l'Annonciation, des saints Bernard, Blaise, Adrien, Denys, Gilles, des saintes Madeleine, Catherine, Lucie, Eugénie, Cécile, des dix mille martyrs, des onze mille vierges, sans compter, enfin, beaucoup d'autres reliques : « et aliæ multæ reliquiæ ».

Je suppose, comme je l'ai dit ailleurs, que les reliquaires de ce genre s'exposaient principalement le jour de la Toussaint. Quant à celui de Grandselve, ainsi placé au bout d'une hampe, il est à supposer qu'il se portait en procession, comme on porte une croix ou une bannière. La forme en est très-originale ; dégagé des volets qui protégeaient les reliques lorsqu'elles

34. — RELIQUAIRE DE LA SAINTE COURONNE. — COMMENCEMENT DU XIII° SIÈCLE.

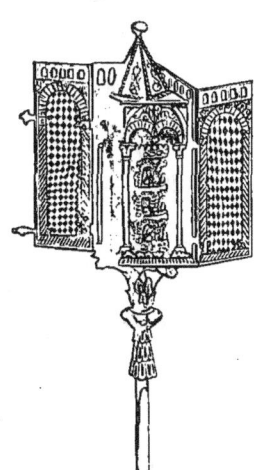

PROVIENT DE L'ABBAYE DE GRANDSELVE, PRÈS DE TOULOUSE. — EST AUJOURD'HUI DANS L'ÉGLISE DE BOUILLAC (HÉRAULT).

n'étaient pas exposées, ce reliquaire ainsi élevé en l'air, comme une lanterne haute, devait produire un très-brillant effet. Nous ne saurions trop recommander d'en exécuter aujourd'hui de semblables, et, pour notre compte, nous y pensons [1].

1. Dans une notice déjà citée, « Monographie de l'abbaye de Grandselve », année 1857, M. Jouglar a donné la description et le dessin de ce reliquaire; c'est d'après son dessin réduit

Un autre reliquaire en forme de lanterne, mais de lanterne qu'un ange porte sur sa tête, comme les femmes portent des vases de lait et d'eau, est le suivant, n° 32. Il provient de l'abbaye de Grandmont et est ainsi mentionné dans l'inventaire de 1666 :

« Un ange en bosse, de cuivre doré, émaillé, porté sur un pied carré, et qui a sur la tête un petit cristal garni de cuivre doré, sur lequel est ce billet : DE SANCTO JUNIANO... [1] »

Cet ange, du XIIe siècle, est trop immobile et trop serré aux jambes comme dans une gaîne ; mais ce motif d'un être humain, d'un ange ailé posé sur une plate-forme carrée et portant sur sa tête un petit réceptacle à reliques, est fort original et fort propre à inspirer de bonnes idées à un sculpteur, à un orfévre, à un bronzier. C'est une cariatide isolée, en ronde bosse, et dont on peut tirer un excellent parti.

32. — ANGE « CANÉPHORE ». — XIIe SIÈCLE.

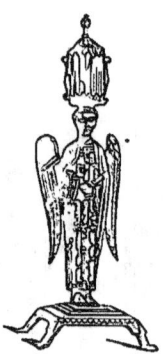

DU TRÉSOR DE GRANDMONT. — AUJOURD'HUI A SAINT-SULPICE-LES-FEUILLES (HAUTE-VIENNE). — HAUTEUR TOTALE, 26 CENT.

Les reliques les plus insignes sont celles qui viennent de Notre-Seigneur : la chair, le sang, les larmes, les cheveux du Sauveur ont été recueillis avec piété et placés dans les plus riches reliquaires. La chair à l'ab-

que nous avons fait exécuter nôtre petite gravure. L'inscription transcrite plus haut, nous l'avons relevée sur un estampage en papier que M. H. Brécy, architecte à Montauban, avait eu l'obligeance de nous envoyer en janvier 1856. M. Jouglar donne à ce reliquaire le nom de Sainte-Épine, parce que des épines de la couronne de Jésus-Christ sont les premières reliques notées dans l'inscription ; nous l'appelons de la Sainte-Couronne, pour ne pas le confondre avec un autre reliquaire de la Sainte-Épine, que nous offrirons plus loin, et qui est trop connu ainsi pour qu'on lui enlève ce nom.

1. M. l'abbé TEXIER, « Dictionnaire d'orfévrerie chrétienne », in-8°, colonne 868.

baye de Charroux [1], le saint sang à Bruges et dans mille endroits, les larmes à Vendôme, les cheveux ou les poils de la barbe dans le monde entier [2]. Puis les vêtements du Sauveur : sa robe sans couture, sa ceinture de cuir. Puis tout ce qui, à la Passion, a touché son corps divin ou servi à son supplice.

Si j'en avais le temps, je voudrais faire l'histoire chronologique de la naissance, de la vie, des miracles, de la mort et de la résurrection du Sauveur, uniquement en décrivant et dessinant les objets matériels qui rappellent ces phases différentes de la vie divine et les reliquaires où ces objets sont contenus. Ainsi, à la Nativité, la crèche, les langes, le berceau, le foin de l'étable [3]. A l'adoration des mages, l'or, la myrrhe et l'encens [4]. Puis la robe sans couture et la ceinture de cuir qui la serrait à la taille [5]. La chair de la circoncision [6]. L'âne de la fuite en Égypte [7]. Au baptême, l'eau du Jourdain. Les pierres de la tentation. Les urnes, si célèbres et si nombreuses, qui servirent aux noces de Cana. Le fouet qui chassa les vendeurs du temple. La pierre du puits où Jésus s'appuya

1. Le reliquaire en a été trouvé en 1856, caché, depuis la révolution de 1793, dans la maçonnerie d'une arcade du cloître. « Bulletin de la Société des antiquaires de l'Ouest », année 1857, notice de M. A. Brouillet sur les reliquaires de Charroux.

2. Le reliquaire carré, n° 29, que nous appelons de Tous-les-Saints, contient, en tête de toutes les autres reliques : QUIDAM PILUS DOMINI.

3. A Sainte-Marie-Majeure, à Rome, est honorée particulièrement la crèche et parmi les reliques est conservé du foin de l'étable où naquit Jésus. « Voir l'« Année liturgique à Rome », par l'abbé X. Barbier de Montault, Paris, 1857. Dans ce petit ouvrage, si rempli de faits, sont mentionnées les reliques innombrables que Rome possède, et l'on peut dire qu'elle a, soit en entier, soit par fragments, toutes les reliques de l'univers : Rome est la source d'où se sont répandues dans le monde les reliques de tous les saints.

4. Au couvent de Saint-Paul, dans le mont Athos, on m'a montré, distribués dans douze petits reliquaires en filigranes d'or, soixante-douze grains d'encens et de myrrhe pétris ensemble et donnés au couvent, à ce que l'on dit, par Constantin le Grand. L'or dont les reliquaires sont faits serait celui-là même que les mages offrirent à l'enfant Jésus.

5. Cette ceinture est en grande vénération dans le trésor d'Aix-la-Chapelle; la monstrance où elle est renfermée est scellée du sceau de Constantin le Grand. Quant à la robe sans couture, elle est à la cathédrale de Trèves et, en partie du moins ou en copie, dans l'église d'Argenteuil, près Paris.

6. Celle-là même qui fut trouvée dans le cloître abbatial de Charroux en 1856.

7. Il était tout entier, dit-on, et il serait encore à Santa-Maria-in-Organo de Vérone. On en aurait enfermé le cadavre dans une forme en bois, revêtue de métal ciselé et gravé. Quelques parcelles de cet animal, si injustement ridiculisé, auraient été distribuées en divers endroits. Je ne serais pas étonné que le groupe de la fuite en Égypte, qui se voit dans la sacristie de l'église de Saint-Esprit, faubourg de Bayonne, et dont l'âne est de grandeur naturelle, ne renfermât quelque partie détachée de l'âne recueilli et honoré à Vérone.

en parlant à la Samaritaine. La barque d'où la tempête fut apaisée. Les parfums de Madeleine. Les épis rompus le jour du sabbat. Quelques objets de la maison de Marthe et Marie et de celle de Zachée. Pierres du tombeau de Lazare et larmes versées sur cet ami qui venait de mourir [1]. Palmes de l'entrée triomphante à Jérusalem. Table de la Cène [2]. Le vase sacré de la Cène, le célèbre Saint-Graal. Le linge dont Jésus essuya les pieds de ses apôtres [3]. Les trente pièces d'argent de la trahison. La pierre de l'agonie au jardin des Oliviers. Oliviers du jardin de Gethsémani. Fouet et colonne de la flagellation [4]. Couronne d'épines, sceptre de roseau, manteau de pourpre. La croix. La sainte face. Les clous, le marteau, l'éponge, la lance, les dés, les tenailles, le suaire, les parfums, la pierre du sépulcre. La bêche du divin jardinier apparaissant à Madeleine. La maison d'Emmaüs. Le rocher de la montagne de l'Ascension, d'où le Dieu-Homme remonta au ciel [5].

Toutes ces choses et bien d'autres, rappelant la vie mortelle du Sauveur, ont été émiettées, pour ainsi dire, et placées dans des reliquaires de la plus grande richesse, du plus bel art et de la plus infinie variété.

Une publication qui se ferait, en texte et dessins, sur ce sujet unique, une monographie des reliques et des reliquaires relatifs au Sauveur serait assurément des plus originales et aurait un très-grand succès. A côté de l'intérêt se placerait l'utilité, car un grand nombre de ces beaux reliquaires pourrait et devrait se reproduire aujourd'hui. Évidemment l'art et la piété y gagneraient beaucoup.

Un des plus beaux reliquaires consacrés aux épines de la couronne du

1. C'était l'une de ces larmes que Vendôme honorait particulièment. — « Un lampier d'argent, pesant XIII marcs, IV onces et demy, que le roy a donné à l'église de la Trinité de Vendosme pour estre mis devant la Sainte-Larme ». Comptes royaux, année 1472, extrait donné par M. le comte de Laborde, « Notice des émaux du Louvre », deuxième partie, Documents et Glossaire, page 364.

2. A Saint-Jean-de-Latran. Elle est en bois de cèdre et en deux panneaux dont chacun a 60ᶜ de longueur et 1ᵐ20 de largeur. Je l'ai mesurée moi-même avec mon mètre. Il paraît qu'elle était autrefois entièrement revêtue d'argent.

3. Dans la basilique de Saint-Jean-de-Latran. Voir l'abbé BARBIER DE MONTAULT, « l'Année liturgique à Rome ». Paris, 1857, page 190.

4. Cette colonne est aujourd'hui dans une chapelle spéciale de Sainte-Praxède, à Rome. Elle est en jaspe fleuri, fort basse et posée sur une base très-large. Au-dessus de l'entrée de cette chapelle on lit : « In questa santa cappella non possono entrar le donne sotto pena di scomunica». Pourquoi cette interdiction? Je l'ignore complétement.

5. Dans les inventaires des trésors de nos églises, surtout dans « l'Année liturgique à Rome », de M. Barbier de Montault, on trouve la mention de toutes ces reliques et de bien d'autres encore relatives à Jésus-Christ.

martyr divin est celui d'Arras, que M. Charles de Linas et M. l'abbé Lequette nous ont fait connaître, qui appartient à une communauté de religieuses et dont voici le dessin :

33. — RÉLIQUAIRE DE LA SAINTE-ÉPINE. — XIII⁰ SIÈCLE.

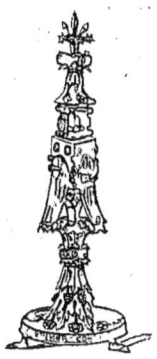

AU COUVENT DES DAMES AUGUSTINES D'ARRAS. — HAUTEUR, 20 CENTIMÈTRES.

Sa forme est étrange, mais fort élégante. Mutilé dans le haut, il a été restauré et complété par Lassus, qui a sommé des trois clous du crucifiement la représentation de la couronne d'épines. Le pied s'arrondit comme celui d'un calice, et, dans ces derniers temps, depuis la publication que nous avons faite de la gravure de ce reliquaire [1], on a exécuté un très-grand nombre de calices auxquels on donne précisément le nom de calices Sainte-Épine. On peut affirmer que, parmi les calices modernes en style ancien, le calice Sainte-Épine est le plus riche d'aspect et le mieux réussi.

La cathédrale de Paris possède une grande partie de la couronne d'épines ; elle provient de la Sainte-Chapelle que saint Louis avait fait bâtir précisément pour qu'elle y fût placée et honorée d'un culte spécial [2]. Aujourd'hui,

1. « Annales archéologiques », volume IX, pages 269-273.
2. Outre la couronne d'épines et des parties considérables du bois de la vraie croix, la Sainte-Chapelle possédait les langes de Jésus enfant, le linge dont le Sauveur se servit pour essuyer les pieds de ses apôtres, la nappe de la Cène, la chaîne et le lien de fer dont Jésus fut attaché à la colonne, la robe de pourpre, le roseau, l'éponge, la lance, du sang versé par Jésus, de la pierre du sépulcre, du saint suaire. — Voici un texte bien curieux de Guillaume Durand, qui vivait du temps de saint Louis, qui avait vu la Sainte-Chapelle à peine terminée et les reliques contenues dans cette grande châsse de pierre : — « ... Tabulam in qua Pilatus scripsit IESVS NAZARENVS REX IVDEORVM, quam vidimus Parisiis in capella illustris Regis Francorum, una cum spinea corona, et ferro et hasta lanceæ, et cum purpura qua Christum induerunt, et cum sindone qua corpus fuit involutum, et spongia, et ligno crucis, et uno ex clavis, et aliis reliquiis multis ». — « Rationale divin. offic. », lib. VI, cap. 80, n° 10.

elle est renfermée dans un cercle de cristal, qui permet de la voir avec facilité, mais qui manque totalement d'élégance. Il faudrait qu'une pareille relique fût traitée avec plus de révérence et aussi avec plus d'art.

Un des plus simples reliquaires de la vraie croix est le petit triptyque byzantin qui appartient à Mgr Dufêtre, évêque de Nevers. Sur un fond de filigranes d'argent, encadrés de pierreries, est incrustée, comme la pierre la plus précieuse, une parcelle de la vraie croix, disposée elle-même en forme de croix. Deux battants ou volets tout unis ferment respectueusement aux regards cette relique insigne. Pour un oratoire particulier, pour une dévotion tout à fait privée, rien de plus commode qu'un pareil petit reliquaire; rien de plus facile à exécuter en bronze ou en métal précieux.

34. — TRIPTYQUE BYZANTIN CONTENANT DU BOIS DE LA VRAIE CROIX. — XIVᵉ SIÈCLE.

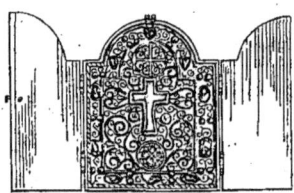

APPARTIENT A MONSEIGNEUR DUFÊTRE, ÉVÊQUE DE NEVERS. — HAUTEUR, 8 CENT.; LARGEUR DU CENTRE, 55 MILLIM.

A très-peu d'exceptions près, et le triptyque précédent en est une, les bois de la croix sont disposés, dans tous les reliquaires, sous forme de croix à double traverse; plus haut, le n° 13 nous en a donné un magnifique exemple.

Les Grecs, en effet, ont toujours attaché une très-grande importance au « titre » de la croix; cette tablette, si courte chez nous, surtout à partir du XIVᵉ siècle et inclinée de gauche à droite, les Grecs l'ont allongée et clouée en horizontalité parfaite comme la traverse proprement dite. De là ce caractère de la croix byzantine de se montrer coupée par deux traverses dont la seconde est seulement un peu plus courte que la première. Dans leurs reliquaires, les Byzantins ont donc soigneusement conservé cette forme de la traverse double. Le bois de la vraie croix, rapporté d'Orient par saint Louis et donné à la Sainte-Chapelle, avait cette forme[1]; le reliquaire de Trèves, aujourd'hui dans la cathédrale de Limbourg (Nassau), affecte également cette forme qui se reproduit jusque dans le reliquaire de la croix, à Saint-Mathias de Trèves, bien que ce reliquaire, c'est-à-dire l'œuvre d'orfévrerie,

1. « Annales archéologiques », volume V, page 327.

ait été exécuté en Occident[1]. Le fait est constant et nous le confirmons par
notre n° 35, comme il sera confirmé encore plus loin par la croix de Namur
et comme la croix dite de Clairmarais, aujourd'hui dans Notre-Dame de
Saint-Omer, en donne un exemple incomparable[2].

35. — RELIQUAIRE DE LA VRAIE CROIX. — FIN DU XIVᵉ SIÈCLE.

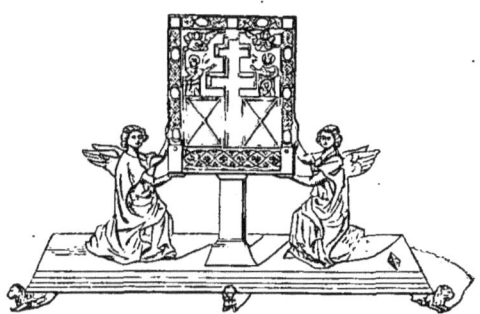

DANS L'ÉGLISE PAROISSIALE DE JAUCOURT (AUBE). — HAUTEUR TOTALE, 24 CENTIMÈTRES.

Au centre, la croix à double traverse. A droite et à gauche de la traverse supérieure, les deux archanges Gabriel et Michel. A droite et à
gauche de la traverse inférieure ou des bras proprement dits de la croix,
saint Constantin nimbé, sainte Hélène nimbée, montrant la croix que la mère
a découverte, que le fils a placée sur la couronne impériale. Au volet d'or
qui garantit la relique contre la poussière, les deux archanges Michel et
Gabriel, la Mère de Dieu et saint Jean-Baptiste vénèrent une représentation
de la croix à une seule traverse et à branches égales. Derrière, sur la porte
d'or qui fait le fond du reliquaire, une croix semblable, sur un champ
squammé, avec les monogrammes grecs $\overline{\text{IC}}$ $\overline{\text{XC}}$. Des inscriptions grecques
nomment également les archanges, la Vierge, saint Jean-Baptiste, saint
Constantin et sainte Hélène. C'est un reliquaire byzantin très-complet. Le
tout forme une petite boîte carrée, un petit « sanctuaire », que soutiennent,
au milieu, un pilastre et, à droite et à gauche, deux anges agenouillés sur
une plate-forme supportée par des lionceaux. Les anges, le pilastre, les lionceaux et la plate-forme, à l'angle droit de laquelle sont émaillées les armoiries

1. Le reliquaire de Trèves, aujourd'hui à Limbourg-sur-Lahn, a été publié dans les « Annales
archéologiques », volume XVII, pages 337-347, par M. l'abbé Ibach, avec gravures par M. Sauvageot; le reliquaire de saint Mathias de Trèves le sera dans le volume XIX, par M. le baron de
Roisin, avec gravures par M. Martel.

2. Louis DESCHAMPS DE PAS, « Orfévrerie du XIIIᵉ siècle, Croix de Clairmarais », gravures par
CHARLES SAUVAGEOT. In-4°, Paris 1855.

de la donatrice, sont d'un travail occidental et français du xive siècle, si ce n'est même de la fin du xiiie. Sur la plate-forme, près de la moulure d'encadrement, on lit en jolis caractères gothiques :

+ CEST SAINTVAIRE OV IL A DE LA VRAIE CROIS FIST AINSI A ESTOFER NOBLE DAME MADAME MARGARITE DARC DAME DE IAVCOVRT PRIES NOSTRE SEIGNEVR POVR LI QVI LI DOINT BONE VIE ET BONE FIN AMEN +

Jaucourt est en Champagne, près de Troyes, dans le pays des comtes Henri et Thibaut, et l'on sent dans cette inscription, déjà si parfaitement française, qu'on est à la source et dans le berceau de notre langue. Est-ce que par hasard cette Marguerite Darc serait une ancêtre de la Pucelle d'Orléans, sa voisine ! Le curieux, c'est qu'elle s'est mariée à un Jaucourt, qui porte de sable à deux léopards d'or et que l'Angleterre, cette nation aux trois léopards, fit brûler notre Jeanne d'Arc à Rouen, cette capitale de la province aux deux léopards[1].

Maintenant, remontons en esprit au xve siècle, avant la réforme qui a fait la guerre aux reliques et surtout avant la grande révolution qui a fait la chasse aux reliquaires, et entrons le matin d'un jour de grande fête, celui de la Toussaint, par exemple, dans une de nos cathédrales, celle de Reims, si vous voulez. Les offices ne sont pas commencés, mais tout se prépare pour la grande messe. Derrière le maître-autel est disposé un appareil fixe ou mobile pour y placer toutes les reliques du trésor et en faire l'ostension.

Avant l'an 1699, la cathédrale de Paris possédait un de ces appareils qui rappelle celui existant encore dans la cathédrale de Münster en Westphalie. Dans un « procès-verbal » où sont racontés les exploits de Louis XIV, au moment où le roi très-chrétien, pour exécuter à Notre-Dame de Paris le vœu de Louis XIII, fit démolir le vénérable grand autel chrétien pour le remplacer par un autel en style païen, on lit :

« Le mercredi vingt-neuf avril, mil six cens quatre-vingt dix-neuf, on commença à travailler à la démolition de l'Autel (de la cathédrale de Paris). On ôta d'abord les quatre pilliers de cuivre qui étoient aux quatre coins de l'autel, sur le haut de chacun desquels il y avoit un ange de pareil métal[2]; ensuite on défit le devant du contretable de l'autel qui étoit fermé à deux serrures et on ôta le bois qui étoit autour du même autel. Le contretable, qui

1. Ce reliquaire a été dessiné et décrit dans le « Portefeuille archéologique » de M. Gaussen, planche 3 de l'orfévrerie, pages 9 et suivantes du chapitre sur l'orfévrerie.

2. MOLÉON, « Voyages liturgiques », dit en parlant de l'église de Saint-Seine, près Dijon : « Aux deux côtez de l'autel il y a quatre colonnes de cuivre et quatre anges de cuivre avec des chandeliers et des grands rideaux ».

avoit quatre pouces ou environ de profondeur, étoit plein de grands et de petis trous faits exprès, qui marquoient qu'on y mettoit autrefois quelques plaques ou embellissemens de métail (des reliquaires) qu'on y attachoit : et il y avoit des chiffres depuis *un* jusqu'à *vingt-huit* (pour que chaque reliquaire y fût à sa place)... Tout le cuivre qui servoit à porter la châsse de saint Marcel avec ses quatre colonnes, et celui de la Suspension, a été brisé et mis en pièces, n'ayant pu être conservé à cause du fer et du plomb qui étoient dedans. La châsse de saint Marcel, de vermeil doré, faite en forme d'église, avec deux bas côtés couverts de fleurs de lys ciselées d'applique dans des compartiments à lozange dont les enfoncements sont de lames d'or, enrichie tout autour de plusieurs figures d'or représentant la vie du saint, et de vitrages d'or émaillé, avec un grand nombre de toutes sortes de pierres précieuses, étoit placée derrière le grand autel sur un palc de cuivre, soutenue de quatre colonnes aussi de cuivre, d'environ quinze pieds de haut[1]. »

Texte précieux pour les trois points essentiels qu'il signale : 1° Quatre anges de bronze, sur des colonnes de bronze, aux quatre coins de l'autel. — 2° Retable percé de vingt-huit cases destinées à recevoir, par ordre de numéros et aux jours de fête, les vingt-huit principaux reliquaires de la cathédrale. — 3° Châsse de saint Marcel, en forme d'église à trois nefs, élevée derrière l'autel sur quatre colonnes de bronze.

Revenons maintenant à l'ancien modèle de ces armoires à reliques, tel que nous pouvons nous le figurer.

C'est une sorte de retable en bois revêtu de métal, creusé d'un nombre considérable de casiers. La forme générale se rapproche beaucoup de celle des portails : trois semblants de portes, avec parois percées de niches et avec voussures profondes à plusieurs cordons de niches plus petites, encadrent des tympans. Ces niches des parois et des voussures, ces cadres des tympans, sont autant de chambrettes à loger des reliquaires. Ces reliquaires, on les apporte un à un soit de la sacristie, soit du trésor proprement dit, soit de l'autel spécialement affecté aux reliques et placé presque toujours derrière le maître-autel, dans le fond du sanctuaire. Aux portails de nos cathédrales, les innombrables statues qui en tapissent les parois, les voussures et les tympans, ne sont pas placées au hasard ; mais le théologien et l'artiste les ont rigoureusement ordonnées suivant la chronologie et la symbolique. De même, au grand casier des reliquaires, les reliques ne sont pas logées suivant le caprice

---

1. Sauval, « Antiquités de la ville de Paris », 1724, vol. i, p. 373. Ce procès-verbal fut dressé le 23 juin 1699, dans le Trésor même de Notre-Dame de Paris, par les chanoines et fabriciens de la cathédrale.

ou le goût particulier des clercs qui les apportent, mais en vertu d'un ordre parfaitement déterminé. Cet ordre est celui-là même qui a présidé à l'arrangement des statues du portail. A gauche, le monde antérieur à Jésus-Christ; à droite, le monde postérieur à la mort du Sauveur; au centre, Jésus-Christ lui-même environné des personnages qui l'ont approché de plus près, et qui, au jugement dernier, doivent l'accompagner plus particulièrement.

Ainsi, à gauche, tous les reliquaires contenant des parcelles des personnages et des choses de l'Ancien Testament. La plus ancienne de toutes les reliques est le bois de l'arbre de la science du bien et du mal, contemporain de la création et qui aurait servi, suivant la légende, pour la croix de Jésus-Christ[1]; la verge de Moïse, la verge d'Aaron, la manne du désert, l'arche d'alliance, les colonnes du temple de Jérusalem[2], le chandelier à sept branches, les pains de propositions, l'anneau de Salomon et bien d'autres.

Les juifs n'ont pas professé, comme les chrétiens, un culte extraordinaire pour leurs grands hommes, pour leurs saints; aussi ne nous est-il arrivé que des parcelles de quelques-uns de leurs illustres personnages. En Grèce et dans tous les pays byzantins, où l'on vénère, beaucoup plus que chez nous et que dans notre Église latine, les personnes de l'Ancien Testament, on trouve quelques-unes de ces reliques. Plusieurs églises y sont dédiées à saint Moïse, saint Isaïe, saint Daniel, saint Élie. Ce dernier saint, pour avoir assisté à la transfiguration du Sauveur et pour être devenu le patron d'un ordre de religieux chrétiens, les Carmes, appartient, pour ainsi dire, au Nouveau Testament autant qu'à l'Ancien. Mais un personnage qui n'appartient qu'au plus ancien monde est le patriarche Job, sous le vocable duquel est dédiée une église de Venise, San-Giobbe. Il ne faut pas s'en étonner, car Venise est plus orientale et byzantine que latine et occidentale. C'est dans la même ville, en effet, que s'élèvent des églises aux phophètes saint Jérémie, saint Zacharie, saint Siméon et enfin à saint Moïse. On ne doit pas avoir les reliques corporelles de Moïse, car tous ces chefs de peuples sont, comme Romulus, enlevés dans des tempêtes, et ne laissent aucune trace de leur corps; mais rien n'empêche que de Job, de Jérémie, de Zacharie et de Siméon on ne possède des reliques véritables. La France même, toute latine qu'elle soit, possède bien les reliques des trois enfants de Babylone que Nabuchodonosor fit jeter dans une fournaise. C'est à la cathédrale de Langres qu'appartiennent ou qu'appartenaient ces curieuses reliques, qui furent reconnues de nouveau et authentiquées

1. « Legenda aurea », à la fête de l'Invention de la croix.

2. Dans le sanctuaire de Sainte-Praxède, à Rome, on voit quatre colonnes en marbre blanc qu'on dit provenir du temple de Jérusalem.

en 1605 et 1675. Sur un tombeau de pierre, exécuté dans les premières
années du XVᵉ siècle, on lisait :

> In hoc sarcophago
> Iacent Sidrac, Misac, Abdenago
> Igne usti ut pelago
> Qvos Persarvm rex Senonas
> Transferri ivssit Lingonas
> Ad depelléndvm demonas.

Le roi François Iᵉʳ et la reine Claude de France, Charles IX et Louis XIII
ont honoré ces reliques dans la cathédrale de Langres. François Iᵉʳ, ayant
même attribué à leur vertu le fils que lui donna la reine Claude, nomma cet
enfant, qui mourut tout jeune, Charles Abdenago.[1]

Les derniers saints de l'Ancien Testament dont on ait des reliques, sont les
saints Innocents, les rois Mages et saint Jean-Baptiste.

Avec le Précurseur, nous passons du judaïsme au christianisme, et, dans la
disposition des reliques, du côté gauche au côté droit.

A droite, c'est la religion chrétienne et ses innombrables saints qui rem-
plissent les casiers à reliques. Ces reliques s'ordonnent suivant l'ordre chronologique, depuis saint Jean-Baptiste et la sainte Vierge jusqu'à sainte
Jeanne de Chantal et saint Vincent de Paul.

Au centre de ce grand casier, c'est, pour ainsi dire, le rendez-vous de
l'Ancien et du Nouveau Testament; mais les places les plus nombreuses et les
plus honorables appartiennent au christianisme. Par la disposition des reliques, on simule le jugement dernier, comme sur la porte centrale des portails ou dans les rosaces en verres peints de nos grandes cathédrales.

Au milieu, le Christ sur son trône de juge, figuré par quelqu'une de ses reliques et surtout par le bois de la vraie croix. A ses côtés, à gauche, saint Jean
évangéliste qui assista au supplice de la croix et qui doit spécialement assister
au triomphe; à droite, la sainte Vierge; puis les divers anges porteurs des
instruments de la Passion. C'est là qu'on doit mettre des parcelles de ces reliques insignes que possédait notre Sainte-Chapelle : couronne d'épines, clous,
éponge, fer de lance. Puis, au premier cordon de circonférence, les neuf
chœurs des anges, représentés par les reliques attribuées à ceux qui ont pris

---

1. Voir, sur tous ces faits, les divers historiens de la ville et du diocèse de Langres. Les trois
jeunes Babyloniens y étaient appelés aussi les BENEDICITE, parce que, dans leur fournaise, ils
avaient chanté le fameux cantique rempli de ce mot. Au-dessus de leur tombeau de pierre,
placé devant le maître-autel de la cathédrale de Langres, était étendue une « lame » de cuivre
sur laquelle gisaient, en relief et en bronze, les trois statues des enfants.

quelquefois la figure humaine comme l'ont prise les trois archanges, Gabriel, Raphaël, Michel. Au deuxième cordon, à gauche du Christ, les douze enfants d'Israël ou les douze tribus ; à droite, les douze apôtres, assesseurs du souverain juge. Au troisième cordon, les martyrs ; au quatrième, les confesseurs ; au cinquième, les docteurs ; au sixième, les vierges ; au septième, les saints continents et les saintes veuves.

Une cathédrale riche en reliques peut avoir des parcelles plus ou moins nombreuses de ces divers ordres de saints, et l'on comprend que la variété des reliquaires que nous venons de cataloguer n'est pas trop grande pour toutes ces reliques du monde antérieur, contemporain et postérieur à Jésus-Christ.

Lorsque ce vaste casier à trois compartiments est ainsi occupé, il s'agit d'honorer toutes ces reliques devant lesquelles vont s'accomplir les offices. On commence par placer les chandeliers et par allumer les cierges, car l'éclairage est un des modes principaux de l'honneur liturgique. Nous allons donc proposer quelques modèles de chandeliers, comme nous avons proposé divers modèles de reliquaires.

III. — CHANDELIERS.

Nous comprenons, sous cette dénomination, divers appareils servant à l'éclairage liturgique : les chandeliers proprement dits, les grands candélabres à une ou plusieurs branches, les lampes et les couronnes de lumière, les lanternes à main ou portées sur une hampe.

36. — CHANDELIER EN STYLE DU XIIe SIÈCLE.

A NOTRE-DAME DE POITIERS. — HAUTEUR, 40 CENT.

En tête des chandeliers, nous en plaçons un que nous venons de composer et de fondre en bronze ; ancien par le pied, ce n'est qu'une imitation par la tige, le nœud et le bassin. Le pied vient des bords du Rhin, et c'est un des

plus beaux que l'on connaisse. Le nœud, qui est à jour, porte les attributs
des évangélistes. Le bassin et les petits dragons qui s'y accrochent sont
inspirés d'un chandelier allemand que nous avons publié dans les « Annales
Archéologiques », volume XVIII, page 161. Quoique haut de 40 centimètres
seulement, ce chandelier se comporte fort bien sur des autels majeurs et dans
de grandes églises. Il faut protester, en effet, contre ces chandeliers modernes,
de taille colossale, emmanchés d'une souche qui monte à perte de vue dans
la voûte des églises. On comprend très-bien qu'un chandelier d'autel soit plus
grand, plus monumental qu'un chandelier de salon ; mais on comprend moins
qu'on en ait fait une perche mal assise, toujours prête à tomber sur le crâne
des officiants.

Le chandelier suivant a, comme forme et comme style, beaucoup d'analogie
avec celui qui précède : trois pattes de bêtes s'y rattachant à des corps de
dragons. Tige courte. Nœud à jour. Bassin arc-bouté par de petits dragons
ailés. Haut de 12 centimètres seulement, ce petit chandelier n'est bon que
pour des oratoires. Mais voyez comme il est solidement assis, sur une large
base, et comme il est d'un roman plein d'énergie ! Les trois pattes qui le portent sont des serres d'aigle qui saisissent une demi-sphère, tandis qu'au chandelier précédent ce sont trois pattes de lion posant à nu sur le sol. Les serres
d'aigle sont-elles celles de l'aigle de saint Jean et les pattes de lion sont-elles
les pattes du lion de saint Marc ? C'est possible, et ce serait la justification de
notre nœud sculpté des attributs des évangélistes.

37. — CHANDELIER DU XII° SIÈCLE.

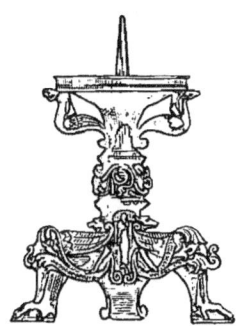

DANS LA VALLÉE DE LA MOSELLE. — HAUTEUR, 12 CENTIMÈTRES.

Dès l'année dernière, nous avions fait reproduire en bronze ce beau chandelier qui, à peine jeté dans le commerce, obtint un grand succès. Des marchands frauduleux, à l'affût de tout ce qui porte un cachet ancien, en ache-
tèrent plusieurs paires qu'ils vendirent à d'ignorants propriétaires de riches

collections ou qu'ils firent vendre à un prix fort élevé à l'hôtel des ventes de Paris. Ce chandelier, unique il y a deux ans, brille aujourd'hui, unique toujours, ou tout au plus par paire, dans la plupart des collections de l'Europe. C'est un grand honneur pour le moyen âge et pour notre fonderie [1].

Le numéro 38, moins beau que les précédents, surtout par le pied et la tige, offre une cuvette creuse d'une élégance égale à sa simplicité. Petit comme le 37, et chandelier d'oratoire plutôt que d'église, l'original appartient aujourd'hui au musée de l'hôtel de Cluny.

38. — CHANDELIER DU XIIe SIÈCLE.

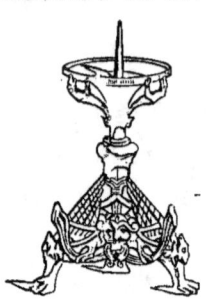

AU MUSÉE DE L'HOTEL DE CLUNY. — HAUTEUR, 16 CENTIMÈTRES.

Le chandelier du XIIIe siècle a conservé de celui du XIIe son pied triangulaire à pattes de bête, la tige coupée par un gros nœud et son large bassin. Cependant le pied s'est simplifié de forme pour se décorer d'émaux, la tige s'est allongée et les dragons arqués sur le bassin ont disparu. Le XIIIe, qui a

39. — CHANDELIER DU XIIIe SIÈCLE, PREMIÈRE MOITIÉ.

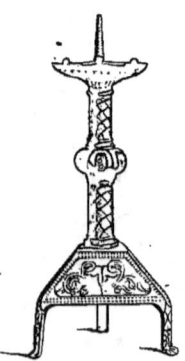

AU MUSÉE DE CLUNY. — HAUTEUR, 30 CENTIMÈTRES.

1. Pour entraver la fraude, nous marquons de notre nom, en toutes lettres de relief, le dessous du pied de chandelier, et de plus, nous frappons le dessus de ce pied d'une estampille à froid qui offre deux têtes, l'une barbue, l'autre imberbe, comme celles qui, dans une sculpture de Saint-Denis, symbolisent le passé et l'avenir.

fait des choses si nombreuses et si colossales, était obligé de se presser et, par conséquent, de simplifier l'ornementation et la forme que l'époque antérieure aimait à compliquer. Il serait bien difficile de dire à quel genre de bête, aigle ou lion, appartiennent les trois pattes dont les griffes ont disparu et dont les doigts ne sont indiqués que par un trait de burin. Cela ressemble assez aux pattes lentes de la tortue et contraste avec les bondissantes du lion et les volantes de l'aigle.

Cette simplification est poussée à l'excès, on peut le dire, dans le numéro 40. Les trois pattes et le nœud persistent, mais ces pattes, on ne pourrait les reconnaître si on ne les avait vues dans les chandeliers romans. Le nœud est réduit à sa plus simple expression : aplati en haut et en bas, ce n'est guère plus qu'une moulure. Trouvé dans une carrière de pierres, près de l'Isle-Adam (Seine-et-Oise), ce chandelier a produit, dès qu'il s'est montré, une grande sensation parmi les amateurs d'art ancien. Notre ami, M. Darcel, auquel le propriétaire l'avait confié, dut en faire exécuter plusieurs moulages en plâtre, pour satisfaire le désir de personnages haut placés et peu sympathiques, cependant, à l'art du moyen âge. De ces plâtres on a tiré des bronzes en très-grand nombre, et, grâce à ces copies, ce chandelier est aujourd'hui le plus répandu qui soit.

40. — CHANDELIER DE LA FIN DU XIIIᵉ SIÈCLE.

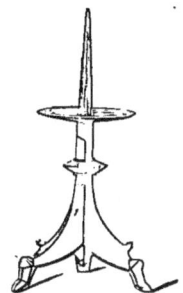

A L'ISLE-ADAM, DÉPARTEMENT DE SEINE-ET-OISE. — HAUTEUR, 14 CENT.

Déjà, dès le commencement du XIIIᵉ siècle, on sentit la nécessité d'exhausser ces chandeliers bas de l'époque romane. On prit un moyen bien simple, celui de multiplier les nœuds où s'implantait la tige : on a, de cette époque, des chandeliers à deux nœuds, à trois nœuds, comme le numéro 41, et même à cinq nœuds comme ceux de sainte Élisabeth de Marburg. Il est vrai que ces chandeliers de Marburg, en étain et peut-être du XIVᵉ siècle plutôt que du XIIIᵉ, sont de grands candélabres destinés à se placer devant l'autel et non pas dessus. Mais l'exemple qui suit est un vrai chandelier d'autel, émaillé au pied, à ses trois nœuds et même à sa tige. Il ne manque pas d'élégance; mais la cuvette en est trop aplatie et trop nue : c'est un champignon renversé, d'un goût qui n'est pas le nôtre.

41. — CHANDELIER A TROIS NŒUDS. — COMMENCEMENT DU XIIIᵉ SIÈCLE.

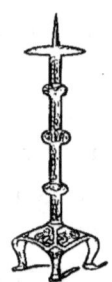

ACTUELLEMENT EN ANGLETERRE, AU COLONEL MEYRICK. — HAUTEUR, 50 CENTIMÈTRES.

Dans sa « Notice des émaux du Louvre », M. le comte de Laborde a publié des documents intéressants où il est constaté que les chandeliers étaient généralement petits et qu'ils se terminaient par une pointe ou une bobèche comme ceux dont nous offrons la gravure[1] :

« Deux chandeliers bas, d'argent doré, esmaillez des armes de France (1360). — Six chandeliers d'or, à pointes (1380). — Deux petits chandeliers d'argent blanc, bassets, à broche, pour chapelle (1380). — Deux petitz chandeliers, à broche d'argent blanc, et sont les pans à six pates (1380). — Un petit chandelier d'argent blanc et a, ou tuyau, une oreille pour mettre chandelle (1380). — Troys chandeliers dont l'un est à cuvecte et deux à boubesche (1498). — Deux chandeliers en pointe (1599). »

Sous la date de 1456, ce texte : « Ung chandelier d'or, à mectre chandelle, à lire sur un livre[2]. » Ce devait être un chandelier analogue au suivant, qui a 25 centimètres de haut et qui servait plutôt à des usages civils qu'aux offices religieux. Ce chandelier n'est ni en or, ni en argent, ni en cuivre, mais en vile terre cuite rehaussée de quelques filets de peinture. Cette terre cuite, il est vrai, avait été modelée pour notre roi Henri II, à ce qu'il paraît, et avait composé un service complet de table dont trente-deux pièces existent encore

1. « Notice des émaux, bijoux et objets divers du musée du Louvre », deuxième partie, « Documents et Glossaire », pages 203-204. Paris, 1853. Ces textes sont tirés d'inventaires de 1360, 1380, 1498, 1599.

2. M. Édouard Fleury, dans son « Inventaire du trésor de la cathédrale de Laon en 1523, in-4°, Paris, 1855, transcrit ce texte, page 46 : « Candelabrum argenteum, rotundum et BASSUM, in quo solent affigi cerei et candele ceree ad dandum lumen super altare sacerdoti celebranti ».

disséminées dans les musées de Paris et de Londres et dans plusieurs collections particulières. Quand l'une de ces « terres » passent par hasard dans les ventes, c'est au poids de l'or qu'on l'achète et, dernièrement, il a fallu douze mille francs en bel et bon argent pour acheter à l'hôtel des ventes, à Paris, l'une de ces trente-deux pièces qui est allée enrichir la collection de l'un de nos banquiers. Celle-ci appartient à M. Anthony de Rothschild, de Londres.

42. — CHANDELIER CIVIL, DE LA RENAISSANCE.

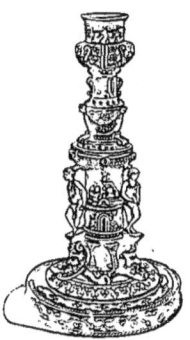

APPARTIENT A SIR ANTHONY DE ROTHSCHILD, DE LONDRES.

Certainement, c'est remarquable, surtout pour de la terre grisâtre, mais le pied est lourd et l'ensemble est bizarre. Néanmoins, je l'ai en estime, et je me propose de le traduire prochainement en bronze ciselé avec soin, persuadé qu'on peut en faire un beau chandelier de salon.

Avec la renaissance commence l'exagération des formes dans les chandeliers. Les autels, même majeurs, sont encore petits ou moyens, et déjà les chandeliers ont un et deux mètres de haut. Ainsi, à la Chartreuse de Pavie, deux de ces chandeliers du XVIᵉ siècle ont un mètre chacun et deux autres un mètre 88 centimètres. Du reste, c'est là leur moindre défaut : la forme en est incohérente et illogique. Un chandelier se compose de trois parties : pied, tige, cuvette ; c'est une petite colonne ayant base, fût et chapiteau. La tige, surtout dans un chandelier, on peut la varier, la couper par un nœud, deux ou trois nœuds tout au plus, parce que cette tige, qui est longue et grêle, a besoin de résistance et parce qu'on doit, dans certaines circonstances, pouvoir la prendre aisément avec la main. Mais, au moins, comme dans la colonne, il faut que ces trois parties constitutives du chandelier se distinguent nettement ; or, dans les chandeliers de la renaissance, on ne voit pas facilement où finit le pied, où commence la tige. Des nœuds, il y en a partout : ce ne sont que ressauts et pièces diverses superposées s'enfilant dans une baguette de fer qui les maintient par sa rigidité : des moulures creuses sur des moulures rondes, des

sphères sur des disques, des cubes sur des boules et réciproquement. Si ces
chandeliers n'affectaient pas ordinairement la forme pyramidale ou décrois-
sante de la base au sommet, on pourrait les retourner sans inconvénient, les
asseoir sur le plateau de là bobèche et leur planter entre les trois griffes la
pointe à recevoir le cierge. L'ensemble en est défectueux, assurément; mais
les détails en sont exécutés avec un goût très-délicat, comme le chandelier précédent en terre cuite et les suivants en bronze le prouvent. Il fallait donc offrir
ces exemples. D'ailleurs il existe un assez grand nombre d'édifices de la renaissance, et, partisan de l'harmonie des styles dans l'ameublement et la décoration comme dans l'architecture des monuments, je conseillerai toujours de
placer des chandeliers du XVIᵉ siècle sur un autel et dans une église du XVIᵉ.

43. — CHANDELIER DE LA RENAISSANCE.

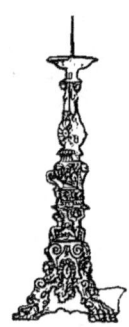

ACTUELLEMENT EN ANGLETERRE, APPARTIENT AU COMTE DE CADOGNAN.

Dans ses lettres sur « le Rhin », M. Victor Hugo décrit ainsi l'architecture
rococo du clocher de Givet[1] : « Le brave architecte a pris un bonnet carré de
prêtre ou d'avocat; sur ce bonnet carré il a échafaudé un saladier renversé;
sur le fond de ce saladier devenu plate-forme il a posé un sucrier; sur le sucrier une bouteille; sur la bouteille, etc. » Les chandeliers de la renaissance,
il faut le dire, se composent de parties détachées qui s'embrochent de cette
façon : bonnet rond ou carré, marmite, soupière, saladier, pot à eau, carafe,
bouteille, le tout séparé par des plats et des assiettes pour former les moulures. C'est comme une série de vertèbres, toutes variées, il est vrai, mais
similaires et qui se superposent à peu près sans ordre ni raison : toutes pièces
de rapport, indépendantes les unes des autres et retenues seulement par une
barre de fer intérieure. Le chandelier du moyen âge, au contraire, est comme
une plante qui s'enracine en terre, en sort par son pied, monte au-dessus du

1. « Le Rhin », volume I, édit. in-8 de 1842, page 106.

sol par sa tige, que des nœuds consolident de distance en distance, et qui s'épanouit dans l'air par son plateau comme s'épanouit une fleur. Le chandelier de la renaissance n'est qu'une superposition de pièces étrangères les unes aux autres; celui du moyen âge est une végétation et presque un être organisé, dont chaque partie procède de la précédente et engendre la suivante. Du reste, ce défaut capital, la renaissance l'a pris à l'antiquité, car les grands candélabres grecs ou romains que nous possédons dans nos musées ne se composent ainsi que de morceaux différents qui s'étagent l'un sur l'autre, et qu'on pourrait déplacer, même supprimer, sans inconvénient. Mais ces morceaux, nous l'avons dit, sont d'une rare beauté, et le candélabre suivant, dessiné par Annibal Fontana et qui appartient à la Chartreuse de Pavie, en est un bel exemple.

44. — CHANDELIER DE LA RENAISSANCE.

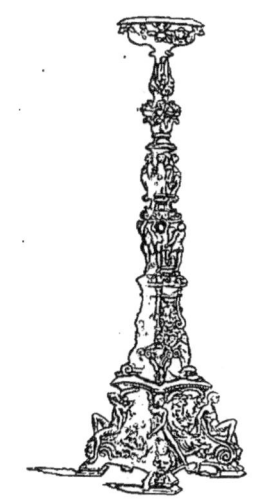

A LA CHARTREUSE DE PAVIE. — 1 MÈTRE 88 CENTIMÈTRES DE HAUTEUR [1].

Un autre de ces chandeliers, également à la Chartreuse de Pavie et d'Annibal Fontana, est placé, avec une croix assortie, sur le maître-autel; il n'a qu'un mètre de haut, et sa forme est vraiment pleine de grâce. Nous songeons à le reproduire en bronze, absolument tel qu'il existe, d'après un moulage que nous possédons.

1. Les chandeliers de Saint-Pierre de Rome, dessinés par Michel-Ange, ceux de Saint-Antoine de Padoue, celui de Santa-Maria-in-Organo, de Vérone, gravé dans l'« Architecture du Ve au XVIIe siècle » de M. Jules Gailhabaud, les deux grands chandeliers du sanctuaire de Saint-Bavon de Gand, provenant de la chapelle royale du roi d'Angleterre Charles Ier, et bien d'autres, tous des XVIe et XVIIe siècles, montrent ce défaut commun de pièces superposées; mais ils montrent également cette beauté, commune aussi, de chaque pièce prise à part.

Modéré et même petit dans ses chandeliers d'autels, le moyen âge a cependant exécuté des chandeliers d'une certaine dimension; mais ces chandeliers, qu'il convient d'appeler des candélabres, à cause de leur importance, se placent sur le sol, entre le sanctuaire et le chœur, et par conséquent, pour être vus, doivent atteindre une hauteur plus forte que les chandeliers d'autel exhaussés déjà par l'autel même. Leur matière, quelquefois précieuse, argent et même or, leur dimension qui exigeait une certaine quantité de métal, ont été la cause de leur destruction. Il n'en reste plus qu'un très-petit nombre.

45. — CANDÉLABRE DE S. BERNWARD, DU Xᵉ-XIᵉ SIÈCLE.

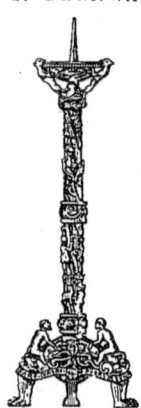

A HILDESHEIM. — HAUTEUR, 40 CENTIMÈTRES.

A Hildesheim (royaume de Hanovre), on en voit deux que fit exécuter le saint Éloi de l'Allemagne, saint Bernward, évêque de Hildesheim de 993 à 1024. L'inscription suivante, gravée sur le bord du bassin et du pied de l'un d'eux, dit positivement que le prélat fit exécuter ce candélabre en fonte; mais elle est, du reste, pleine d'obscurités :

✠ BERNVVARDVS . PRESVL . CANDELABRVM . HOC . ✠ PVERVM . SVVM . PRIMO . HVIVS . ARTIS . FLORE . NON . AVRO . NON . ARGENTO . ET . TAMEN . VT . CERNIS . CONFLARE . IVBEBAT

A LA PREMIÈRE FLORAISON DE CET ART, LE PRÉLAT BERNWARD ORDONNAIT A SON ENFANT DE FONDRE CE CANDÉLABRE, NON EN OR, NON EN ARGENT, ET CEPENDANT TEL QUE TU LE VOIS.

Le sens le plus clair est celui-ci : — A la renaissance de l'art de la fonderie, l'évêque Bernward ordonna à son élève de fondre ce candélabre en « électrum », métal composé d'or et d'argent, mais qui n'est ni de l'argent ni de l'or. — Ceux qui l'ont vu : M. Th. King, qui vient d'en publier la gravure [1] ; M. l'abbé Bock, qui vient de l'étudier sur place, M. le docteur Kratz, qui l'a gravé et décrit [2], s'accordent à dire qu'il est en argent; l'or, s'il y en a, entre

1. « Études pratiques de l'architecture »; volume II, Hildesheim, planche IX.
2. « Der Dom zu Hildesheim », pages 31-34 du texte, planche IV, figure 2 de l'atlas.

dans la proportion où l'étain s'allie au cuivre pour faire le bronze. Ainsi l'âge, la composition, la forme, la dimension de ce candélabre en font un objet des plus curieux [1].

Le chandelier suivant, postérieur d'un siècle à celui de Hildesheim, n'a de même que 40 centimètres de hauteur; mais il est incomparablement plus riche. Bronze anglais, il fut fondu par l'abbaye de Glocester, puis donné à la cathédrale du Mans par un Thomas de Poché ou de Pocé. On lit, sur la banderole qui se déroule en spirale autour de la tige, que l'abbé Pierre et son doux et dévot troupeau donnèrent ce candélabre à l'église Saint-Pierre de Glocester :

✝ ABBATIS PETRI GREGIS ET DEVOTIO MITIS
ME DEDIT ECCLESIE SCI PETRI GLOECESTRE.

L'administration de l'abbé Pierre date, à ce qu'il paraît, des douze premières années du XIIᵉ siècle. Dans l'intérieur du bassin, une inscription fort ancienne, mais assez mal gravée, dit que Thomas de Pocé a enrichi de cette œuvre les propriétés de l'église du Mans, mais on ne sait à quelle époque :

✝ HOC CENOMANENSIS RES ECCLESLÆ POCIENSIS THOMAS DITAVIT.

Mis au rebut par les chanoines du Mans, ce candélabre tomba dans le patrimoine d'une famille dont l'un des membres en obtint la concession à vil prix et qui l'a vendu ensuite près de 20,000 francs à M. le prince Pierre Soltykoff qui en est aujourd'hui l'heureux propriétaire. Le nœud est occupé par les attributs des évangélistes; mais l'ornementation du pied, de la tige et de la cuvette est des plus étranges : c'est un enchevêtrement de quarante deux monstres et de neuf hommes qui font rage. Les bêtes hurlent et mordent; les êtres humains, qui sont complétement nus, abandonnent en pâture ou à d'affreuses caresses tous les membres de leur corps, de la tête aux pieds, à ces bêtes cruelles. Ces enlacements monstrueux se remarquent, mais avec plus de sobriété, sur la plupart des chandeliers et candélabres romans. On y a vu le vicieux aux prises avec le vice animé et vivant. Il est à peu près certain qu'on a eu raison et le distique gravé sur le bandeau qui termine le bassin du candélabre justifie cette explication.

✝ LVCIS ONVS VIRTVTIS OPVS DOCTRINA REFVLGENS
PREDICAT VT VICIO NON TENEBRETVR HOMO.

1. En passant dernièrement à Hildesheim, M. l'abbé Bock l'a fait mouler en plâtre pour me l'envoyer. J'ai l'intention de le faire exécuter prochainement en bronze.

« La dette des lumières est la pratique de la vertu. La doctrine lumineuse de l'Évangile engage l'homme à fuir les ténèbres du vice[1]. »

Ainsi, dans le bas, le vice, les ténèbres ; mais, au sommet, la lumière qui est la vertu physique, comme la vertu est la lumière morale de l'âme.

Vingt mille francs, c'est bien de l'argent, mais cette œuvre de bronze est unique, et il faut féliciter le noble étranger, ce généreux ami de l'art, qui a voulu lui faire une place honorable dans sa riche collection. Si le nœud était plus arrêté, plus nettement marqué, nous ne ferions aucun reproche à ce candélabre qui nous semble un chef-d'œuvre et que nous cherchons en ce moment à reproduire scrupuleusement en bronze doré, pour nos églises romanes du XIIe siècle.

46. — CANDÉLABRE DE GLOCESTER, XIIe SIÈCLE, EN BRONZE DORÉ.

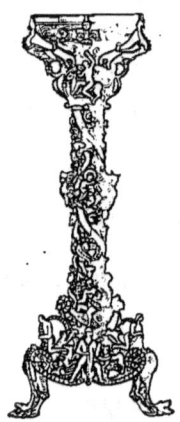

APPARTIENT AU PRINCE PIERRE SOLTYKOFF. — 40 CENTIMÈTRES DE HAUTEUR.

Le cierge pascal se plaçait et se place encore sur des candélabres d'une hauteur considérable, proportionnée à la hauteur même du cierge[2]. La ville de Noyon a conservé, dans son hôpital et dans sa cathédrale, deux de ces candélabres en fer battu et estampé d'une rare originalité. Sur un trépied solidement épaté est assise une longue tige qui s'épanouit en un bouquet de lis, de roses, de grappes de raisins. De ce bouquet sort une cuvette d'où

1. Cette traduction est celle que donne le P. Arthur Martin dans la Notice qu'il a publiée sur ce candélabre de Glocester au volume IV des « Mélanges d'archéologie », pages 279-281. A cette notice sont jointes deux planches, les 32 et 33, qui représentent le candélabre sous ses trois faces.

2. Quelquefois, pour la symétrie, il y avait deux cierges pascals dans une église, et par conséquent deux candélabres pour les recevoir. J'ai déjà cité ce texte du « Rationale divinorum officiorum » de G. Durand, liv. VI, ch. 80, office du samedi saint : « In quibusdam ecclesiis additur alter cereus minor. Primus major consecratur in personam Christi dicentis : Ego sum lux mundi ; alter, in personam apostolorum, quibus ipse Dominus inquit : Vos estis lux mundi. »

s'élève une pointe à l'un et une bobèche à l'autre pour recevoir le cierge. Ces deux candélabres, dont M. Gailhabaud a le premier révélé l'existence, sont en fer, mais rien n'est plus facile que de les exécuter en bronze pour leur donner encore plus de finesse et de beauté.

47. — CANDÉLABRE EN FER, A POINTE.   48. — CANDÉLABRE EN FER, A BOBÈCHE.

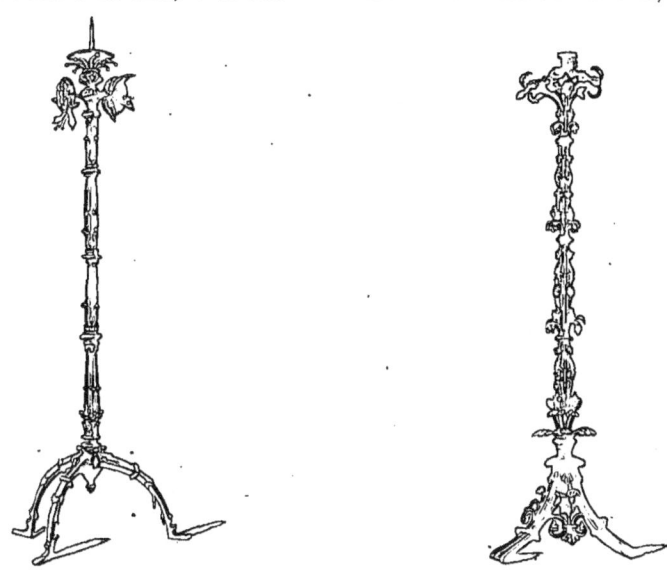

TOUS DEUX A NOYON. — HAUTEUR DE CHACUN, 2 MÈTRES.

Jusqu'à présent nous n'avons offert que des candélabres à une seule tige et pour un cierge unique; mais les candélabres à plusieurs branches, de deux à à sept, à quinze et au delà, étaient fréquemment employés dans les églises.

« Un chandelier à trois broches, par manière de lys, pesant j marc, j once et demie d'or. » — « Deux chandeliers en manière de roze, esmailliez et dossés par les pommeaux de France, pesant xxi marcs d'or [1]. »

Il est à remarquer que le premier de ces chandeliers a la forme d'un lis et le second celle d'une rose. Or, au candélabre de Noyon, n° 47, le bouquet se compose d'une rose et d'un lis, et le bassin semble affecter également la forme du lis à cépales en crochets et pétales soudés en coupe.

Le petit candélabre qui suit n'est ancien qu'en partie : le pied, le nœud et la tige sont empruntés au chandelier n° 40; mais les quatre branches sont nouvelles et appropriées, pour la forme générale et les moulures, à l'ancien pied. Cet exemple montre qu'avec un certain goût, on peut s'inspirer très-

1. Comte Léon de Laborde, « Notice des émaux du Louvre », deuxième partie, « Documents et glossaire », page 203, Inventaire de Charles V, année 1380.

avantageusement d'une forme ancienne pour composer un objet nouveau. Plus bas nous verrons que ce pied a pu recevoir une petite croix en harmonie parfaite avec le chandelier et le candélabre.

49. — CANDÉLABRE A QUATRE BRANCHES, STYLE DU XIIIe SIÈCLE.

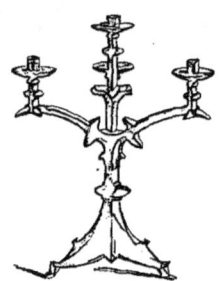

IMITATION D'UN MODÈLE ANCIEN. — HAUTEUR, 22 CENTIMÈTRES.

« Sept arbres d'or semblaient apparaître, que, de près, je reconnus pour des candélabres. Le bel ornement flamboyait au-dessus de lui-même plus clair que la lune par un temps serein, à minuit, au milieu de son mois. Je vis les petites flammes marcher en avant, laissant derrière elles l'air peint comme des traits de pinceaux. En sorte qu'en haut restaient distinctes sept lignes de toutes les couleurs dont fait son arc le Soleil, et dont Délie fait sa ceinture [1] ».

Arrivé dans le Paradis terrestre, au jour naissant, par un air doux et frais, le Dante aperçoit une procession que précédaient sept candélabres d'or, ou plutôt un candélabre à sept branches. Ce candélabre, il lui donne le nom d'arbre [2], et, à propos de l'arbre auquel attentèrent nos premiers parents, il murmure contre Ève et son péché [3]. Cet arbre à sept branches, il le voit suivi de vingt-quatre vieillards vêtus de blanc, couronnés de fleurs de lis, qui chantaient en l'honneur de la Vierge : « Sois bénie entre les filles d'Adam ; que tes beautés soient bénies dans l'éternité ».

Cet arbre, ce n'est pas le génie du Dante qui l'avait imaginé : il existait cent ans avant lui en Italie, et plus de deux cents ans chez nous. Celui d'Italie, on le voit encore dans la cathédrale de Milan [4]. Là, il s'appelle précisément

1. LE DANTE, « Purgatoire », chant 28.
2. « Sette alberi d'oro ». — « Purgatoire », chant 28.
3. . . . . . Onde buon zelo
   Mi fè riprender l'ardimento d'Eva. — « Purgatoire », chant 28.
4. Le candélabre de Saint-Remi de Reims datait du XIIe siècle; celui de l'église abbatiale de Cluny était peut-être du XIe. Les lecteurs des « Annales Archéologiques » se rappelleront ces vers curieux gravés sur celui de Cluny, vers qui rappellent que Dieu lui-même commanda à Moïse le

l'« Arbre de la Vierge » ; il est en bronze doré, haut de quatre mètres passés. Au pied, l'Ève, que le Dante maudit, est représentée mangeant la pomme fatale, puis sortant, avec Adam, du Paradis terrestre. Au nœud, la Vierge, cette femme « bénie entre les filles d'Adam », reçoit les hommages, non pas des vingt-quatre vieillards, il est vrai, mais des rois Mages qui accourent adorer l'enfant Jésus que Marie tient sur ses genoux.

Cet arbre, le voici, et nous le donnons comme la plus belle œuvre de bronze et d'iconographie que le XIII° siècle nous ait léguée dans ce genre.

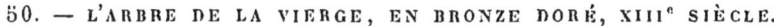

50. — L'ARBRE DE LA VIERGE, EN BRONZE DORÉ, XIII° SIÈCLE.

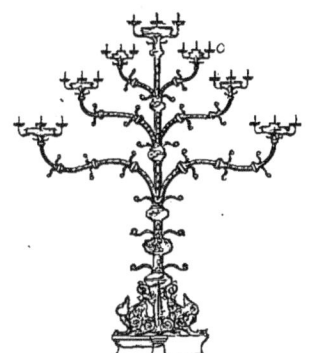

DANS LA CATHÉDRALE DE MILAN. — HAUTEUR, 4 MÈTRES 50 CENTIMÈTRES.

Hélas ! il y en avait de pareils, et de plus beaux peut-être, en France, dans l'église abbatiale de Cluny, dans l'église abbatiale de Saint-Remi de Reims, dans l'église cathédrale de Bayeux, et probablement dans nos cathédrales et nos abbatiales les plus importantes. Aujourd'hui, il ne reste plus qu'un seul pied de celui de Reims, mais ce pied témoigne que l'« Arbre » de Milan n'était pas le seul ni même le plus beau qui fût. Quoi qu'il en soit, par un rare bonheur, l'« Arbre » de Milan a survécu, et il nous donne une haute idée de l'habileté, du génie des modeleurs, des mouleurs, des fondeurs, des ciseleurs, des tourneurs et des monteurs du moyen âge. Nous attachons une si grande importance à cette œuvre, aujourd'hui incomparable, que sous la direction de l'Académie impériale de Milan et sous les yeux de M. César Cantu, son

chandelier juif à sept branches, et que ce candélabre annonçait le Christ futur (« præscriptum Christum »), le Christ annoncé d'avance par les ÉCRITURES et de qui découlent les sept Vertus appelées à guérir les sept Vices capitaux :

> Ad fidei normam voluit Deus hanc dare formam,
> Quæ quasi præscriptum doceat cognoscere Christum,
> De quo septenæ, sacro spiramine plenæ,
> Virtutes manant et in omnibus omnia sanant.

secrétaire perpétuel, nous en avons fait exécuter un moulage en plâtre que nous possédons. Ce moulage est destiné à reproduire en bronze, dans nos ateliers, le candélabre absolument tel qu'il existe, car nous pensons bien qu'une cathédrale quelconque de notre pays, celle de Paris, par exemple, ou celle de Reims, ou celle de Chartres, voudra remplacer, par une copie exacte de l'« Arbre » de Milan, l'« Arbre » qu'elle a dû avoir et que la révolution lui a cassée. Si j'osais faire une comparaison, je dirais que le véritable arbre de la liberté est cet arbre de bronze où figure, par personnages, l'histoire de notre rédemption, depuis l'esclavage causé par la chute de l'homme jusqu'à l'affranchissement apporté par la naissance du Sauveur.

51. — UN DES FLEUVES DU PARADIS.   52. — UN DES FLEUVES DU PARADIS.

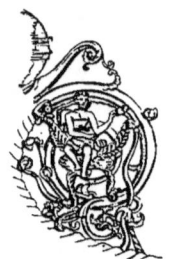 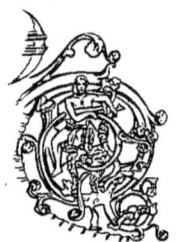

TOUS DEUX FAISANT PARTIE DU CANDÉLABRE DE MILAN.

Le Dante, en se promenant dans le Paradis terrestre, où il voit le chandelier à sept branches, décrit avec complaisance l'eau qui en arrose les campagnes : « Cette eau, que tu vois là, ne jaillit pas d'une source qui se renouvelle avec les vapeurs condensées par le froid, comme un fleuve qui perd et recouvre son onde ; elle sort d'une fontaine éternellement intarissable qui retrouve sans cesse, dans la volonté de Dieu, ce qu'elle répand par deux canaux toujours ouverts[1] ».

C'est une paraphrase poétique de ce verset de la Genèse « Un fleuve sortait de ce lieu de volupté pour arroser le Paradis ; de là il se divisait en quatre branches : le Phison, le Géhon, le Tigre et l'Euphrate[2] ». Ces quatre fleuves, dont nous reproduisons deux, sont sculptés sur le pied du chandelier de Milan[3].

1. LE DANTE, « Purgatoire », chant 28e, traduction de M. Mesnard, volume du Purgatoire, page 377.

2. « Liber Genesis », cap. II, vers. 10-14. Le Dante, qui est toujours un peu païen, renonce aux quatre fleuves du Paradis et ne fait sortir que deux branches de la grande source : le Léthé, qui ôte la mémoire du mal, et l'Eunoé, qui ravive le souvenir du bien. — Voir le chant 28 du « Purgatoire ».

3. C'est d'après les beaux dessins que nous a donnés M. Victor Petit, et dont plusieurs ont été publiés déjà dans les « Annales Archéologiques », à partir du volume XIII, que sont réduites

Dans la procession, où figure le chandelier à sept branches, le Dante voit les Vertus théologales et les Vertus cardinales personnifiées, escortant le char qui porte la Religion. Sur le pied du chandelier, les principales vertus terrassent les Vices principaux, personnifiés également. En outre, adossés aux quatre fleuves du Paradis, se voient les quatre grands arts libéraux, la Musique, la Rhétorique, la Dialectique et la Géométrie, dont le Dante parle si souvent.

Ce candélabre, cet arbre de la Vierge, est fait pour glorifier Marie, Mère du Sauveur, et sur le nœud principal est sculptée la cavalcade des rois mages qui vont adorer Jésus et honorer la Vierge. Ce nœud, la plus belle, la plus extraordinaire partie de tout le candélabre, en voici les deux tiers ; la dernière portion représente la Vierge assise dont nous n'apercevons ici que le profil.

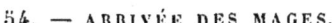

53. — DÉPART DES MAGES.   54. — ARRIVÉE DES MAGES.

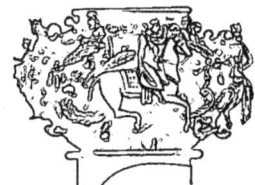 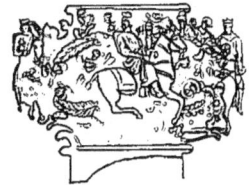

NŒUD PRINCIPAL DU CANDÉLABRE DE MILAN.

On me pardonnera d'avoir donné, dans un travail aussi nécessairement resserré que celui-ci, cinq gravures du même objet, parce que cet objet est une œuvre unique de bronze, et qu'il faut absolument trouver le moyen de la reproduire pour se faire la main à la renaissance moderne du bronze du moyen âge.

55. — CANDÉLABRE A SEPT BRANCHES.

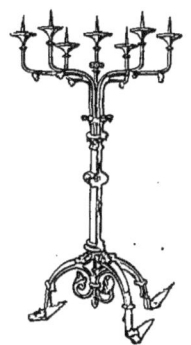

EN STYLE DU XIIIᵉ SIÈCLE. — HAUTEUR, 2 MÈTRES.

Un candélabre à sept branches, d'une grande simplicité, est le numéro 55 ;

ces petites gravures du candélabre de Milan. Aujourd'hui, grâce au moulage en plâtre que nous possédons, nous pourrons donner des gravures plus exactes encore, si c'est possible.

il n'est pas ancien, mais M. Gaucherel a bien voulu le composer pour nous en style du XIII⁰ siècle et avec d'anciens éléments. Il peut avoir de hauteur, à volonté, de un mètre à deux. Il nous en fallait un de ce genre, plus grand et plus orné que le n° 49, moins haut et moins compliqué que le n° 50.

La herse, à sept, onze, treize, quinze, vingt-quatre et même trente-deux branches, était fort commune au moyen âge. Elle servait aux offices des morts, à l'office des ténèbres pendant la semaine sainte et surtout aux fêtes, pour donner plus d'éclat au luminaire. M. le comte de Laborde a publié les textes suivants qui suffiront pour prouver ces usages divers [1] :

« Hercia ad tenebras ». (Statuts du synode d'Exeter en 1287). — « Item pro corpore ficto et hersiâ ». (Funérailles de Thomas, abbé de Canterbury, en 1375). — « En certaines fêtes doubles majeures, on met devant le sanctuaire une herse appelée Râtelier et Onzaine, parce qu'on y met onze cierges ». — « Un grand chandelier ou herse avec vingt-quatre cierges ». (Le sieur de Mauléon, « Voyages liturgiques de France ».)

Ces herses, dont l'usage était fréquent et divers, sont devenues fort rares ; je doute qu'il en existe aujourd'hui des exemples anciens. Nous avons donc prié M. Gaucherel de nous en dessiner un à treize branches, que le XIII⁰ siècle ne désavouerait pas.

56. — HERSE A TREIZE BRANCHES.

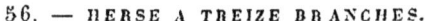

EN STYLE DU XIII⁰ SIÈCLE. — 2 MÈTRES 50 CENTIMÈTRES.

Un autre appareil d'éclairage, fort employé aujourd'hui, et que le moyen âge a connu assurément, mais dont il n'est pas resté d'exemples anciens, à ce

1. « Notice des émaux du Louvre », deuxième partie, « Documents et Glossaire », page 340. Voir, dans le « Dictionnaire raisonné du mobilier français », par M. Viollet-le-Duc, l'article « Herse », pages 120-124.

qu'il paraît, est le bras de lumière. C'est un candélabre sans pie(
un mur ou pilier par un fragment de tige dans laquelle il est fi
rement, mais quelquefois mobile aussi et tournant sur un pivot.
modèle ancien, en voici un que M. Gaucherel nous a dessiné,
style du XIIIᵉ siècle, puisque, avec le XIIᵉ, c'est l'époque culmina
du moyen âge.

57. — BRAS DE LUMIÈRE, A SEPT BRANCHES.

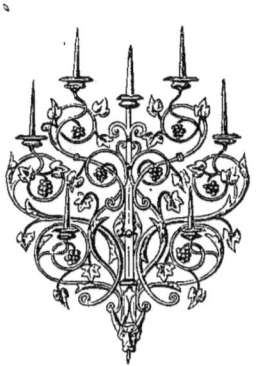

EN STYLE DU XIIIᵉ SIÈCLE. — HAUTEUR, 75 CENTIMÈTRES.

Ce bras, on peut le fixer dans chaque travée, à droite et à
contre chaque pilier des nefs, bas côtés, chœur, sanctuaire et cl
églises. On demande souvent un vaste système d'éclairage; ce
varier presque à l'infini et produire une masse éblouissante de lum
Mais l'appareil de lumière, le plus compliqué et le plus extraoi
le christianisme ait inventé, est celui qu'on appelle la couron
L'apôtre saint Jean dit dans l'Apocalypse : — « J'ai vu un ciel nou
terre nouvelle. Enlevé en esprit par un des sept anges sur une
grande et haute, j'ai vu descendre du ciel, par ordre de Dieu, la
de Jérusalem, parée comme une épouse ornée de son époux. Elle
l'éclat de Dieu, et sa lumière ressemblait à celle d'une pierre pi
jaspe ou de cristal. Elle avait un mur grand et haut, percé de de
dans ces portes, douze anges avec les noms gravés des douze trib
A l'orient, trois portes, trois au nord, trois au sud et trois à l'o
mur s'étageait sur douze assises où étaient gravés les noms des de
de l'Agneau. Établie sur un plan carré, la ville avait en largeur,
hauteur les mêmes dimensions; elle était construite en or pur, sem
verre pur. Le mur d'enceinte, construit en jaspe, était orné de p
cieuses de tout genre : au premier étage, jaspe; au second, saph

sième, calcédoine; au quatrième, émeraude; au cinquième, sardonyx; au sixième, sardoine; au septième, chrysolithe; au huitième, béril; au neuvième, topaze; au dixième, chrysoprase; au onzième, hyacinthe; au douzième, améthyste. Chacune des douze portes était une perle. La place de la ville était en or pur et comme en verre transparent. Pas de temple dans cette ville; c'est le Dieu tout-puissant et l'Agneau qui est ce temple. Cette ville n'a besoin de soleil ni de lune, car la clarté de Dieu l'illumine, et l'Agneau lui sert de lampe. Les nations marchent dans cette lumière, et les rois de la terre lui apportent honneur et gloire. Ses portes ne se ferment pas pendant le jour, et il n'y fait jamais nuit [1] ».

Voilà un programme assez difficile à rendre en bronze, même en argent, en or et en pierres précieuses. Mais le moyen âge a fait l'impossible, et l'on peut dire que les fondeurs, les orfévres et les joailliers des XIIe et XIIIe siècles ont égalé cette incomparable poésie. Le Dante a lutté, nous l'avons vu, contre les bronziers du candélabre de Milan; les orfévres allemands et français ont lutté à leur tour contre la poésie de saint Jean. La France possédait un certain nombre de ces Jérusalem de métal; toutes, sans exception, ont été détruites, fondues en gros sous ou en pièces de cinq francs. Il ne nous reste plus qu'un ancien dessin fort insuffisant, restauré par M. Viollet-le-Duc [2], de la couronne de lumière à douze lobes, douze portes et quatre-vingt-seize cierges, qui pendait au milieu du chœur de l'église abbatiale de Saint-Remi de Reims; mais, par bonheur, la couronne d'Aix-la-Chapelle et la « Jérusalem lumineuse » de Hildesheim pendent et brillent encore dans les cathédrales de ces deux villes.

Celle d'Aix-la-Chapelle, qui a huit mètres de circonférence, est octogonale comme l'église même; elle paraît descendre de ce dôme de Charlemagne, comme de la voûte du ciel. Il est fâcheux que la forme du monument ait imposé cette forme de la couronne et ait empêché de traduire exactement le texte de l'Apocalypse; mais à Hildesheim la traduction est plus rigoureuse et notre regret doit être moins vif. C'est le terrible empereur Frédéric Barberousse qui fit au XIIe siècle, en signe de paix, pour son salut et celui de sa femme Béatrice, ce cadeau à la vierge Marie spécialement honorée dans la cathédrale d'Aix.

Des vers, gravés et émaillés de brun sur les courtines des murs de cette ville de métal, nomment le donateur, expriment le but du don et décrivent la forme matérielle et symbolique du monument que voici:

1. « Apocalypsis B. Johannis apostoli », cap. XXI, v. 1-25. .
2. VIOLLET-LE-DUC, « Dictionnaire raisonné du mobilier français », p. 145.

58. — COURONNE ARDENTE D'AIX-LA-CHAPELLE.

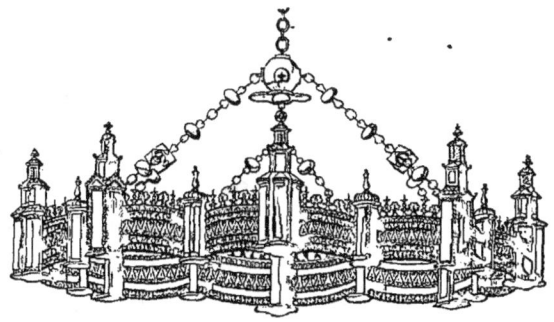

EN BRONZE DORÉ, ÉMAILLÉ ET GRAVÉ. — XIIᵉ SIÈCLE.

Si, comme les PP. Martin et Cahier, nous écrivions un mémoire spécial sur cette couronne [1], nous traduirions et nous tâcherions d'expliquer les vers ; mais la place nous manque ici et le texte latin suffira. On remarquera toutefois que cette couronne octogonale, dans un temple à huit pans, porte seize vers, deux fois huit, et qu'après le huitième vers s'arrête la première strophe, pour ainsi dire, afin de donner place à la seconde dont le caractère est tout différent. Dans les huit premiers vers, symbolisme du monument ; dans les huit derniers, donation et supplication du donateur :

Celica Ihervsalem signatvr imagine tali
Visio pacis certa qvietis spes ibi nobis
Ille Johannes gratia Christi preco salvtis
Qvam prophetavit qvamqve prophete deniqve virtvs
Lvcis apostolice fvndavit dogmate vitam
Vrbem syderea labentem vidit in ethra
Avro ridentem mvndo gemmisqve nitentem
Qva nos in patria precibvs pia siste Maria

Cesar catholicvs romanorvm Fridericvs
Cvm specie mvnervm cogens attendere clervm
Ad templi normam sva svmant menia formam
Istivs octogene donvm regale corone
Rex pivs ipse pie vovit solvitqve Marie
Ergo stella maris astris prefvlgida claris
Svscipe mvnificvm prece devota Fridericvm
Conregnantricem sibi jvnge svam Beatricem

La couronne de Hildesheim, bien plus grande que celle d'Aix, a dix-huit mètres de circonférence au lieu de huit ou neuf, mais elle est surtout bien plus complète. Le mur n'a que six étages au lieu des douze de l'Apocalypse ; mais

1. « Mélanges d'archéologie et d'histoire », volume II, pages 1-62, planches I-XII.

il est crénelé comme un mur véritable et chaque dent de créneau porte un chandelier dont la pointe reçoit un cierge. Comme dans l'Apocalypse, douze portes, trois à chaque point cardinal, marquée chacune du nom d'un apôtre. Entre chaque porte, une grande tour, dont chacune offre le nom d'une des douze tribus d'Israël. Entre les portes et les tours, la courtine crénelée de trois créneaux. Cette courtine porte au soubassement l'inscription en douze vers où Hezilon évêque de Hildesheim, au xie siècle, déclare qu'il fait ce don à la sainte Vierge et supplie les trois personnes divines de lui accorder toutes les vertus. Au bandeau qui porte les créneaux, autre inscription, de douze vers également, où sont donnés la description et le symbolisme de cette grande œuvre [1]. Nous croyons utile de les reproduire ici, parce qu'ils sont des plus curieux et que chaque mot veut en être pesé :

+ Vrbs est svblimis miris fabricata figvris
Vndiqve perfecta fidei compagine jvncta
Cvivs vestibvlo vetvs et novvs excvbat ordo
Germine virtvtvm qve mire svrgit in altvm
Floribvs hic vivis animarvm cvria lvcis
Ante dei faciem divinvm spirat odorem
Avctores operis toga vestit candida pacis
Hos pater et verbvm cives et spiritvs horvm
Vnvs et ipse regit qvi qvod svnt ipse creavit
In virtvte sva solis sol lvcet in illa
Mistica discernit tenet aspicit omnia novit
Et solivm regni cordis locat in penetrali

Le « cujus vestibulo vetus et novus excubat ordo » s'entend non-seulement des tribus de Juda qui gardent les tours et des apôtres qui veillent aux portes, mais encore des vingt-quatre prophètes de l'Ancien Testament et des vingt-quatre Vertus principales du Nouveau, dont le nom est gravé sur les tours et les portes.

Les prophètes nommés sont : Jérémie, Osée, Moïse, Johel, Isaïe, Abacuc, Élie, Zacharie, Daniel, Naüm, David, Sophonias, Élisée, Aggée, Nathan, Malachie, Job, Jonas, Samuel, Michée, Ézéchiel, Amos, Aaron, Abdias. — Les vertus sont : Abstinence, Douceur, Sainteté, Modestie, Foi, Vérité, Espérance, Paix, Prudence, Bénignité, Continence, Piété, Patience, Persévérance, Sobriété, Charité, Tempérance, Force, Humilité, Chasteté, Grâce, Miséricorde, Justice, Prudence.

---

1. Cet arrangement, Frédéric Barberousse l'a fait copier dans sa couronne ; seulement, comme sa couronne est octogonale, il n'y a que huit vers en haut et huit vers en bas au lieu des douze et douze de la couronne d'Hezilon.

Il n'y a aucun ordre, chronologique ou moral, ni dans les prophètes, ni dans les Vertus : Moïse est le troisième et Aaron l'avant-dernier ; la Justice et la Prudence, deux vertus cardinales, sont à la fin, tandis que deux moindres vertus, l'Abstinence et la Douceur tiennent la tête ; en outre, il y a deux Prudences, par erreur certainement. Mais je transcris ces inscriptions de l'ouvrage du docteur Kratz [1], et comme je n'ai pas vu de mes yeux cette couronne, je ne puis rien changer à la notice allemande. Le fait important est la présence et le parallélisme des prophètes et des vertus comme des tribus de Juda et des apôtres. On dit, qu'outre les inscriptions, des statuettes en argent de ces fils d'Israël et des apôtres, de ces prophètes et de ces vertus habitaient les tours et les portes, chacune précisément au-dessous de son nom ; c'est possible, c'est probable, mais pas certain, et il n'en reste d'ailleurs aucune trace.

Les tours, emblèmes de la force, sont occupées par les personnages de l'Ancien Testament, où la force domine ; mais aux portes, toujours ouvertes, et qui donnent accès dans la cité céleste, sont préposés les apôtres de Jésus-Christ, les premiers ministres de l'Évangile, qui est la loi de grâce.

Le système d'éclairage était celui-ci : l'huile d'olive dans les lampes, la cire d'abeilles dans les cierges. Les lampes, au nombre de trente-six, dont douze grosses et vingt-quatre petites, occupaient les douze grosses tours et les vingt-quatre petites tourelles qui flanquent, deux à deux, chacune des douze portes. Les cierges, au nombre de soixante-douze, sur chacun des soixante-douze créneaux, s'espacent, trois par trois, entre chaque tour et chaque porte. Ainsi, en total, cent huit lumières brillaient sur cette couronne, comme cent huit diamants du feu le plus vif. On peut le dire, à distance, ces lumières si rapprochées devaient se confondre, et le disque apparaissait aux yeux comme une fournaise ardente, semblable, sous quelques rapports, à celle du globe solaire. Cette partie de l'inscription était donc matériellement réalisée : SOLIS SOL LUCET IN ILLA.

Un phare de cette puissance et surtout de cette beauté est comparable, dans son genre, aux grandes roses historiées de verres peints qui brillent dans nos cathédrales, couronnes de lumière aussi et couronnes verticales en forme de nimbe. J'ignore ce que les religions antiques ont fait pour la lumière, mais je suis bien tenté de croire qu'elles seraient aveuglées en présence de l'éclat éblouissant de l'art chrétien.

Il faut espérer qu'avec la renaissance de l'art du moyen âge renaîtra aussi

---

1. KRATZ, « Der Dom zu Hildesheim ». In-8°, Hildesheim, 1840, p. 80.

le système ancien de l'éclairage. Déjà des tentatives heureuses ont été faites, surtout par M. Abadie, architecte du gouvernement, dans l'église Saint-Front, cathédrale actuelle de Périgueux; mais il faut mener encore plus loin la résurrection du passé, et reproduire dans nos grandes églises cathédrales ou ex-abbatiales, les couronnes lumineuses qu'on y voyait autrefois, comme aux abbatiales de Cluny et de Saint-Remi de Reims, comme aux cathédrales de Toul et de Bayeux. Au-dessus du chandelier à sept branches, il faut lancer dans le ciel de nos églises ces couronnes de lumière qui en étaient comme le soleil et la lune, et je m'estimerais heureux si j'étais appelé à pétrir en bronze ou à battre en cuivre l'un de ces météores où reluisent les « figures » de l'Ancien Testament et les réalités du Nouveau. Ce serait une gloire que de reconstruire cette céleste Jérusalem !

Un appareil plus simple de lumière est celui de la lampe ordinaire dont l'un des plus jolis modèles est le suivant qui est suspendu, aujourd'hui encore, dans la chapelle du palais municipal de Sienne. Une lampe se place dans l'intérieur et projette sa lumière par les petites fenêtres ogivales et géminées du joli meuble. Sur la pointe qui sort du plateau final ou de la bobèche, on implante un cierge, gros et élevé. Ainsi, dans cette lampe, on brûle à la fois l'huile et la cire, comme dans les couronnes de lumière.

59. — LAMPE SUSPENDUE, POUR L'HUILE ET LA CIRE. — XIVᵉ SIÈCLE.

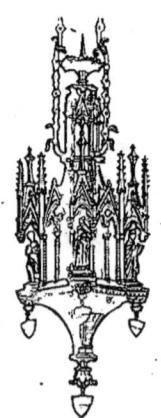

A LA CHAPELLE DU PALAIS MUNICIPAL DE SIENNE. — HAUTEUR, 1 MÈTRE.

Outre ces lampes et luminaires fixes, il faut des lampes portatives, c'est-à-dire des lanternes, soit pour accompagner le viatique qu'on va donner aux malades, ou suivre les morts que l'on conduit au cimetière, soit pour faire honneur au Saint-Sacrement et aux reliques qui se portent dans les processions intérieures et extérieures.

La lanterne la plus simple est encore celle d'aujourd'hui : un cylindre de métal ou de bois creux, percé, dans les parois, d'une porte et de larges ouvertures que ferme du verre ou de la corne ; ce cylindre est troué, au sommet, de petites ouvertures qui donnent de l'air à la lumière intérieure et en laissent échapper la fumée.

La petite lanterne que voici me paraît romane et dater du XIIe siècle : elle était placée, comme un objet aussi rare que curieux, dans les galeries de l'exposition de Manchester en 1857.

60. — LANTERNE A MAIN DU XIIe SIÈCLE.

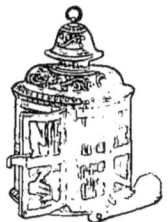

ACTUELLEMENT EN ANGLETERRE. — APPARTIENT A M. WILLOUGHBY.

Des lanternes portées sur des hampes, il y en avait autrefois, sans nul doute, car aucune fonction liturgique ne s'accomplit sans lumière et, dans bien des circonstances, cette lumière doit être prise à la main, élevée à une certaine hauteur et protégée contre la pluie et le vent. Aujourd'hui, même dans les processions qui se font à l'intérieur des églises, mais surtout aux processions extérieures, le clergé ordinaire et principalement les confréries se servent de lampes ou plutôt de lanternes ainsi emmanchées d'un bâton. Nous n'en connaissons pas d'exemple ancien, mais rien n'était plus facile que d'en composer une avec de vieux éléments. Les tours des couronnes ardentes d'Aix-la-Chapelle et de Hildesheim sont des lampes d'un modèle exquis. Mettez cette lampe sur un bâton à nœud, historié comme la hampe d'une crosse épiscopale ou d'un bâton de chantre, et vous aurez une lanterne réellement ancienne. Ainsi a fait M. Gaucherel, à notre demande, et il a pris une tour de la couronne d'Aix qu'il a plantée sur le bâton ci-dessous, n° 61.

Nous avons déjà préparé nos modèles pour en exécuter de ce style et de cette époque.

Quand, pour une fonction qui s'accomplit à l'intérieur d'une église, la bougie n'a pas besoin d'être abritée, on peut supprimer le fenestrage de verre et mettre la lumière en complète évidence. Nous en donnons, n° 62, un exemple inspiré de dessins analogues publiés par l'architecte anglais, Welby Pugin [1], mais un peu épuré par le goût particulier à notre pays.

LANTERNES PORTATIVES SUR UN BATON.

64. — LANTERNE FERMÉE.   62. — LANTERNE A JOUR.

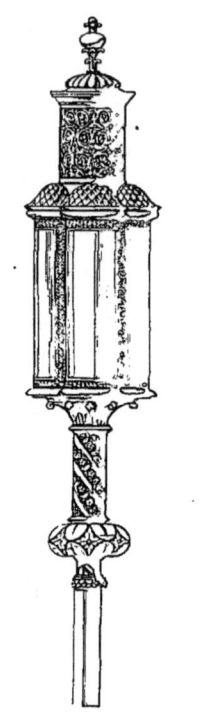   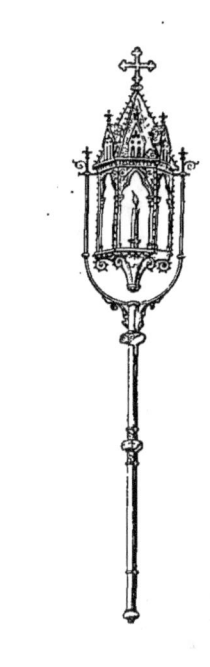

STYLE DU XIIe SIÈCLE.

HAUTEUR DE LA LANTERNE SEULE, 40 CENT.

STYLE DU XIIIe-XIVe SIÈCLE.

HAUTEUR DE LA LANTERNE SEULE, 35 CENT.

Dans son « Glossaire des ornements et costumes ecclésiastiques », Pugin cite un texte curieux de Siméon, archevêque de Salonique : « Que signifie cette série multiple de lumières, douze cierges, ou trois, ou tous les autres qui s'allument dans l'église? Dans le temple visible brillent les hautes lumières, comme les étoiles dans le ciel. La couronne, cercle lumineux, est comme le firmament; les autres appareils de lumière indiquent, pour ainsi dire, la zone des planètes. Les candélabres à trois et à sept branches désignent le nombre des grâces divines. Ceux qui en portent douze sont en l'honneur du chœur des apôtres; au milieu, s'élève une lumière plus haute, qui est le

1. « Glossary of ecclesiastical ornament », by W. Pugin, Londres, in-4°, page 167.

signe de la grande lumière de Jésus-Christ [1] ». — Ainsi, chez les Grecs, comme chez les Latins, les appareils de lumière étaient fort nombreux et fort divers. Il est même à croire que la couronne ardente provient, comme origine, de l'église byzantine. Chez les Byzantins, en effet, les églises sont plus fréquemment rondes, carrées ou à branches égales que chez nous, où elles sont presque toujours longues. Or, à l'intersection des nefs, s'élève une coupole au centre de laquelle est attachée une couronne qui prend la forme même du monument, comme la couronne octogonale d'Aix-la-Chapelle se moule sur l'octogone de l'édifice. Aujourd'hui encore, dans ces églises grecques, sous le dôme, pend une couronne qui est en bois, par suite du malheur des temps, et au cercle de laquelle sont attachées, de distance en distance, des œufs d'autruche. Cette pauvre couronne rappelle la riche orfévrerie d'autrefois, et sert au même usage, à recevoir un grand nombre de cierges ou de lampes qu'on allume aux jours de fêtes.

Pour épuiser à peu près ce qu'on peut dire sur ces variétés du luminaire, il faudrait parler de la poutre transversale qui s'élevait au-dessus des jubés, entre le transsept et le chœur. Du milieu de cette poutre, qu'on appelle « trabes » en latin, et « tref » en vieux français [2], s'élève un grand crucifix, comme un tabernacle au milieu des gradins de l'autel. Sur les branches de la poutre, à droite et à gauche, sont fixés des chandeliers ou des pointes, en nombre indéfini, mais symétrique, et dont chacun ou chacune porte un cierge. C'est une illumination horizontale comme celle de la couronne : à la couronne, l'illumination est en ligne courbe ; à la poutre, en ligne droite.

Pour terminer et résumer ce paragraphe du luminaire, qu'on me permette de citer les lignes suivantes écrites en 1853, à propos de l'« Arbre de la Vierge » :

« Maintenant, placez-vous dans une cathédrale, un jour de fête, et voyez comme tout s'éclaire. Les chandeliers sur le maître-autel; les cierges sur les colonnes où s'attachent les courtines mêmes de cet autel; les lampes qui veillent en l'honneur du Saint-Sacrement ; le chandelier qui étend ses sept branches à l'entrée du sanctuaire ; le grand cierge pascal et le petit cierge pascal qui accompagnent, comme deux acolytes, le chandelier à sept branches; la haie de bougies dont se hérisse la clôture du chœur; la poutre ou le tref, qui court dans toute l'envergure de l'arcade triomphale; la couronne ardente, qui s'arrondit au centre du transsept; les cierges à chaque croix de

---

1. W. Pugin, « Glossary, etc. », page 84.
2. Voir dans les « Annales Archéologiques », volume xii, pages 349-354, un article spécial de M. Alfred Darcel sur le « Tref » porteur de cierges.

consécration, à chaque pilier de la nef ; les milles bougies enfin disséminées dans toute l'église [1] : dans toute sa longueur, de l'abside au portail, et dans toute sa hauteur, depuis les arches inférieures jusqu'à là naissance des voûtes [2] ».

IV. — FLEURS.

De la lumière aux parfums, la transition est insensible : l'huile d'olive et la cire des abeilles sont presque aussi odorantes que lumineuses. D'ailleurs, dans les anciennes inscriptions, gravées sur les appareils de lumière, il est souvent question des odeurs. Ainsi, dans les douze vers supérieurs de la couronne de Hildesheim, on trouve ceux-ci :

Floribus hic vivis animarum curia lucis
Ante Dei faciem divinum spirat odorem.

Ces vers sont couronnés par le dernier de l'inscription d'en bas :

Fiat odor sponso super omnia balsama Christo.

Les parfums se mêlent donc aux lumières, mais aussi et non moins intimement aux reliques et aux reliquaires. Aujourd'hui encore, on entremêle de

1. Comme les bougies fixes qui s'attachaient aux côtés du lutrin ; comme les cierges mobiles que les acolytes portent au moment de l'Évangile et surtout à celui de la Consécration.

2. « Annales Archéologiques », volume XIII, page 10. — Au moment où je corrige les épreuves de ce travail, je reçois de M. Voisin, vicaire général à Tournai, un bien curieux mémoire sur un « Jubilé de chanoine, à Tournai, au XVIe siècle ». En 1539, Pierre Cottrel, chanoine de Tournai et archidiacre de Bruges, avait cinquante ans de canonicat. Pour en remercier Dieu suivant l'usage, il donna une fête religieuse dans la cathédrale et civile dans son habitation, fête restée célèbre à cause de la pompe qu'on y déploya. M. Voisin en a découvert la relation et l'a publiée, avec commentaires et notes, dans les « Bulletins de la Société historique et littéraire de Tournai », volume V, Tournai, 1858, in-8°, pages 314-340. Rien n'est plus curieux. Le passage suivant nous intéresse surtout à propos du luminaire liturgique. M. Voisin dit :
« Le pieux chanoine avait, dès avant son jubilé, fait don à la cathédrale de neuf couronnes d'airain (de bronze), genre de luminaire si convenable pour les églises, et que le bon goût s'attache de nos jours à rétablir partout où il est possible de le faire. Voici ce qui en est dit dans le discours qui fut prononcé après le banquet de la fête jubilaire. L'orateur, rappelant aux convives toutes les circonstances de la cérémonie, arrivé au moment où le célébrant se revêt de ses ornements pour monter à l'autel, s'exprime ainsi :
« Interim accensa sunt omnia et certe numerosa templi luminaria, et, præter hæc, novies duo-

vases de fleurs les chandeliers qu'on aligne sur les gradins d'un autel, et quand
on montre la relique d'un saint et surtout quand on expose le Saint-Sacrement,
on les environne, pour leur faire honneur, de fleurs et de cierges qu'on aime
à alterner. Il en a toujours été ainsi; mais, par un malheur qu'explique la

63. — VASE EN IVOIRE, CERCLÉ D'OR. — XIe SIÈCLE.

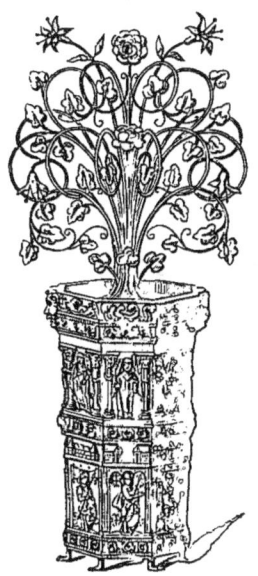

DANS LE TRÉSOR D'AIX-LA-CHAPELLE. — HAUTEUR TOTALE, 36 CENTIMÈTRES.

richesse des matières employées pour faire les vases et surtout pour composer
les fleurs artificielles, matières d'argent, d'or, de pierres précieuses, qui ten-
taient la cupidité, ç'est à peine s'il nous est resté des fleurs et des vases anciens
qui puissent nous servir aujourd'hui de modèles. Il existe, dans certains trésors

« deni singularum librarum cerei, qui, ex ipsius Jubilantis fundatione, novem coronis æneis e
« summa templi testitudine diversis locis pendentibus, et ab eodem donatis infixi. Dum matutino
« tempore præcipuis festivitatibus accenduntur, pulcherrimum visu, diem ipsam superantes,
« tenebras omnes incredibili suo lumine ex ipsis etiam sacri loci penetralibus atque intimis an-
« gulis mirum in modum propulsant. »
    « Du temps de Cousin (« Histoire de Tournai »), il y avait douze couronnes d'airain (dans la
cathédrale) au lieu de neuf : trois au chœur, trois au circuit du chœur, trois dans la nef et trois
dans la croisée. Chaque couronne portait douze cierges; mais celle qui était sous le dôme, au
milieu du transsept, en avait trente-six. C'était une triple couronne. Le même historien, tome III;
page 169, décrit le luminaire de la cathédrale, et dit que le nombre des cierges, sans comprendre
ceux des autels, ceux de la paroisse, ni les lampes, s'élevait à plus de trois cents; les plus
grands pesaient huit livres et les plus petits une livre, à l'exception de ceux qu'on allumait au-
dessus des stalles, lesquels n'étaient que d'une demi-livre ».

d'églises, des vases qui offrent la forme d'un bénitier, et qui ont pu servir à contenir des fleurs naturelles ou artificielles. Ainsi, au trésor d'Aix-la-Chapelle, un de ces vases, en ivoire cerclé d'orfévrerie, aurait pu remplir cet office; nous le donnons donc ici, avec le buisson de roses et de lis qu'y a . planté M. Gaucherel.

Il est à huit pans et deux étages reliés par trois bandes d'or où sont serties des pierres précieuses. Au bas, huit soldats debout veillent aux portes d'une ville et en interdisent l'accès aux ennemis et aux profanes. En haut, dans une espèce de temple, entre des rideaux accrochés à des colonnes, sont assis debout huit personnages dont un seul n'est pas ecclésiastique. Cinq d'entre eux sont debout et personnifient la hiérarchie religieuse des archevêques, évêques, abbés, prêtres, moines. Des trois assis, l'un, au milieu, est un apôtre, et probablement saint Jacques; le second, à la droite de l'apôtre, semble représenter le pape, quoique la tête sans coiffure ne le dise pas nettement; le troisième à la gauche de l'apôtre, est probablement Constantin, à moins que, dans cette ville de Charlemagne, ce ne soit Charlemagne en personne. C'est le seul laïc de cette rangée. Nous voyons dans ce vase, précieux par l'âge, la forme, la matière et le sujet, l'image d'un de ces conciles, comme le premier de Nicée, où Constantin protégea de sa présence et de ses soldats les décisions dogmatiques des Pères. C'est une bien grande histoire pour un simple meuble à contenir un arbuste et des fleurs; mais si cet arbuste avait été, par hasard, l'Arbre de la science du bien et du mal, comme la couronne de lumière est la Jérusalem céleste, nul sujet n'eût été trop solennel pour illustrer une pareille plante. Les fleurs anciennes manquent en effet, mais les motifs à fleurs sont assez nombreux : le buisson ardent que Moïse vit couvert de flammes, de verdure et de fleurs; la verge d'Aaron qui fleurit pendant une nuit et qui passa plus tard aux mains de saint Joseph, désigné ainsi comme l'époux de la sainte Vierge; la tige de lis que l'archange Gabriel apporta à Marie au moment de l'Annonciation et qu'au jour de sa mort, suivant la légende, il lui rapporta étincelante de fleurs et de lumière, sont des motifs assez poétiques pour des branches et des bouquets de fleurs. Mais l'un des plus beaux sujets que l'imagination d'un orfévre puisse se figurer, pour créer des touffes de fleurs et de verdure, est celui de l'arbre généalogique de Jessé. De Jessé debout ou couché à la racine, part un tronc qui se ramifie en branches nombreuses. A l'extrémité de chaque branche, une large corolle s'épanouit et laisse sortir un ancêtre de Marie et de Jésus. Au sommet du tronc principal, dans une fleur plus large encore, trône Marie qui tient l'enfant Jésus, pendant que sur les branches chantent des oiseaux divins qui symbolisent les dons du Saint-Esprit.

C'est la réalisation matérielle de cet « introït » que Fulbert, évêque de Chartres, composa en 1007 pour la Nativité de la Vierge.

STIRPS JESSE VIRGAM PRODUXIT VIRGAQUE FLOREM; ·
ET SUPER HUNC FLOREM REQUIESCIT SPIRITUS ALMUS.
VIRGO, DEI GENITRIX, VIRGA EST; FLOS, FILIUS EJUS.

Ce sujet nous paraît d'une si rare beauté que nous songeons, en ce moment, à le faire exécuter en métal, pour en composer un bouquet de fleurs artificielles destiné à parer les autels aux grands jours de fêtes et surtout aux fêtes de Marie. La sainte Vierge, en effet, doit être principalement honorée par les fleurs, car elle est une fleur humaine : dans les prières qu'on lui adresse elle est appelée la rose mystique, le lis sans tache, et ces deux grandes familles de fleurs, rouges et blanches, on les place dans ce vase spirituel, dans ce vase d'honneur et de dévotion, que ses litanies lui attribuent [1].

Le bénitier portatif se prête très-bien, comme forme et comme symbole,

1. « Litanies » de la sainte Vierge : « Vas spirituale, Vas honorabile, Vas insigne devotionis, Rosa mystica, etc. » — Dans le trésor de la cathédrale de Lausanne, à côté d'une image de la Vierge, en argent, est mentionnée « une Rose d'argent, donnée par le duc de Savoye ». Dans celui de la cathédrale de Genève, en tête des joyaux que renfermait la Sacristie ou Revestiaire, est placée « une Rose d'argent dorée, avecq son pied de cuyvre doré ». M. Blavignac, qui a publié les inventaires de ces deux églises dans son « Histoire de l'architecture sacrée dans les évêchés de Genève, Lausanne et Sion », Paris, 1853, in-8°, pages 166-182, dit à la note 232, page 176 : « Ces roses d'argent paraissent être des ex-voto adressés à Marie, appelée dans les litanies « Rosa mystica », par allusion au dix-huitième verset du chapitre xxiv de l'« Ecclésiastique ». — La religion chrétienne aime singulièrement la végétation, les fleurs et les arbres; elle en parle constamment dans les textes liturgiques. Ainsi, au Jubilé du chanoine Cottrel, de Tournai, dont nous parlions plus haut, une messe fut chantée dont l'Introït commence par ces mots : « Justus ut palma florebit, sicut cedrus Libani multiplicabitur, plantatus in domo Domini, in atriis domus Dei nostri ». — La fête de Noël s'annonce par un appel à la rosée, à la pluie, à la végétation, au milieu de laquelle doit « germer » et s'élever le Sauveur : « Rorate cœli desuper et nubes pluant Justum. Aperiatur terra et germinet Salvatorem ». Mais c'est à Pâques surtout que l'Église, par la voix d'Adam de Saint-Victor, célèbre le printemps et les fleurs :

Cœlum fit serenius,
Et mare tranquillius;
Spirat aura levius,
Vallis nostra floruit.
Revirescunt arida,
Recalescunt frigida
Postquam ver intepuit.

ADAM DE SAINT-VICTOR, séquence sur la résurrection de Jésus-Christ, dans les « Carmina e poetis christianis excerpta », publiés par M. Félix Clément, Paris, 1854, page 495.

à recevoir des fleurs. Cette forme de cylindre circulaire ou à pans est encore celle qui prévaut aujourd'hui; il suffirait au besoin, mais ce n'est guère essentiel, d'y attacher deux anses latérales pour le prendre plus facilement. Comme symbole, ce vase, destiné à contenir de l'eau, semble avoir été composé tout exprès pour rafraîchir et faire durer des fleurs. Afin de compléter le symbolisme, je voudrais l'asseoir sur la personnification des quatre fleuves du paradis terrestre, qui versent jour et nuit, de leur urne inépuisable, les flots qui abreuvent l'univers entier. Ces fleuves, nous les verrons, en effet, sculptés en relief sur un petit bénitier allemand dont nous possédons le moulage et dont nous donnons la gravure plus loin, au n° 84.

Les fleurs artificielles peuvent encore se placer sur une tige de chandelier ou de candélabre, analogue à celle du dessin suivant :

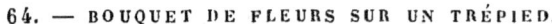

64. — BOUQUET DE FLEURS SUR UN TRÉPIED.

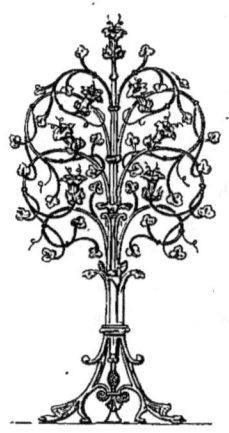

EN STYLE DU XIIIᵉ SIÈCLE. — DE 35 A 40 ET 50 CENT. DE HAUTEUR.

Quoique moderne, mais formé avec des éléments anciens, ce buisson de fleurs nous semble une des plus charmantes compositions que l'on ait faites, et nous remercions M. Gaucherel de l'avoir inventé pour notre collection de fleurs métalliques. Les gobéas dont M. Gaucherel a fleuri ce bouquet n'étaient pas connus au XIIIᵉ siècle; mais rien n'est plus facile que de les remplacer par la flore du moyen âge.

Les fleurs anciennes, nous l'avons dit, sont fort rares; cependant, les deux candélabres de Noyon, nᵒˢ 47 et 48, nous en offrent déjà des rudiments en fer; puis heureusement, pour nous renseigner dans la composition, la forme et le travail de ces bouquets artificiels, le musée de l'hôtel de

Cluny a fait l'acquisition d'une branche de rosier en or, qui doit dater du XIIIᵉ siècle. On ne sait pas trop d'où vient ce curieux spécimen; mais c'est en même temps que l'autel de Bâle, et par l'entremise du même vendeur, qu'il est entré au musée de Cluny. Cette branche de rosier fait songer à la rose d'or que les souverains pontifes bénissent chaque année au dimanche de Carême, dont l'introït commence par LÆTARE et qui s'appelle précisément, surtout à Rome, le « Dimanche de la Rose ». Tous les papes, depuis saint Léon IX (1049-1053), bénissent annuellement et solennellement, au dimanche de « Lætare », cette rose symbolique, qui, à cette époque de l'année, annonce la renaissance du printemps et la prochaine résurrection de Jésus-Christ au jour de Pâques. « Le pape bénit la Rose d'or dans la salle des Parements; il l'oint du saint chrême et répand dessus une poudre parfumée, selon le rite usité autrefois; et, quand le moment de la messe solennelle est arrivé, il entre dans la chapelle du palais, tenant la fleur mystique entre ses mains. Durant le saint sacrifice, elle est placée sur l'autel et fixée sur un rosier en or disposé pour la recevoir; enfin, quand la messe est terminée, on l'apporte au pontife, qui sort de la chapelle, la tenant encore entre ses mains, jusqu'à la salle des Parements. Il est d'usage assez ordinaire que cette Rose soit envoyée par le pape à quelque prince ou à quelque princesse qu'il veut honorer [1]; d'autres fois, c'est une ville ou une église qui obtiennent cette distinction [2]. »

La branche du rosier d'or que possède le musée de Cluny et dont voici le dessin, pourrait fort bien être une de ces Roses que bénissaient et donnaient les souverains pontifes; qui sait même si ce ne serait pas celle qui fut

1. En 1856, la Rose d'or fut envoyée par le pape Pie IX à l'impératrice Eugénie; la remise s'en fit solennellement dans la chapelle du palais de Saint-Cloud, le 19 juin, par le cardinal Patrizzi. — M. le comte de Laborde, « Notice des émaux du Louvre », 2ᵉ partie, « Glossaire », p. 487, cite ces deux textes curieux : « Un rosier d'or, à tenir en sa main, ouquel a ij pommelles rons et est la rose que le pape donne, le jour de la mi-caresme, au plus noble, pesant marc et demy (« Inventaire de Charles V », année 1380). — « Ung arbre d'or, en manière d'un rosier, où il y a au-dessus une rose et dedens ung saphir, qui poise ensemble i m. vij º. (« Ducs de Bourgogne », nº 3101, année 1467) ».

2. Dom GUÉRANGER, abbé de Solesmes, « Année liturgique », quatrième dimanche de Carême. — Dans l'« Année liturgique à Rome », M. BARBIER DE MONTAULT dit, pages 151-152 : « DIMANCHE LÆTARE... Au palais apostolique, 10 heures et demie, chapelle papale. Les cardinaux s'y rendent en soutane, mantelet et mozette de couleur rose sèche. Messe par un cardinal-prêtre; sermon latin par le procureur général des Carmes chaussés et indulgence de trente années et trente quarantaines. On expose sur l'autel la Rose d'or que le pape a bénite dans la sacristie avant la messe, et qu'il destine à un prince catholique, à une église insigne, ou même à quelque personnage illustre qui a bien mérité du saint-siège. »

l'occasion d'un sermon, que nous possédons encore et que le pape Innocent III prononça dans la basilique de Sainte-Croix-en-Jérusalem, le jour
où il la bénit? La date qu'on peut assigner à cette branche de rosier est à peu
près celle où régna Innocent III, de 1198 à 1216.

65. — BRANCHE DE ROSIER, EN OR. — XIIIᵉ SIÈCLE.

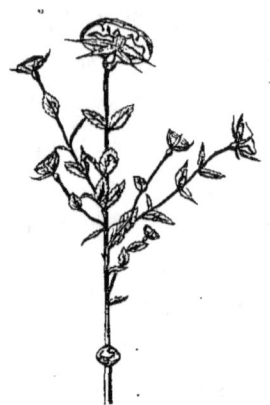

AU MUSÉE DE L'HOTEL DE CLUNY. — HAUTEUR TOTALE, 55 CENT.

La prière que les souverains pontifes récitent, au moment de la bénédiction de la Rose d'or, revient tout à fait à notre sujet, comme on le verra
par l'extrait qui suit : — « O Dieu, dont la parole et la puissance ont tout
créé!... nous supplions Votre Majesté de vouloir bien bénir et sanctifier cette
Rose, si agréable par son aspect et son parfum, que nous devons porter
aujourd'hui dans nos mains, en signe de joie spirituelle... Et comme votre
Église, à la vue de ce symbole, tressaille de bonheur pour la gloire de votre
nom, vous, Seigneur, donnez-lui un contentement véritable et parfait... afin
que cette même Église vous offre le fruit des bonnes œuvres, marchant à
l'odeur des parfums de cette fleur qui, sortie de la tige de Jessé, est appelée
mystiquement la fleur des champs et le lis des vallées ; et qu'elle mérite de
goûter une joie sans fin au sein de la gloire céleste, dans la compagnie de tous
les saints, avec cette fleur divine qui vit et règne avec vous [1]... »

Toujours cette tige de Jessé, cet arbre généalogique de Marie et de Jésus-
Christ, cette fleur des champs, ce lis des vallées; toujours cette rose, qui
est le symbole de la sainte Vierge. Si le christianisme a, plus que les religions

_____

[1]. Cette traduction est celle que donne le R. P. Guéranger dans son « Année liturgique », au
quatrième dimanche de Carême.

antiques, fêté la lumière, on peut dire aussi qu'il a sanctifié les fleurs et les parfums que toutes ces religions avaient profanés.

V. — CROIX ET CRUCIFIX.

Les reliquaires sont en place et entremêlés de fleurs; les cierges sont allumés aux chandeliers, candélabres et couronnes ardentes. Tout est donc prêt pour commencer l'office. Cependant, il manque encore sur l'autel la relique principale que le célébrant apporte sur un voile qui lui enveloppe les mains. Cette relique est celle du bois de la vraie croix enchâssée dans la croix de métal la plus splendide de tout le trésor.

Plusieurs de ces croix, d'une richesse et d'une beauté incomparables, nous ont été conservées; nous avons même publié celle qu'on dit provenir de l'abbaye de Clairmarais et que l'on conserve dans le trésor de la cathédrale de Saint-Omer [1]. Ces croix-reliquaires n'ont ordinairement pas de pied, ou plutôt le pied est complétement distinct de la croix, parce que la croix se porte en procession, se porte de la sacristie à l'autel, au moment même de l'office, et se fixe alors sur un pied préparé d'avance.

Ce que nous croyons avoir servi de pied à la croix de Clairmarais, ou du moins à une croix analogue, nous l'avons également publié; c'est ce pied admirable, en bronze émaillé et doré, qu'on dit provenir de l'abbaye de Saint-Bertin, et qui est aujourd'hui au musée archéologique de la ville de Saint-Omer [2].

En tête de la « Description du trésor donné par Jean, duc de Berry, à la Sainte-Chapelle de Bourges », en mai 1404, on lit la description suivante de la croix-reliquaire, l'une des pièces principales de cette riche orfévrerie [3] :

---

1. « Annales Archéologiques », vol xiv, pages 285 et 378; vol. xv, page 5. Voir en outre, sur cette croix, l'article de M. L. Deschamps de Pas, vol. xiv, pages 285-293.

2. « Annales Archéologiques », vol. xviii, pages 5-17, planches de MM. Auguste Deschamps et L. Gaucherel, texte de M. L. Deschamps de Pas.

3. En 1850, dans le dixième volume des « Annales Archéologiques », aux pages 39-40, M. le baron de Girardot avait déjà publié ce texte. Dans trois articles du même volume, sous le titre de « Trésor de la Sainte-Chapelle de Bourges », notre ami et collaborateur donna une partie considérable de l'inventaire de ce trésor, dressé en 1405, par l'ordre du duc Jean de Berry. Depuis, en 1857, M. Hiver de Beauvoir, membre de la Commission historique du Cher, a repris cet inventaire et l'a publié en entier dans les « Mémoires de la Commission », volume i, p. 1-128. Comme les « Annales » ont déjà donné la version de M. le baron de Girardot, ici, nous emprun-

« Une grant croix d'or ouvrée à l'œuvre de Damas, en laquelle a du fust de la vraye croix. — Et en la hense (hampe), a du clou dont fu cloué Nostre-Seigneur, enchasillié en or, sur lequel a un gros balay (rubis), quatre gros saffirs, deux dyamans et huit perles. — Et ou milieu de ladite croix a un fermail ouquel a un gros saffir, quatre gros balays, huit autres moindres balays, quatre saffirs, quatre esmeraudes, huit grosses perles et seize autres. — Et ou hault bras de ladite croix a un gros balay, cinq grosses perles à l'environ, neuf autres balays, six saffirs, une grosse esmeraude et six autres esmeraudes, et cinquante et une perles moyennes. — Et ou bras dessous a quatre gros balays et douze moindres balays, deux gros saffirs, une grosse esmeraude et neuf autres moindres, cinq grosses perles et soixante autres moyennes; et y fault une esmeraude. — Et ès deux bras qui sont au travers de la dite croix a deux gros balays, dix grosses perles, dix-huit balays non pareilx, douze saffirs, quatorze esmeraudes et cent deux perles moyennes, et tout à l'entour des bras a un filet de menues perles. — Pesant, tout ensemble, 53 marcs.

« Item, un pied d'argent doré qui sert pour ladite croix, séant sur quatre prophètes; et en tour l'entablement a plusieurs esmaulx des armes dudit Mons. le Duc, et dessus a deux angèles, un image de Notre-Dame, saint Jehan-Baptiste, saint André et saint Estienne assis en un tabernacle. — Pesant tout, 94 marcs. »

Comme la croix de Clairmarais, cette croix de Bourges était à double traverse et, comme le pied de croix de Saint-Bertin, elle se plantait sur un pied porté par les quatre Évangélistes.

Ce pied de croix de Saint-Bertin, le voici à part, car on ne saurait trop l'étudier, réduit en petite gravure. Aux quatre angles, les Évangélistes assis écrivent, sous la dictée de leur attribut, les textes relatifs à la vie et à la mort de Jésus-Christ. Sur la partie sphérique, Jacob bénit de ses mains croisées Ephraïm et Manassé; il fait passer Ephraïm, le plus jeune, avant Manassé, l'aîné, comme, du haut de la croix, Jésus fit venir à lui les Gentils avant les

terons la plus récente et nous renverrons à la « Description, d'après la teneur des chartes, du trésor donné par Jean, duc de Berry, à la Sainte-Chapelle de Bourges », par M. HIVER DE BEAUVOIR. In-8°, Bourges, 1857, pages 13-14. — M. ÉDOUARD FLEURY, ouvre l'« Inventaire du trésor de la cathédrale de Laon en 1523 », pages 1-2, par ces textes : « Prima crux est argentea deaurata, DUPLEX, cum sex pilaribus et pede super sex leonculos deauratos, cum sex ésmaillaturis. Continens de vera cruce... — Tertia (crux) est argentea deaurata cum decem lapillis a parte anteriore. Habens complures reliquias subtus Crucifixum, et potest Crucifixus se ingeri a cruce ut facilius videantur prefate reliquie sub cristallo existentes... — Septima (crux) est etiam argentea deaurata cum Crucifixo eburneo et pede argenteo deaurato, continens sub quodam cristallo sub pedibus ipsius Crucifixi de reliquiis sancti Andree apostoli ».

Juifs. Puis l'agneau pascal est immolé comme Jésus le fut sur la croix, et du sang de cet agneau est marqué de la croix en tau tout ce qui doit échapper à l'esclavage de l'Égypte. Puis Moïse frappe le rocher d'où sortit un torrent qui désaltéra les Hébreux comme, du côté de Jésus, percé par Longin, sortit un fleuve de salut pour l'humanité. Puis le serpent d'airain, élevé sur une colonne dans le désert, guérit les malheureux blessés, comme le Sauveur, sur la croix, guérit les pécheurs. Sur les quatre faces du pilastre qui porte le chapiteau, ces images de la rédemption se continuent par la création du sacerdoce ancien dans la famille d'Aaron et la tribu de Lévi, par le bois de son propre sacrifice dont est chargé le jeune Isaac, par la grappe pleine du sang de la vigne que Kaleb et Josué rapportent de la terre promise, et enfin par les deux morceaux de bois que la veuve de Sarepta ramasse et dispose en forme de croix devant le prophète Élie. Tout, ici, parle de la croix et du sacrifice du Sauveur, et, sur le chapiteau, les quatre éléments personnifiés, l'eau, la terre, le feu et l'air, pleurent la mort du Créateur attaché à la croix qui s'implante dans le chapiteau même que ces éléments composent.

Tel est ce pied de croix qu'on peut appeler un poëme véritable de bronze et d'émail.

66. — PIED DE CROIX DE SAINT-BERTIN, A SAINT-OMER. — XIIe SIÈCLE.

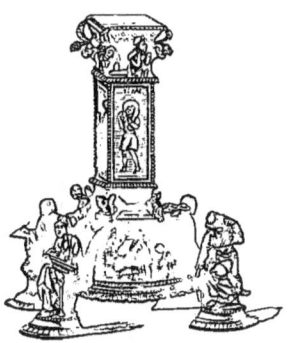

AUJOURD'HUI AU MUSÉE ARCHÉOLOGIQUE DE LA VILLE DE SAINT-OMER. — HAUT. 30 CENT.; LARGEUR A LA BASE, 28 CENT.

Ce monument, comparable dans son genre au candélabre de Milan et à la couronne ardente de Hildesheim, nous venons de le faire couler en bronze, car, à notre connaissance, il n'existe pas au monde de plus beau support de croix.

Sur ce pied a pu s'implanter la croix de Clairmarais, croix à double traverse, parce qu'elle contient du bois de la vraie croix. Sur la traverse inférieure, Jésus souffrant, crucifié à quatre clous, pleuré par sa Mère et saint Jean évangéliste, laisse tomber sur Adam des gouttes du sang qui rachète et ressuscite notre premier père. A la traverse supérieure, Jésus triomphant, assis sur un trône, se déclare le principe et la fin de tout. Aux extrémités de la hampe et du bras supérieur de la croix, les quatre Évangélistes écrivent la passion et la résurrection du Sauveur. Dans le pied, toutes les « figures » du crucifiement; dans la croix, toutes les réalités, qui se terminent par le triomphe suprême du croisillon supérieur.

67. — CROIX DE CLAIRMARAIS. — XIIIᵉ SIÈCLE.

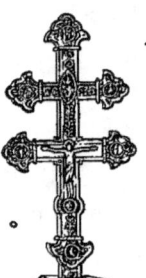

AU TRÉSOR DE LA CATHÉDRALE DE SAINT-OMER. — HAUTEUR, 35 CENT.; LONGUEUR DES GRANDS BRAS, 18 CENT.

La croix suivante devait avoir un pied analogue à celui de Saint-Omer, mais il a malheureusement disparu. Récemment encore, elle appartenait à M. l'abbé Texier, qui l'avait trouvée dans le Limousin; elle enrichit aujour-

68. — CROIX ÉMAILLÉE, DU XIIᵉ SIÈCLE.

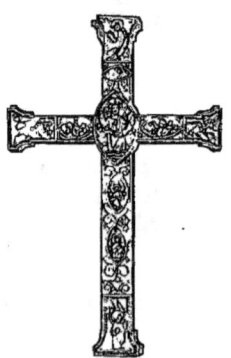

PROVIENT DU LIMOUSIN; EST AUJOURD'HUI EN RUSSIE. — HAUT., 57 CENT.: LARG., 34 CENT.

d'hui le musée précieux de M. le comte Ouvaroff, curateur de l'Université de Moscou.

Au centre des branches, Jésus, triomphant sur l'instrument de son supplice, a les jambes plongées dans les nuages; il bénit de la main droite, il tient de la main gauche le livre des Évangiles. A droite et à gauche de son nimbe crucifère resplendissent l'A et l'Ω du Créateur et du dernier Juge de ce monde. Des anges d'émail colorent les branches de la croix dont les quatre extrémités sont occupées par les quatre attributs des Évangélistes.

A cette croix sans pied nous ajoutons, plus bas, un pied sans croix. La croix que nous y avons fixée a été composée par M. Gaucherel, pour montrer l'effet que peut produire l'objet complet. Notre Crucifix y est habillé, d'après un très-beau modèle en émail du xiie siècle, que possède M. Arondel et que M. Darcel nous a dessiné. Nous le dirons nettement, ces Crucifix habillés sont bien plus nobles que les Crucifix à peine protégés par une étroite et mauvaise draperie. Le nu est beau, mais à sa place, chez les païens surtout, et il a fallu oublier le sens et le goût de l'art chrétien pour se donner le plaisir d'exécuter, comme aux xve, xvie, xviie et surtout xviiie siècles, des Crucifix à peu près nus. Il ne tiendra pas à nous qu'on ne revienne aux Christ anciens, longuement vêtus, attachés à quatre clous et non à trois seulement, les bras horizontaux et non en V. Déjà nous en avons fait exécuter un modèle en bronze pour l'attacher sur une croix du xiie siècle.

Le pied de croix du n° 69 appartient à l'église Saint-Michel de Lünebourg, au royaume de Hanovre. On l'attribue au xe siècle ; il n'est pas, à notre avis, antérieur à la fin du xiie. Il offre de l'analogie avec celui de Saint-Omer. Sur les quatres serres d'aigle qui en forment le pied, sont assis les quatre Évangélistes qui écrivent, comme à Saint-Omer, les textes de la naissance, de la vie, de la mort et de la résurrection du Sauveur. Seulement ils montrent leur dos et non, comme à Saint-Omer, le devant de leur corps aux spectateurs, et ce mouvement est moins heureux que le nôtre. Au socle, entre les archanges qui montrent et soutiennent la tige de la croix, une petite figure, celle d'Adam, ressuscite et sort du tombeau. Sous cet Adam, on lit :

ADAE MORTE NOVI REDIT ADAE VITA PRIORI [1].

Ainsi, par ce vers, est expliquée nettement la présence d'Adam au bas des croix des xiie et xiiie siècles. Tout autour du pied de cette croix de Lünebourg, on lit :

CRVX VICTRIX PLENO LONGE LATEQVE TROPHEO
IN CELVM SVRSVM DOMINATVR ET IMA DEORSVM
QVATVOR INDE PEDES HABET HEC CRVCIS AVREA SEDES
ASSIGNANS ORBEM CRVCIS IMPERIIS QVADRIFORMEM.

1. M. VOGELL, qui a publié à Hanovre cette croix, dans le « Kunst-Arbeiten aus Niedersachsens Vorzeit », s'est trompé, assurément, en lisant « priora » au lieu de « priori » : le sens et la musique de ce vers léonin exigent « priori ».

Ici encore on dit pourquoi ce pied de croix est assis sur un carré qui monte au ciel, descend sur la terre et s'étend pleinement en long et en large, à droite et à gauche : c'est pour signifier que la croix commande aux quatre parties du monde[1].

69. — PIED DE CROIX, EN OR, FIN DU XIIᵉ SIÈCLE.

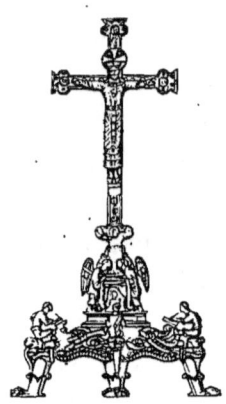

A SAINT-MICHEL DE LUNEBOURG, ROYAUME DE HANOVRE. — HAUTEUR TOTALE, 60 CENT.

Les croix à base carrée ne sont pas les plus fréquentes ; on en voit fort souvent dont le pied, comme ceux des chandeliers, est triangulaire. Matériellement, un trépied est aussi solide qu'un tétrapode ; symboliquement, il est aussi respectable. En effet, la croix peut reposer sur les trois Vertus théologales personnifiées ou sur les trois archanges adoptés spécialement par l'Église latine, comme dans l'exemple du nᵒ 70. Les anciens inventaires des trésors ecclésiastiques mentionnent fréquemment des croix fixées sur un trépied ou sur un hexapode, deux fois trois, comme celle du trésor de la cathédrale de Laon :

« La première croix est d'argent doré, à doubles bras, soutenue sur six

---

1. En comparant les diverses inscriptions du moyen âge, surtou des XIIᵉ et XIIIᵉ siècles, où l'on fait allusion à la forme de la terre, on croirait qu'il existait deux opinions fort différentes : dans l'une, comme l'inscription de Lünebourg le déclare, le monde aurait été carré ; dans l'autre, il aurait été rond, suivant cette inscription gravée sur la châsse de sainte Jule, à Jouarre (Seine-et-Marne) :

+ Hvnc · Dominvm · mvndi · notat · esse · rotvnda · rotvndi ·
+ Forma · regit · reges · metitvr · tempora · leges ·

Du reste, cette contradiction pourrait s'expliquer et se concilier ainsi : le monde est rond, il a la forme d'une boule, mais il se divise en quatre parties. Je me contente de cette observation et j'appelle l'attention des archéologues sur ce point qui n'est peut-être pas sans importance. Au moyen âge, croyait-on généralement que la terre fût ronde ?

colonnes, avec un pied s'appuyant sur six petits lions dorés et orné de six émaux. Elle contient un morceau de la vraie croix [1]. »

« Une petite croix double (à double traverse), longue environ d'un pied, couverte d'argent doré, ornée de pierreries... Elle se tient, pour l'ordinaire, sur la crédence du grand autel, au côté de l'Épître, sur un pied rond de cuivre doré, qui a trois figures de serpents dessus, et est porté sur trois autres petits. On s'en sert pour donner, à la messe, la paix aux religieux (de l'abbaye de Grandmont) [2]. »

La croix suivante, qui provient de la collection Debruge-Duménil et appartient aujourd'hui au prince P. Soltykoff, est un des plus beaux exemples de croix sur un trépied. Les trois Vertus ont leur nom écrit aux trois extrémités supérieures : FIDES, SPES, KARITAS, derrière les deux disques qui portent le soleil et la lune et la plaque carrée où était sans doute inscrit le monogramme I. N. R. I., qui est effacé. Au pied, sont assis les trois archanges Gabriel, Raphaël, Michel. Ainsi le Sauveur est crucifié et élevé de la terre au ciel entre ses trois principaux ministres et les trois principales vertus qu'il a données au monde.

70. — CROIX SUR UN TRÉPIED, FIN DU XIIe SIÈCLE.

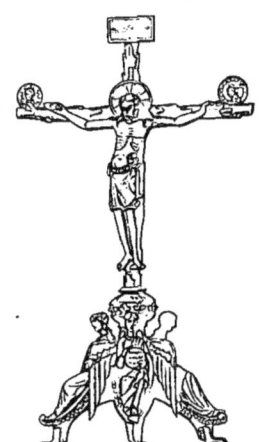

APPARTIENT AU PRINCE P. SOLTYKOFF. — HAUTEUR TOTALE, 40 CENTIMÈTRES.

Cette croix est un des plus intéressants modèles qu'on puisse proposer

1. ÉDOUARD FLEURY, « Inventaire du Trésor de la cathédrale de Laon, en 1523 », in-4°, Paris, 1855, page 1.

2. Abbé TEXIER, « Dictionnaire d'orfévrerie », grand in-8° à deux colonnes, Paris, 1856, colonne 841, article « Orfévrerie et trésor de l'abbaye de Grandmont ».

aujourd'hui, et nous la faisons exécuter en ce moment pour accompagner des chandeliers analogues de forme et de style [1].

Une petite croix à double traverse, renfermant du « fust de la vraye croix », et plantée sur un trépied, est celle qui provient de l'abbaye d'Oignies (Belgique) et appartient maintenant aux religieuses de Notre-Dame, à Namur.

71. — CROIX DOUBLE, DE L'ABBAYE D'OIGNIES, SUR UN TRÉPIED. — XIIe SIÈCLE.

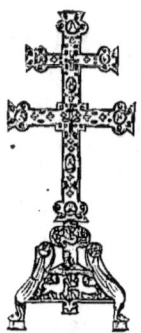

DANS LE TRÉSOR DES RELIGIEUSES DE NOTRE-DAME, A NAMUR. — HAUTEUR TOTALE, 57 CENT.

Cette croix, parfaitement byzantine, est à double traverse. Au croisillon supérieur, bois dans une croix à branches égales; au croisillon inférieur, bois dans une croix double. Au lieu des attributs des évangélistes, que les Grecs n'affectionnent pas autant que les Latins, on voit, en buste, saint Gabriel, saint Pierre, saint Paul, saint Marc, saint Matthieu, saint Jean évangéliste, saint Pantélémon, surmontés d'un trône divin où l'Évangile est placé sur un coussin entre l'éponge et la lance de la Passion. Le pied, on le voit bien, n'appartient pas à la croix; ou plutôt, pour cette croix byzantine, rapportée dans nos contrées par quelque croisé ou pieux voyageur, on a composé chez nous un pied en métal fondu. C'est notre art latin aussi qui a sculpté sur le nœud les attributs des évangélistes que nous répétons à satiété. Ce pied a paru d'une telle élégance à plusieurs de nos orfèvres et bronziers que, depuis sa

1. Le pied n'est pas sans analogie avec un pied de croix dont le moulage vient de Bonn sur le Rhin, et qui a servi depuis quelques années à couler en bronze des pieds fort nombreux de croix et de chandeliers en style roman. Au lieu des trois archanges, ce sont, ou à peu près, les trois Vertus théologales qui sont assises à la base. Sur la bague d'où sort le nœud qui devait recevoir la hampe, on lit ce texte qui convient parfaitement à la représentation de la croix : « Ecce crucem Domini, fugite partes adversæ ». D'abord, j'avais accepté comme ancien, et de toute confiance, ce pied roman; depuis, j'ai acquis la certitude que c'était une contrefaçon comme l'Allemagne en est empoisonnée, ou plutôt une imitation maladroite et sans goût du pied de croix de notre n° 70. Quoi qu'il en soit, cette mauvaise imitation a obtenu et obtient encore un très-grand succès.

publication dans les « Annales Archéologiques », on l'a imité ou copié pour en faire des pieds de croix et de chandelier[1].

Une croix plus simple et à pied de rapport, mais complétement rond, est celle du n° 72. Elle renferme du bois de la vraie croix, mais disposé en croix à branches inégales. Ses extrémités, terminées en fleurs de lis, indiquent un XIII° siècle fort avancé. Cette petite croix, haute de trente centimètres seulement, devait servir à l'officiant, au moment où il sort de la sacristie pour se rendre soit à la procession, soit à l'autel, comme on le pratique encore en France, à ce que je crois, dans un certain nombre de diocèses, et comme, en tous cas, je l'ai vu en usage dans la cathédrale de Reims. Cette croix offre un modèle d'une grande simplicité, d'une certaine beauté, et qui peut aisément se reproduire aujourd'hui. Nous en possédons un moulage en plâtre.

72. — CROIX SUR UN PIED ROND. — FIN DU XIII° SIÈCLE.

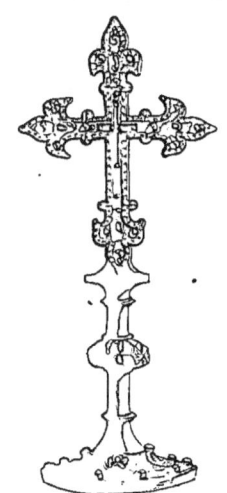

PROVIENT D'ALLEMAGNE. — HAUTEUR, 30 CENTIMÈTRES.

Au n° 40, nous avons donné la gravure d'un petit chandelier du XIII° siècle, d'une simplicité extrême. On a composé, sur ce modèle, une petite croix assortie à ce chandelier, et nous pouvons dire que cette croix ne manque ni d'élégance ni de noblesse. Elle n'a que trente-deux centimètres seulement de hauteur et convient parfaitement à un autel moyen de chapelle ou d'oratoire.

1. « Annales Archéologiques », volume V, année 1846, notice et dessins par M. Léon Cahier, pages 318-320. Dans son église romano-byzantine de Saint-Paul, à Nîmes, M. Questel, architecte, a fait placer sur un autel une croix et des chandeliers imités de ce pied de la croix de Namur, et ce n'est pas une des moins bonnes œuvres de son monument.

73. — CROIX DE CHAPELLE, SUR UN TRÉPIED.

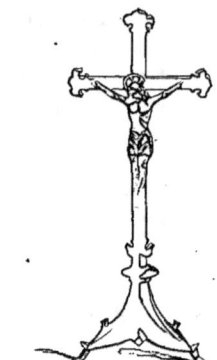

COMPOSÉE EN STYLE DU XIIIᵉ SIÈCLE. — HAUTEUR, 32 CENT.

« On y trouve aussi (dans la paroisse d'Obasine, département de la Corrèze) un reste de l'ancien trésor de l'église, une croix en cristal de roche, haute de plus de deux pieds. Cette croix est du XIIIᵉ siècle. Elle prouve avec quelle habileté on savait dès lors ajuster, polir et tailler cette matière à la fois si cassante et si dure. Un pied en cuivre doré et émaillé permettait, au moyen d'une douille, de placer tour à tour cette croix sur l'autel ou de l'ajuster au sommet d'une hampe pour les processions. Ce pied est gardé par trois dragons qui rampent sur le pourtour [1] »

En effet, la plupart de ces croix précieuses, que nous venons de montrer et toutes celles dont l'énumération est si considérable dans les inventaires anciens, sont fixées sur un pied ou sur une hampe. Avec le pied, on les plaçait sur l'autel; au bout d'une hampe, on les portait en procession. La croix d'Obasine, qui est en cristal de roche, avait cette double destination; la croix suivante de saint Servais, dans l'église Saint-Servais de Maestricht, qui est elle-même en cristal de roche, pouvait servir à ce double usage. Aujourd'hui, elle est aux mains d'une statue en bois de saint Servais, qui date du XIIᵉ-XIIIᵉ siècle; autrefois, elle pouvait être renfermée dans le trésor et servir, soit aux processions, soit à la messe. Nous la donnons comme croix de procession et comme l'une des plus solides et des plus riches d'aspect qu'on puisse voir. Qu'un rayon de soleil frappe ces gros cabochons de cristal, et soudain la croix entière s'allume et paraît tout en feu [2].

1. « Dictionnaire d'orfévrerie chrétienne », par l'abbé TEXIER. Grand in-8° à deux colonnes, Paris, 1856, colonne 1241.

2. Au moyen d'un moulage en plâtre, que nous devons à la générosité de notre ami M. P. Cuypers, architecte à Ruremonde et chargé des travaux de Saint-Servais de Maestricht, nous allons reproduire exactement cette croix, l'une des plus énergiques que nous connaissions.

74. — CROIX PROCESSIONNELLE DE SAINT-SERVAIS DE MAESTRICHT. — XIIᵉ SIÈCLE.

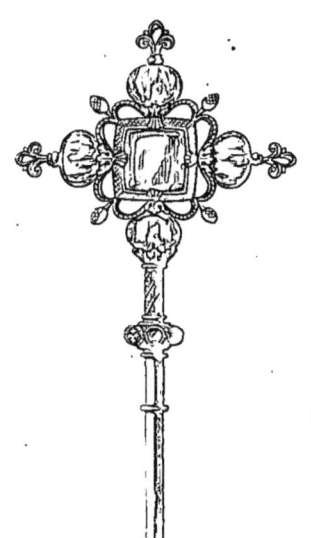

EN CRISTAL DE ROCHE MONTÉ EN VERMEIL. — HAUTEUR ET LARGEUR DE LA CROIX SEULE, 24 CENT.

Les croix processionnelles sont extrêmement nombreuses; elles sont également très-diverses de forme, de matière et de style. Il nous suffira toutefois d'en offrir encore deux échantillons.

Le suivant date de la fin du XIIIᵉ ou plutôt du XIVᵉ siècle. Les extrémités, qui portent les attributs des Évangélistes, s'épanouissent en fleurs de lis [1], comme à la croix du n° 72. Le Christ, qui a perdu l'horizontalité des bras et la longue robe du XIIIᵉ siècle, est crucifié à trois clous seulement et superpose ses pieds. Un gros nœud hérissé de cabochons reçoit, dans le haut, le pied de la croix; dans le bas, le sommet de la hampe. Presque toujours cette hampe est mobile, parce que la croix étant plus précieuse et contenant quelquefois des reliques, une fois les offices terminés, on la dévisse pour la renfermer dans le trésor, et croix et bâton se rangent à part :

« Deux bastons d'argent doré, hachiés aux armes dudit seigneur (Jean, duc de Berry), pour porter croix. Pesant, avec le bois qui est dedans, 14 marcs, 5 onces [2]. »

1. Au revers du magnifique tableau en triptyque, représentant le baptême de Jésus, que possède l'Académie de Bruges et qu'on attribue à Hemling, est un Bon Pasteur qui tient à la main une croix de résurrection dont chaque extrémité se termine par une belle fleur de lis. La croix de résurrection n'est pas différente, comme forme, de notre croix de procession.

2. HIVER DE BEAUVOIR, « Description du trésor donné par Jean, duc de Berry, à la Sainte-Chapelle de Bourges », Bourges, 1857, in-8°, p. 39.

75. — CROIX PROCESSIONNELLE, EN ARGENT REPOUSSÉ. — FIN DU XIIIᵉ SIÈCLE.

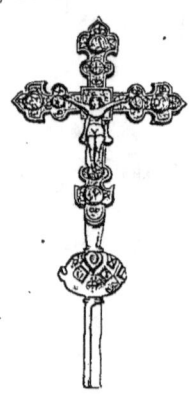

A VERNASSAL, HAUTE-LOIRE. — HAUTEUR DE LA CROIX, DU POMMEAU AU SOMMET, 70 CENT.

Cette croix a été gravée d'après une photographie. Elle fait partie de l' « Album photographique » de MM. A. Aymard et Malègue, qui ont recueilli dans leur ouvrage plusieurs croix fort curieuses, toutes diverses de style et de forme [1].

Une des plus belles croix de procession qui existent, et certainement la plus remarquable que la renaissance ait exécutée, est la croix d'Ahetze (Basses-Pyrénées) dont nous avons publié une monographie en trois planches [2]. Les six longs grelots qui sont appendus au bas de la traverse appellent l'attention et commandent le recueillement des fidèles au moment où passe la procession; mais c'est un rite particulier au culte de nos populations méridionales. Dans le centre ou le nord de la France, ces clochettes provoqueraient aujourd'hui le rire plutôt que le respect.

Du reste, rien n'est plus facile que de s'en passer, et la croix n'y perdra rien de sa grâce et de sa beauté. Sur la face, le Christ est couronné d'épines et nimbé. Aux croisillons de droite et de gauche, la Vierge et saint Jean pleurent la mort du Sauveur; dans le bas, Adam sort du tombeau; dans le haut, le pélican s'ouvre le cœur pour rendre la vie à ses petits et il couronne, de ce symbolisme, le mystère du crucifiement. Au revers, le patron de l'église, en

1. A. AYMARD et H. MALÈGUE, « Album photographique d'archéologie religieuse », planche VI de l'atlas, pages 16-17 du texte. — Un ouvrage spécial sur les croix vient d'être publié par M. Léo Drouyn, sous le titre de « Croix de procession, de cimetières et de carrefours », petit in-folio de 16 pages et de 10 gravures sur métal, contenant 36 exemples différents de croix du XIIᵉ au XVIIᵉ siècle. Dans ce recueil vraiment précieux, il y a bien des modèles de croix dont nos orfévres devraient s'inspirer.

2. « Croix d'Ahetze », par Didron aîné, gravure sur métal par Ch. Sauvageot. In-4º de 7 pages et 3 planches.

évêque, et entouré des quatre attributs des Évangélistes qui écrivent les textes
sacrés relatifs à la mort du Christ. A la pomme qui sépare la croix de la
hampe, les douze apôtres, compagnons et ministres du Sauveur. Jamais la
renaissance peut-être n'a sacrifié plus complétement aux plus hautes spécu-
lations de l'histoire et du symbolisme. Cette croix existe en bon état de
conservation, et peut se reproduire aujourd'hui avec une grande facilité pour
servir aux processions dans les églises du XIVe siècle. La croix, sans le bâton,
a 78 centimètres de hauteur.

76. — CROIX PROCESSIONNELLE D'AHETZE (BASSES-PYRÉNÉES). — XVIe SIÈCLE.

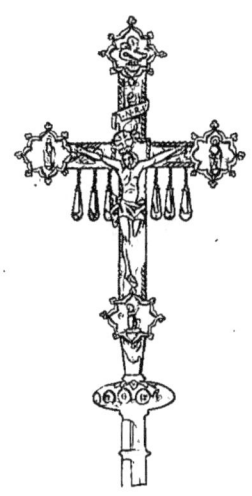

EN ARGENT CISELÉ, DORÉ ET NIELLÉ. — DU NŒUD AU SOMMET DE LA CROIX, 78 CENT. DE HAUT.

Il nous semble inutile de donner d'autres exemples de croix de procession,
parce que ces croix ne diffèrent pas, en général, des croix d'autel, ni même
des croix à reliques. Vissez sur une hampe toutes les croix ordinaires, et vous
aurez des croix de procession.

VI. — CLOCHES ET CLOCHETTES.

Les offices, pour lesquels on prépare ces divers instruments du culte que
nous avons déjà étudiés, s'annoncent par les cloches au dehors, par les clochettes et les sonnettes au dedans.

Suivant Guillaume Durand, il y a six espèces de timbres qui se sonnent
dans l'église : la Squille dans le dortoir et le réfectoire, la Cymbale dans le

cloître, la Nole dans le chœur, la Nolète dans l'horloge, la Campane dans
le campanile, le Seing dans la tour [1].

Pour ce qui nous regarde, nous pouvons réduire ces six espèces à trois
seulement.

Près du chœur s'élève une horloge chargée de marquer et sonner les heures
où les offices commencent [2]. Ces heures, un marteau de fer les frappe sur
un timbre qui varie de poids et de forme, mais qui répond à ce que G. Durand
appelle une Nolète ou double Campane [3].

Le joli timbre du n° 77 est celui de l'église de Gallardon (Eure-et-Loir),
qu'a dessiné, gravé et décrit pour les « Annales Archéologiques » M. Charles
Sauvageot [4].

77. — TIMBRE D'HORLOGE, DE L'AN 1403. — 55 CENT. DE GRAND DIAMÈTRE ET DE HAUTEUR.

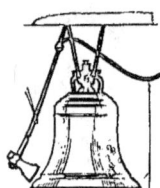

DANS L'ÉGLISE DE GALLARDON (EURE-ET-LOIR).

On lit, autour du cordon qui sépare de sa robe le cerveau de la clochette :

L'AN M CCCC ET III POUR RELOGE FU FOUDE
DU PAYS ET DES BOURGOYS DE GALARDON LA CONTREE

L'heure sonnée sur le timbre, la cloche se met en volée, dans le campanile
ou la tour, pour annoncer aux fidèles que les offices vont commencer. Ce que
la France possédait autrefois en corps sonores de ce genre, depuis la petite
cloche jusqu'au gros bourdon, est incalculable [5]; ce que les révolutions, la

1. DURANDI, « Rationale divinorum officiorum », lib. I, cap. IV, « de Campanis », n° 14.

2. Cette horloge existe encore dans les cathédrales de Reims et de Beauvais; à Reims, dans
le croisillon nord, près des sacristies; à Beauvais, dans le collatéral nord du chœur. Toutes
deux à portée du clergé officiant.

3. « Nolula, seu dupla Campana ». Ce mot de Campane ou cloche double me paraît désigner
d'une part la clochette qui sonne les divisions de l'heure, de l'autre, celle qui sonne les
heures mêmes; il en est encore ainsi aujourd'hui : le timbre ou les timbres des divisions de
l'heure sont différents de celui des heures qui est plus fort ordinairement. Le mot « dupla
campana » n'est pas rigoureux pour désigner que l'horloge contient nécessairement deux clochettes; il aurait fallu « duæ nolulæ ».

4. « Annales Archéologiques », vol. XVII, pages 278-284.

5. Suivant M. l'abbé Texier, « Dictionnaire d'orfévrerie chrétienne », colonne 435, notre pays

mode du nouveau et l'usage excessif ont détruit et fondu en canons et en gros sous, fêlé et refondu en laides et criardes cloches modernes est inappréciable. Ainsi la cloche suivante, qui existait encore en 1840, a péri sous l'effort maladroit de sonneurs avinés; elle s'est fêlée. Il a fallu la refondre, et l'on a perdu une cloche harmonieuse et sonore, datée de 1273, pour gagner une cloche moderne, vilaine de forme, et aigre de son. C'est un malheur véritable, car les cloches du XIIIᵉ siècle sont extrêmement rares.

78. — CLOCHE DE L'AN 1273.

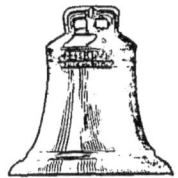

DÉTRUITE. — AUTREFOIS A MOISSAC (TARN-ET-GARONNE).

Dans ces dernières années, il s'est fait des travaux importants en France, en Angleterre et en Prusse sur l'histoire et la fabrication des cloches. Tous ces travaux prêchent, bien entendu, la renaissance des vieilles cloches, des anciennes sonneries, comme nous prêchons celle de tout l'art du moyen âge; il faut espérer que ces voix ne crieront pas dans le désert et que les fondeurs de cloches finiront par reproduire le métal, la proportion et le galbe des anciennes cloches, comme déjà les orfèvres et les bronziers, fidèles à la composition métallique et à la forme ancienne, reconstituent tous les instruments du culte.

Je ne sais pas si je deviendrai jamais un fondeur de grosses cloches, mais j'ai déjà reproduit à plusieurs centaines d'exemplaires la clochette romane à jour, qui est aujourd'hui connue de tout le monde et mise en exposition chez tous les bronziers de Paris. Trouvée à Reims, en 1844, par M. l'abbé Querry, vicaire général du diocèse, elle fut mise généreusement à mon entière disposition; je l'ai fait mouler sur l'original même, couler en bon métal de cloche, et elle est employée aujourd'hui, pour les offices religieux, dans un grand nombre d'églises et de chapelles. L'original, actuellement privé de manche, se prend à la main par un anneau. Trouvé incommode par plusieurs personnes, cet anneau a été remplacé, dans quelques exemplaires, par un manche cannelé, à tête sphérique et feuillagée, dont les moulures et les ornements sont empruntés au XIIᵉ siècle, époque de la clochette.

posséderait encore plus de trente mille cloches anciennes. S'il nous en reste encore trente mille, combien de centaines de mille en avions-nous donc avant 1793?

79. — CLOCHETTE ROMANE A JOUR. — XIIe SIÈCLE.

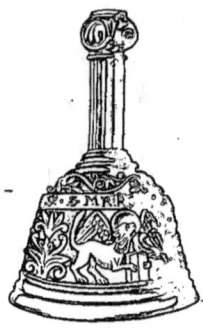

A MANCHE CANNELÉ. — HAUTEUR TOTALE, DE 13 CENT. A 20 CENT.

A plusieurs reprises, Guillaume Durand compare les cloches aux prédicateurs qui doivent, comme la cloche, appeler les chrétiens à la religion, être sonores comme une cymbale retentissante, avoir une âme forte comme le métal, frapper, comme le battant, à droite et à gauche, avec les arguments puisés à la fois dans l'Ancien et dans le Nouveau Testament[1]. Mais les premiers des prédicateurs, les premiers en date et les plus élevés en mérite, sont les Évangélistes, et ainsi s'explique à merveille leur présence sur la robe même de notre clochette. Chaque fois qu'elle sonne, c'est l'Évangile qui parle par l'ange de S. Matthieu, l'aigle de S. Jean, le lion de S. Marc et le bœuf de S. Luc.

80. — CLOCHETTE ROMANE A JOUR. — XIIe SIÈCLE.

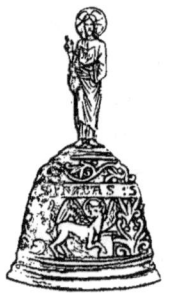

AU SOMMET, LE CHRIST DEBOUT ET ENSEIGNANT. — HAUTEUR TOTALE, 18 CENT.

Mais les Attributs eux-mêmes ne sont que les échos de la grande voix du Sauveur, et voilà pourquoi, afin de compléter le symbolisme de Durand, ce manche, au lieu de le faire insignifiant, nous l'avons modelé en Sauveur debout, bénissant de la droite et tenant de la gauche, tout ouvert, le livre des Évangiles où il se proclame l'A et l'Ω, le commencement qui part de

1. G. DURANDI, « Ration. div. officiorum », lib. I, cap. IV, « de Campanis ».

lui et la fin qui vient y aboutir. Cette clochette, ainsi composée, est déjà exécutée dans nos ateliers. Du reste, ce complément était indispensable, car, sur
l'original, l'ange et le lion notamment, élèvent leurs regards vers une figure
qui devait être nécessairement celle du Sauveur.

Nous avons l'intention de faire exécuter, en style du xive siècle, une clochette qui servirait de pendant à celle-ci. Sur le fond de la robe, percée à jour
comme celle de la clochette romane, s'enlèveraient en relief les quatre pères
de l'Église : le pape saint Grégoire, le cardinal saint Jérôme, l'archevêque saint
Ambroise et l'évêque saint Augustin. Au manche la personnification de l'Église
debout, couronnée comme une reine, tenant la croix d'une main et le calice de
l'autre. Dans cette clochette, c'est l'Église qui enseignera directement les
fidèles, par l'organe de ses quatre Pères, comme, dans l'autre, c'est le Sauveur
qui instruit par la voix de ses quatre Évangélistes. Le motif de la clochette
romane une fois découvert, on peut en inventer bien d'autres et dans le
même esprit.

La renaissance elle-même a fait des sonnettes qui ne manquent pas de symbolisme. Sur la robe de l'une d'elles, dont je possède le moulage et qui est
au musée germanique de Nuremberg, on voit Orphée apprivoisant les bêtes
au son de sa lyre, et les murs de Thèbes s'élevant et se bâtissant harmonieu-
sement et d'eux-mêmes aux accords d'Amphion.

84. — SONNETTE DU XVIe SIÈCLE. — EN ARGENT DORÉ.

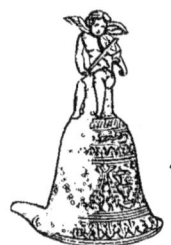

AUJOURD'HUI EN ANGLETERRE,   AU COMTE DE STAMFORD. — HAUTEUR TOTALE, 13 CENT.

Sur cette autre sonnette de la renaissance, est assis, pour servir de manche,
un génie tout jeune, un amour tout nu, ailé, jouant du violon et filant des sons
harmonieux comme ceux que le battant tire de l'intérieur de la sonnette. C'est
assez puéril, comparé surtout au symbolisme du moyen âge, et de plus les
aiguières enguirlandées qui tournent tout autour de la robe du petit corps
sonore ne signifient absolument rien. Mais il faut ne pas trop exiger du
xvie siècle ; il ne faut pas lui demander surtout la grande portée ni le puis-
sant souffle du xiie ou du xiiie.

Les trois numéros qui précèdent appartiennent à cette famille de sonnettes à la main, qui servent pour annoncer certaines parties de la messe, l' « Introïbo », le « Sanctus », l' « Élévation » , l' « Agnus Dei ». A cette classe de sonnettes s'applique ce texte de l'an 1298 :

« Una campana manualis et unum tintinnabulum ad elevationem corporis Christi personandum [1] ».

C'est dans les clochettes et sonnettes surtout qu'il faut introduire la réforme, car, depuis le xv⁰ siècle jusqu'à nos jours, on ne nous a guère donné que des laideurs assez malsonnantes. Du reste, la faveur avec laquelle on accueille la clochette romane à jour, depuis bien des années déjà, est une preuve que le goût du noble et du bon commence à revenir.

VII. — BÉNITIERS FIXES ET PORTATIFS.

Avertis par le son des cloches, les fidèles entrent dans l'église pour assister aux offices. A la porte, est fixé ou attaché le bénitier où chacun puise une goutte d'eau qui lave le front et purifie l'âme. Les bénitiers anciens sont fort rares, et il n'est pas même certain qu'il en existe. Autrefois, surtout en Orient, avant de pénétrer dans l'église, on se lavait les pieds, les mains, la tête dans un bassin placé à l'entrée, mais hors de l'église; cette coutume, qui persiste encore dans la Grèce, au moins en partie, dut être abandonnée de bonne heure dans nos pays froids. Nous marchons pieds chaussés et nous n'avons pas besoin, par conséquent, de nous les laver comme font les Orientaux qui marchent si volontiers pieds nus. Nous avons une activité qui ne nous permet pas de nous attarder à nous purifier longtemps; surtout en hiver, avant de pénétrer dans l'église. Au baptême, nous avons abandonné l'immersion pour la remplacer par l'infusion ; une seule goutte d'eau sur la peau suffit pour la validité du sacrement, et nous avons rejeté l'usage, fort gênant du reste, de nous laver dans des flots. Si, pour le baptême, le premier des sacrements, on a simplifié l'ablution à ce point, et depuis longtemps, à plus forte raison pour l'ablution ordinaire de l'eau bénite, qui n'est pas sacramentelle. Je suppose même que la cérémonie de l'aspersion qui s'accomplit avant la messe, dans beaucoup d'églises latines, a été introduite pour remplacer l'ablution plus complète de l'Église orientale. Les fidèles sont réunis; le prêtre, qui va officier, sort de la sacristie en aube assujettie par l'étole croisée; l'aspersoir en main

---

1. « Inventaire de Saint-Paul de Londres », cité par M. de Laborde, « Notice des émaux », deuxième partie, « Glossaire », page 216.

et suivi d'un clerc qui porte le petit bénitier où il pourra prendre de l'eau de temps à autre, il répand quelques gouttes sur l'assemblée. La cérémonie terminée, le bénitier portatif était probablement placé à l'entrée de l'église pour que les retardataires pussent, du bout du doigt, y prendre une goutte et la porter à leur front. Si cette explication concorde réellement avec les faits, il ne faudra pas s'étonner de la rareté ni même de l'absence des bénitiers fixes anciens ; d'ailleurs, les bénitiers portatifs, qui nous restent nombreux aujourd'hui, seraient devenus temporairement des bénitiers fixes après la cérémonie de l'aspersion. Cependant, à la renaissance, et peut-être dès le XIVe siècle, surtout en Italie, le bénitier fixe est distinct du bénitier portatif. A Pistoia, dans San-Giovanni-Forcivita, il existe un bénitier fixe, en marbre, porté par les trois Vertus théologales, et placé à l'une des entrées intérieures de l'église ; à Santa-Maria-Assunta de Torcello, j'en ai trouvé un autre analogue et porté par quatre personnages assis, qui m'a paru dater du XIIIe siècle ; j'attribuerais volontiers à la même époque celui de Pistoia. Le suivant est italien aussi, et dans la chartreuse de Pavie, mais il date du XVIe siècle seulement. Du reste, c'est un beau modèle, plein de grâce et de noblesse. Il est en marbre, mais il peut s'exécuter en métal ; ses petites dimensions, 50 centimètres de hauteur sur 20 de largeur, permettent parfaitement de le convertir en bronze, ce que nous faisons en ce moment même, car nous venons d'en recevoir un plâtre qui nous sert de modèle.

82. — BÉNITIER FIXE. — XVIe SIÈCLE.

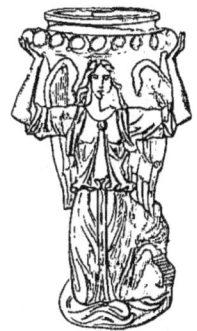

A LA CHARTREUSE DE PAVIE. — HAUTEUR, 31 CENT.

Il y a deux ou trois ans, les anciens bénitiers portatifs étaient à peu près inconnus ; les architectes étaient réduits à en inventer, et Dieu sait la laideur de ces inventions. Un adroit faussaire en fit acheter un par un de nos prélats, et cette triste contrefaçon figure aujourd'hui avec honneur dans un musée métropolitain. Cependant, ce bénitier, inspiré d'un véritable bénitier ancien, qui est au trésor de la cathédrale de Milan, n'est pas, grâce à la beauté du modèle, absolument sans mérite comme forme; mais quelle laideur nauséabonde dans la Vierge qui reçoit les paroles de l'Annonciation et dans les Évangélistes qui écrivent sous des arceaux! Aujourd'hui, les anciens bénitiers connus s'élèvent déjà à huit, et nous sommes en possession du moulage de tous les huit, sans compter celui du contrefait. Le plus beau et le plus ancien est assurément le bénitier d'Aix-la-Chapelle, dont, au n° 63, nous avons donné la gravure en petit et la description.

83. — BÉNITIER DE L'EMPEREUR, A HUIT PANS, IVOIRE ET OR. — XI° SIÈCLE.

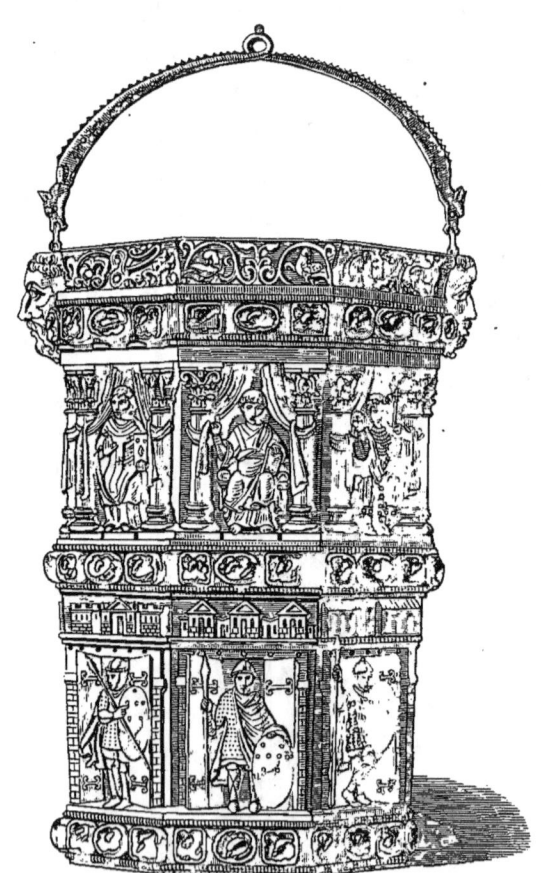

DANS LA CATHÉDRALE D'AIX-LA-CHAPELLE. — HAUTEUR, 18 CENTIMÈTRES, OUVERTURE 10 CENT.

Ici, nous offrons une gravure plus grande, parce que ce vase en vaut la peine, et parce que le côté dessiné en présente le motif principal.

On y voit effectivement l'apôtre, que nous croyons S. Jacques, et dont les pieds sont nus, assis entre l'empereur à sa gauche et le patriarche à sa droite, tous deux également assis, tandis que les autres personnages sont debout. Nous avons dit pourquoi ces soldats d'en bas, qui gardent les portes d'une ville, pourquoi ces ecclésiastiques d'en haut, protégés par la présence d'un empereur, nous semblaient représenter un de ces conciles œcuméniques comme celui de Nicée, où fut proclamé le symbole des apôtres, en présence de l'empereur Constantin. Aujourd'hui, ce bénitier n'a plus d'anse ; mais cette anse devait être en or ou en argent, comme celle du bénitier de Milan, et composée par la rencontre de deux serpents dont la tête s'accroche aux deux oreilles sculptées en forme de tête humaine.

84. — BÉNITIER DE LA VIERGE, EN IVOIRE, FIN DU XIIe SIÈCLE.

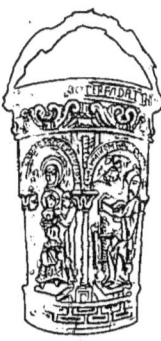

DANS LE TRÉSOR DE LA CATHÉDRALE DE MILAN. — HAUTEUR, 17 CENTIMÈTRES SUR 11 CENT. D'OUVERTURE.

« Unum vas argenteum ad aquam benedictam, cum opere levato de ymaginibus et interlaqueato vineis, et ansa est duobus draconibus. Ponderis viij marcarum. Aspersorium de ebore. » (Inventaire de Saint-Paul de Londres, en 1295.)

« Un eauebenoistier, avec l'aspergès, d'argent blanc verré et deux gargoules à l'ance, et est le pommel de l'aspergès rond, esmaillé des armes de France, pesant v marcs, iij onces. » (Inventaire de Charles V, en 1380.)

« Un benoistier de cassidoine à deux ances de mesmes, et dessus a une ance d'argent doré, de deux serpens entortillez l'une en l'autre. » (Inventaire du duc de Berry, en 1416[1].)

Le bénitier du trésor de Milan commence à être très-connu en France.

1. Comte DE LABORDE « Notice des émaux du Louvre », deuxième partie, « Glossaire », p. 258. Ces textes semblent écrits en présence de nos gravures, car les anses formées de deux dragons ou serpents à queue entrelacée, et les oreilles en gargouilles ou en petits mascarons y sont précisées nettement. Il doit y avoir une raison symbolique pour qu'on ait, à toutes les époques et dans tous les pays, du XIe siècle au XVIe, adopté cette forme singulière d'oreilles et d'anses.

M. Darcel l'a décrit [1], M. Sauvageot l'a gravé [2], nous l'avons fait couler en bronze, et il est aujourd'hui fort répandu dans le commerce. M. Darcel l'attribue à la fin du xe siècle; nous le croyons de la fin du xiie; mais il importe assez peu. L'essentiel, c'est que le voici, et qu'il va servir aujourd'hui de bénitier dans nos églises romanes.

Sa destination est gravée en toutes lettres sur le bandeau supérieur de son ouverture :

VATES AMBROSI GOTFREDVS DAT TIBI SANCTE
VAS VENIENTE SACRAM SPARGENDVM CESARE LYMPHAM.

« Saint Ambroise, le poëte Gotfredus te donne ce vase pour répandre l'eau sacrée à la venue de César. » — Ainsi, quand l'empereur allemand des Romains, Barberousse, entrait dans la cathédrale de Milan, dont le siége fut illustré par saint Ambroise, on lui présentait l'eau bénite dans ce vase précieux qui servit à Napoléon Ier, qui servira à Napoléon III et qui, à dater d'aujourd'hui, peut appartenir aux plus pauvres églises de France.

A l'archivolte des arcades qui renferment la Vierge avec l'enfant Jésus et les quatre évangélistes, on lit des inscriptions, déjà publiées dans les « Annales » et qu'il est inutile de reproduire ici [3].

Certainement les évangélistes et la sainte Vierge sont bien partout; cependant on peut accuser le moyen âge d'en avoir prodigué la représentation. Je connais des édifices du xiiie siècle, des cathédrales qui sont des chefs-d'œuvre et où, sans exagération, on peut compter la Vierge tenant Jésus jusqu'à cent fois et les évangélistes jusqu'à cinquante. Évidemment, c'est un abus, surtout quand la place manque, on peut le dire, pour représenter l'innombrable quantité de sujets qui composent l'iconographie chrétienne. D'ailleurs l'esprit veut être contenté et demande qu'un sujet soit exactement approprié à l'objet qui le porte. Ainsi, je possède le moulage d'un bénitier ancien, sur lequel est figurée la Passion du Sauveur; mais, le dirai-je, à quoi bon? En vérité, la Passion n'y est pas à sa place. Sur un bénitier, il faut représenter, par symbolisme ou par réalité, des scènes où l'eau lave le corps et purifie l'âme. Ainsi, pour l'Ancien Testament, par exemple, Moïse sauvé des eaux, l'adoucissement des eaux amères, la toison de Gédéon, la guérison de Naaman dans le Jourdain; pour le Nouveau, le puits de la Samaritaine, l'eau changée en vin, la Piscine Probatique, le lavement des pieds à la Cène. Ces sujets peu-

1. « Annales Archéologiques », vol. XVII, pages 139-150.

2. « Annales Archéologiques », vol. XVI, p. 372 et vol. XVII, p. 139.

3. « Annales Archéologiques », vol. XVII, pages 139-150. La notice est de M. Darcel et les gravures de M. Ch. Sauvageot.

vent servir, je le sais, à historier des fonts baptismaux ; mais ils conviennent également à un bénitier, qui est une sorte de petit font baptismal pour tous les jours.

Ainsi l'a compris l'artiste qui a composé le bénitier allemand que voici.

Il fut donné par un abbé Berthold, en l'honneur du martyr saint Alban, un des grands patrons de Cologne [1]. Sur les deux cercles inférieurs, on lit cette prière :

+ HOC · ALBANE · DEO · QVI · VIVIS · SANGVINE · FVSO
ABBATIS · VOTVM · BERITHOLDI · SVSCIPE · TECVM
+ HVIC · INFINITE · DEPOSCENS · GAVDIA · VITÆ

J'ignore si l'abbé Berthold a voulu faire un rapprochement entre le sang que saint Alban a versé et l'eau que doit contenir ce vase ; mais l'inscription

85. — BÉNITIER EN BRONZE, XIIᵉ SIÈCLE.

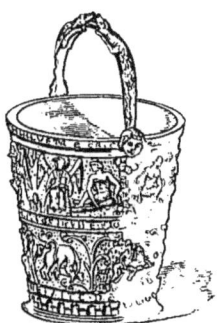

A LA CATHÉDRALE DE SPIRE. — HAUTEUR, 16 CENTIMÈTRES ; OUVERTURE, 13 CENT.

du cordon supérieur montre que la présence des quatre fleuves du paradis terrestre, associée à celle des quatre évangélistes, est provoquée par la nature même de cet instrument du culte :

+ DESIGNANT · TOTIDEM · DIFFVSA · FLVENTA · PER · ORBEM
BIS · BINOS · QVADRVM · COMPLENTES · DOGMATE · MVNDVM

Les évangélistes sont donc opposés deux à deux aux fleuves du paradis,

[1] L'église de Sancta-Maria-in-Pace, de Cologne, possède une chàsse admirable du XIIᵉ siècle, de style rhénan, en cuivre émaillé et doré, ornée de filigranes et couverte de cabochons, qui renferme les restes de saint Alban. Sur le socle en bois qui la porte, on a écrit récemment Albinus ; mais, autour de l'archivolte de l'arcade qui contient le saint, on lit :

+ SANCT' ALBANVS PROTOMARTYR ANGLOR'

Il s'agit donc bien de saint Alban, premier martyr de l'Angleterre, qui a donné son nom à une des grandes et célèbres abbayes de ce pays, et non pas de saint Albin.

disposés eux-mêmes de deux en deux. Les fleuves arrosent de leurs flots les quatre parties du monde que les évangélistes ont abreuvées de leur doctrine. Au cordon inférieur, ce monde est représenté par des hommes à cheval qui chassent, dans les forêts, des monstres sauvages. Au moins, voilà un bénitier qui a un sens clair et parfaitement convenable à sa destination.

Un bénitier, ai-je dit, est une sorte de petit font baptismal, et le bénitier de l'ancienne abbaye de Reichenau, que le prince Hohenzollern-Sigmaringen possède en original ou en copie de bronze, en offre la preuve. Sur sa robe s'enlèvent en relief les douze apôtres, à côté desquels, un peu au-dessus, planent douze anges. Ces anges, comme dans l'Apocalypse, personnifient les églises que les apôtres ont fondées, les diverses parties de la terre qu'ils ont converties et baptisées. Dans le baptistère de Saint-Marc, à Venise, une des coupoles est occupée exclusivement par la représentation des baptêmes, peinte en mosaïque. Au centre, Jésus-Christ tient un large cartel sur lequel on lit :

EVNTES IN MVNDVM VNIVERSVM PREDICATE EVANGELIVM OMNI CREATVRE — QVI CREDIDERIT ET BAPTIZATVS [1].

A la voix de leur Maître, les apôtres se dispersent et ils vont baptiser : saint Pierre, à Rome ; saint Jean, à Éphèse ; saint Matthieu, en Éthiopie ; saint Marc, à Alexandrie ; saint Philippe, en Phrygie, et ainsi des autres. Tous sont représentés donnant le baptême par immersion dans des fonts baptismaux d'une forme très-variée, près desquels se tient debout la personnification de la ville, de la province, de la partie du monde où l'apôtre baptise. Sur le bénitier de Reichenau, les douze apôtres expriment assurément la même idée qu'à la coupole du baptistère de Saint-Marc, et voilà encore un motif, si bien approprié à des fonts baptismaux, qui convient également à un bénitier.

Que nos orfévres et bronziers d'aujourd'hui cherchent dans l'esprit du moyen âge, dans l'histoire, dans la symbolique, dans leur imagination, et ils trouveront une foule de sujets spéciaux pour historier les bénitiers modernes dont, jusqu'à présent, qu'ils me permettent de leur en adresser le reproche, ils n'ont su rien faire. Quant à nous, notre mission principale est de reproduire fidèlement les objets anciens et, après avoir coulé en bronze les bénitiers

1. L'inscription s'arrête ici, mais elle se continue dans l'Évangile d'où elle est tirée : « Qui crediderit et baptisatus fuerit, salvus erit : qui vero non crediderit, condemnabitur ». S. Marc, XVI, 15-16.

d'Aix et de Milan, nous songeons à faire mouler et couler de même ceux de
Spire et de Reichenau.

VIII. — ENCENSOIRS ET NAVETTES.

Tout est prêt pour l'office et chacun des fidèles, réunis au son des cloches,
a pris sa place dans l'église. Aussitôt les officiants sortent de la sacristie pour
se rendre à l'autel et dans le chœur.

En tête le porte-croix, escorté, à droite et à gauche, des céroféraires ou
acolytes qui portent des chandeliers. Puis les thuriféraires ou encenseurs, les
chantres vêtus de la chape et le bâton en main, le sous-diacre, le diacre et
l'officiant. Cet officiant peut être l'évêque même de la cathédrale et il s'avance
environné de tout le personnel qui doit concourir à la cérémonie.

Puisque les chandeliers et les croix viennent d'être classés et décrits dans
les paragraphes III et V, nous avons à parler maintenant des encensoirs.

86. — ENCENSOIR ROMAN. — EN STYLE DU XIIᵉ-XIIIᵉ SIÈCLE.

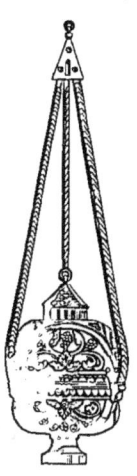

COPIÉ SUR UN ENCENSOIR DE PIERRE, A LA CATHÉDRALE DE CHARTRES. — HAUTEUR, 17 CENT., DIAMÈTRE, 10 CENT.

L'encensoir à chaînes, placé entre les mains du thuriféraire, forme, parmi
les instruments du culte, une des séries les plus intéressantes. Aux XIIᵉ et
XIIIᵉ siècles, l'encensoir a la forme d'une sphère coupée en deux par la moitié.
La partie inférieure, munie d'un pied sur lequel le petit appareil est assis,
reçoit les charbons et l'encens qu'on y fait brûler; c'est la cassolette proprement dite. La partie supérieure, couvercle de la cassolette, est percée de trous

nombreux par où s'échappent les nuages de l'encens. La forme du sphéroïde a singulièrement varié depuis le xiᵉ siècle jusqu'à nos jours; mais les deux sections, qui sont indispensables, se retrouvent dans les encensoirs de toutes les époques. Le couvercle est mobile; il monte et descend le long de trois ou quatre chaînes qui sont fixées à la cassolette et vont s'attacher, par leur extrémité supérieure, à un petit pavillon. A travers ce pavillon ou chapeau passe une chaîne plus courte, terminée par un anneau, et cet anneau permet d'appeler ou de renvoyer le couvercle à volonté.

Le petit encensoir qui précède indique ce mécanisme qui n'a pas varié depuis bien des siècles.

Le moine Théophile, qui vivait au xiiᵉ siècle, a donné, dans son « Essai sur divers arts », les procédés de fabrication et les motifs d'iconographie pour exécuter des encensoirs en métal battu ou fondu. L'encensoir battu est le plus simple. Ainsi, dans la partie supérieure de l'encensoir, au centre et au sommet du couvercle, une tour octogonale percée de fenêtres; plus bas, quatre tours rondes alternant avec quatre tours carrées, percées de fenêtres et décorées de fleurs, d'oiseaux et d'animaux. Entre ces tours, anges ailés. Dans la partie inférieure du couvercle, au milieu de quatre arceaux, les quatre évangélistes. Entre ces arcs, quatre têtes d'homme ou de lion, à travers lesquelles passent les quatre chaînes. Dans la partie inférieure, à l'encensoir proprement dit, quatre arcs, au milieu desquels les quatre fleuves du paradis, sous forme humaine, tenant chacun une urne d'où s'échappent des flots. Entre ces arcs, les faces de lion ou d'homme dans lesquelles sont attachées les chaînes. Le lis ou pavillon, auquel doivent s'adapter l'anneau et les chaînes, est orné de fleurs, de petits oiseaux ou animaux [1].

L'encensoir de Trèves, dont voici la gravure, répond jusqu'à un certain point à la description de Théophile. Pas de fleuves, ni d'évangélistes, ni d'anges; mais fleurs et animaux aux quatre arcs. Tour octogonale au sommet, dominant immédiatement huit tours, alternativement rondes et carrées, toutes percées de fenêtres [2].

1. THEOPHILI, « Diversarum artium schedula », lib. iii, cap. lx. Traduction de M. le comte CHARLES DE L'ESCALOPIER, in-4°, Paris, 1843, pages 207-216.

2. M. DE LABORDE, « Notice des émaux du Louvre », deuxième partie, « Glossaire », donne, pages 260-264, les deux textes suivants qui ont un certain rapport avec nos gravures : — « Duo turribula argentea, exterius totaliter deaurata, cum opere gravato et levato, cum ecclesiis et turribus, et sexdecim campanellis argenteis apensis, et cathenis albis argenteis, ponderis xj m. xx d. » (Inventaire de Saint-Paul de Londres, année 1295.) — « Un encensier d'or, à quatre cheminées et quatre lucarnes, pesant, à tout le fer, deux marcs, quatre onces, quinze esterlins. » (Inventaire de Charles VI, année 1399.)

87. — ENCENSOIR A TOURS ET DONJON. — XIIᵉ SIÈCLE.

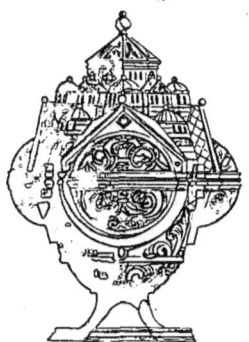

A LA CATHÉDRALE DE TRÈVES. — HAUTEUR, 19 CENT.; LARGEUR, 14 CENT.

L'encensoir suivant, que possède également la ville de Trèves, a plutôt l'aspect d'une église à quatre absides que d'une ville fortifiée d'un donjon et de tours; mais l'iconographie y est plus complète que dans l'encensoir battu de Théophile.

Du pied de la cassolette s'élancent en buste les quatre Vertus cardinales qui portent le petit monument à bras tendus. Aux angles de la cassolette, Moïse, armé de sa verge; Aaron, de son encensoir; Isaïe et Jérémie, du livre de leurs prophéties, instituent, exercent et prêchent le culte de l'adoration. A la pointe du pignon de chaque abside, Abel offre un agneau, Melchisédech offre le pain et le vin, Abraham s'apprête à offrir la vie de son fils, Isaac bénit Jacob. Au sommet, Salomon, figure de la Sagesse divine, sceptre à la main droite, boule du monde à la main gauche, couronne en tête, est assis sur un trône que protégent quatorze lions. Au pavillon, qui porte les chaînes, les quatre apôtres Pierre, Paul, Jacques et Jean, qui ont promulgué les dogmes du christianisme, comme ont promulgué ceux du judaïsme les quatre prophètes de la partie inférieure. Quinze vers, gravés sur le pied, la cassolette, le couvercle et le pavillon, expliquent cette iconographie [1]. Nous ne reproduirons que le suivant, parce qu'il convient tout à fait à un encensoir :

TVS · AARON · FVMAT · QVOD · LVCIDA · FACTA · FIGVRAT

C'est Mgr Müller, aujourd'hui évêque de Münster, qui a trouvé cet encen-

---

1. Dans les « Annales Archéologiques », vol. IX, pages 357-358, nous avons publié la gravure et la description de cet encensoir. Le dessin est de M. Bœswilwald, le texte de Mgr Müller, aujourd'hui évêque de Münster, en Westphalie; on pourra y recourir pour les détails et les inscriptions.

soir et l'a fait placer avec honneur dans le musée archéologique de la cathédrale de Trèves.

88. — ENCENSOIR DES SACRIFICES. — XIIᵉ SIÈCLE.

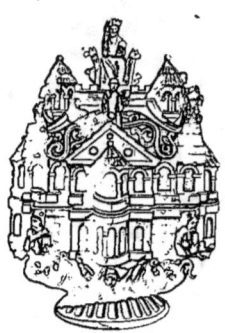

AU MUSÉE DE LA CATHÉDRALE DE TRÈVES. — HAUTEUR, 25 CENT., DIAMÈTRE, 14 CENT.

Comme on le voit, c'est d'une iconographie compliquée; mais l'encensoir fondu de Théophile est moins simple encore. Dans les couronnes ardentes qui se développent sur une circonférence de quinze et vingt mètres, on a essayé de figurer la Jérusalem céleste, et l'on n'y a pas trop mal réussi; mais dans un petit objet, comme un encensoir, on a voulu exécuter la même représentation, et il a fallu par conséquent ramasser une foule de figures dans un espace fort resserré. Cette Jérusalem fut un idéal qui tourmenta constamment le moyen âge; les grands artistes des cathédrales, comme les artistes moyens ou petits des couronnes et des encensoirs, n'ont pas pu se soustraire à cette obsession et, malgré l'insuccès ou la réussite incomplète, il faut les en remercier : ils portaient haut cet idéal qui leur a fait exécuter des œuvres très-importantes.

Surmontez l'encensoir de Trèves n° 88 du sommet en forme de ville forte et de donjon si bien accusés au n° 87, et vous aurez dans sa forme essentielle l'encensoir fondu décrit au long par Théophile [1]. Dans le bas, comme au n° 88, Vertus sous la forme de femmes à mi-corps. Plus haut, contre les quatre parois de la cassolette, les douze prophètes disposés trois par trois. Au couvercle, les douze apôtres assortis aux prophètes et disposés de même dans des arcades surmontées d'un tympan. Au milieu de chaque tympan, une des douze pierres précieuses désignées dans l'Apocalypse. Près de ces pierres, une ouverture, douze en tout, pour exprimer le symbole de la Jérusalem que vit saint Jean

1. « Schedula diversarum artium », lib. III, cap. LXI.

et qui avait trois portes à chacun des quatre points cardinaux. Sur les tours secondaires, des anges debout, armés de la lance et du bouclier, veillant à la garde des murs de la cité céleste. Au sommet de la tour supérieure ou du donjon, l'Agneau de Dieu, nimbé du nimbe crucifère, ayant dans le dos un petit cercle auquel est attachée la chaîne du milieu[1].

Tout cela est bien compliqué. La Jérusalem céleste est un peu la ville des parfums, il est vrai, comme elle est surtout la ville de la lumière; mais cependant l'idée était trop colossale et trop générale pour qu'on pût la faire tenir et la localiser dans une cassolette. J'aime mieux l'encensoir que nous avons appelé de Lille, à cause de la ville où il a été trouvé et où il est encore aujourd'hui ; l'idée qui l'a composé est plus simple et plus juste. Un encensoir, où brûlent des charbons ardents, est une petite fournaise ; dans cette fournaise, on jette des grains d'encens qui montent comme un sacrifice vers la Divinité.

89. — ENCENSOIR DES ENFANTS DANS LA FOURNAISE. — XII°-XIII° SIÈCLE.

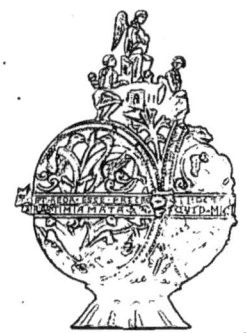

APPARTIENT A M. BENVIGNAT, ARCHITECTE A LILLE. — HAUTEUR, 16 CENT.; DIAMÈTRE, 9 CENT.

Nabuchodonosor jeta aussi, dans la fournaise de Babylone, trois jeunes Hébreux dont il voulait offrir les chairs brûlantes à son idole ; mais un ange descendit du ciel, préserva de la mort les trois enfants qui entonnèrent alors ce fameux cantique des « Benedicite », dont les accents montèrent comme une vapeur odorante jusqu'au trône du vrai Dieu. Ainsi s'est fait l'encensoir des trois Enfants dans la fournaise, le plus bel encensoir qu'on ait encore rencontré jusqu'à présent, et qui, surmoulé en bronze et tiré à un très-grand nombre d'exemplaires, est aujourd'hui répandu dans toute l'Europe catholique.

1. Dans les « Annales Archéologiques », vol. VIII, pages 95-104, M. Viollet-le-Duc a essayé, par un grand dessin et un ingénieux commentaire, de traduire aux yeux et à l'esprit le texte de Théophile. Nous y renvoyons nos lecteurs.

Des inscriptions gravées sur les arcs du couvercle nomment les trois Hébreux préservés du feu :

ANANIAS — MISAEL — AZARIAS

Une autre inscription, gravée sur le cordon inférieur du couvercle et le cordon supérieur de la cassolette, nomme le donateur de ce bel objet et sollicite de ses confrères des prières qui sont comme des parfums montant vers le Christ :

✝ HOC · EGO · REINERVS · DO · SIGNVM · QVID · MICHI · VESTRIS ·   ✂
EXEQVIAS · SIMILES · DEBETIS · MORTE · POTITO ·
ET · REOR · ESSE · PRECES · VESTRAS · TIMIAMATA · CHRISTO ·

Ce bel encensoir, d'une grande simplicité, est donc aujourd'hui dans le commerce ordinaire des objets du culte catholique; mais j'ai songé à lui donner un pendant. A la place de l'Ange du sommet, j'assieds sur un trône la Vierge tenant Jésus et, au lieu des trois Enfants, je dispose les trois Mages venant offrir à l'Enfant-Dieu l'or, la myrrhe et l'encens. Dans les arcades, au lieu des dragons et des lions entortillés de feuillages, je place les chevaux qui ont amené les Mages à Bethléem, et les agneaux que faisaient paître les bergers au moment de la Nativité, l'âne et le bœuf qui ont réchauffé l'Enfant-Dieu de leur haleine. C'est aussi simple que dans l'encensoir des Enfants et le motif me paraît tout aussi bien approprié à un encensoir. Je puis, dès à présent, donner les deux modèles.

Je songe même à en créer deux autres, l'un historié d'un sujet de l'Ancien Testament, et l'autre d'un sujet du Nouveau. Sur l'un, je figurerais la reine de Saba venant apporter à Salomon, trônant dans sa majesté, les parfums de l'Arabie. Sur l'autre, les trois Marie, que les Grecs appellent les Myrrophores, s'empresseraient d'accourir au tombeau du Sauveur pour embaumer son corps divin, et y rencontreraient l'ange disant : « SURREXIT, NON EST HIC ».

Ainsi, nous voilà déjà munis de quatre encensoirs différents, dont deux appartiennent à l'Ancien Testament : les Enfants dans la fournaise et la reine de Saba faisant des offrandes à Salomon; dont deux au Nouveau : les trois Mages devant Jésus nouveau-né et les trois Marie devant Jésus mort et ressuscité. Mais il y a, pour des encensoirs, bien d'autres motifs à tirer de la Bible, de la Symbolique et de la Légende; cherchez, et vous en trouverez plus que vous ne pourrez en exécuter.

La renaissance elle-même a fait des encensoirs dont la forme a quelquefois du mérite, et le suivant, qui date des dernières années du xviᵉ siècle, n'est pas à dédaigner. Il a le tort assurément de se décomposer en trois parties, car un encensoir n'a besoin que d'une cassolette et d'un couvercle; mais la zone du milieu, tout inutile qu'elle soit, offre une assez fine ornementation. Dans une église des XVI⁰ et XVII⁰ siècles, cet encensoir figurerait suffisamment bien.

90. — ENCENSOIR AUX ANGES. — FIN DU XVI⁰ SIÈCLE.

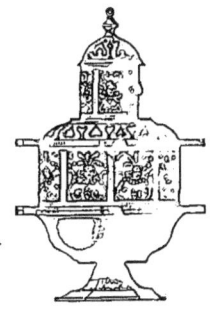

PROVENANCE INCONNUE.

Les navettes destinées à contenir de l'encens et les petites cuillers avec lesquelles on prend cet encens ne sont pas d'une forme très-variée. La navette ressemble plus ou moins à une petite barque, mais à une barque élevée sur un pied et fermée par un couvercle dont une moitié reste ordinairement fixe, tandis que l'autre moitié s'ouvre et se ferme à la volonté du preneur d'encens. Un bouton ou le col d'un petit animal permet de saisir facilement cette partie mobile du couvercle.

NAVETTE A ENCENS, ÉMAILLÉE ET CISELÉE. — XIII⁰ SIÈCLE.

91. — CORPS DE LA NAVETTE.   92. — COUVERCLE.

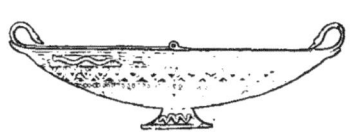
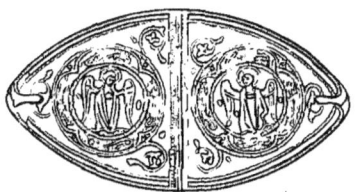

AU MUSÉE DE RODEZ. — LONGUEUR, 14 CENT., LARGEUR, 7 CENT.

Cette forme de navette n'est peut-être pas antérieure au XII⁰ siècle; mais, à partir de cette époque jusqu'à la nôtre, elle a régné partout, sans modifications essentielles. Déjà le nom de navette, qui emporte avec lui la forme de nacelle, existe au commencement du XIII⁰ siècle, et M. A. Darcel l'a cité[1] d'après un inventaire de la cathédrale de Salisbury : — « Thuribula iij argent. cum NACELLA argentea ad thus. »

1. « Annales Archéologiques », vol. XIV, page 264, article « Navettes à encens ».

Les anges émaillés sur le couvercle se voient assez fréquemment : « Une navette dorée à mettre encens et est esmaillée à angeloz et poise ij marcs[1]. » Quelquefois on les remplace par ces petits dragons enroulés sur eux-mêmes, qui servent de boutons au couvercle, comme à une navette allemande du XIIIᵉ siècle, que nous venons de faire fondre d'après un moulage.

Le duc Jean de Berry, qui avait pour devise « Orsine » et pour « rébus » un ours et un cygne, donna à la Sainte-Chapelle de Bourges une navette d'or qui rappelait cette fantaisie : — « Une navette d'or qui siet sur un ours, et dessus ladite navette a un cygne émaillié de blanc, et tient ledit cygne avec le bec un escuçon aux armes dudit seigneur. Pesant, avec la cuillère, 4 marcs, 2 onces, 5 esterlins[2]. »

Les cuillers à prendre l'encens, dont il est fait mention ici, sont devenues bien plus rares que les encensoirs; je ne sais même pas s'il en existe encore un exemple ancien. Dans cette pénurie, M. Darcel nous en a composé une dont l'extrémité finit en tête de serpent, en petite « gargoule » comme l'appelle l' « Inventaire de Charles V, de l'an 1380, cité par M. de Laborde dans l'ouvrage cité ci-dessus, « Notice des émaux du Louvre » : — « Une navette d'argent verré, avec la cuiller où il a une gargoule, pesant ij marcs, j once, xv esterlins. »

93. — CUILLER DE NAVETTE A ENCENS.

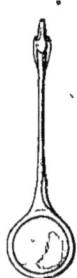

EN STYLE DU XIIIᵉ SIÈCLE.

Après les thuriféraires, nous arrivons aux grands chantres, préchantres et sous-chantres, qui marchent, chacun le bâton cantoral à la main, et précèdent l'évêque qui s'avance avec la crosse épiscopale.

---

1. COMTE DE LABORDE, «Notice des émaux du Louvre », deuxième partie, « Glossaire », p. 403, « Inventaire du duc de Normandie », année 1363.

2. HIVER DE BEAUVOIR, « Description du trésor donné par Jean, duc de Berry, à la Sainte-Chapelle de Bourges », p. 31.

IX. — BATONS ET CROSSES.

Autant les crosses anciennes sont nombreuses, autant les bâtons sont rares.

La ville de Maestricht possède un de ces bâtons ; Cologne en a deux, dont l'un, qui se conserve dans la sacristie de la cathédrale, est, sans conteste, le bâton du chantre, car une ancienne inscription gravée sur la hampe le déclare ainsi. De l'extrémité de la hampe partent trois petites tiges qui portent une plate-forme, une « terrasse », où Jésus, entre les bras de Marie, reçoit les dons que lui apportent les trois Mages, sujet tout à fait spécial à la cathédrale de Cologne qui possède les Mages et les honore d'un culte particulier. Le bâton paraît être du xiie siècle ; mais le sujet de l'Adoration des Mages appartient au xive. L'autre bâton, qui est, je crois, à Saint-Géréon de Cologne, est également terminé par un sujet, une Sainte Famille, si mes souvenirs sont exacts.

Quant au bâton de Maestricht, il est dans l'église Saint-Servais ; aussi bien que la crosse en ivoire conservée dans le trésor de la même église, on l'appelle bâton de Saint-Servais : BACVLVS SANCTI SERVATII. Faut-il entendre par là que c'est le bâton de l'église Saint-Servais ou celui du saint de ce nom ; que c'est le bâton du chantre de l'église Saint-Servais ou bien la « potence », comme on disait au moyen âge, de l'évêque saint Servais ? J'adopte la première opinion, d'autant mieux que le grand patron de Maestricht est mort à la fin du ive siècle, en 384, et que ce bâton paraît dater du xiie seulement. Cette observation, qui n'est peut-être pas sans importance, pourrait se généraliser. Ainsi, le calice de Reims, dit de saint Remi, ne serait pas le calice dont saint Remi se serait servi, mais tout simplement un calice qui aurait appartenu à l'église Saint-Remi. Combien de fois, depuis l'antiquité païenne, n'a-t-on pas pris un nom de ville pour un nom d'homme et une église pour un saint !

Par la forme de leur extrémité supérieure, les bâtons peuvent se classer en trois séries : les bâtons pommelés, les bâtons historiés, les bâtons en tau.

C'est à la série des bâtons pommelés, c'est-à-dire terminés par une grosse pomme ou une petite boule, que devait appartenir un bâton de chantre, composé de pièces d'ivoire, orné de cercles d'argent, incrusté de pierreries et terminé par un sommet de cristal, que mentionne l'inventaire de Saint-Paul de Londres dressé en 1295 : « Baculus Cantoris de peciis eburneis et summitate cristallina, ornata circulis argenteis deauratis, triphoriatus lapidibus insertis[1] ».

---

1. Comte de LABORDE, « Notice des émaux du Louvre », 2e partie, « Glossaire », p. 460.

Le fameux bâton couvert de lames d'or, que l'apôtre saint Pierre aurait donné
à saint Materne, et que l'on conserve actuellement dans le trésor de la cathédrale de Limbourg-sur-Lahn, se termine par une pomme d'or. Aujourd'hui,
à Trèves, où saint Materne fut évêque, et dans une certaine partie de l'Allemagne, on rencontre dans les rues ou à la promenade les ecclésiastiques
ayant à la main une longue et forte canne de jonc ou de bois, surmontée d'une
boule d'ivoire. Cette canne, qui semble être encore un insigne religieux,
descend, à n'en pas douter, du bâton ancien. Au porche sud de la cathédrale
de Chartres, une des grandes statues de la porte droite, la statue qui touche à
saint Grégoire le Grand et qu'on appelle saint Avit, tient à la main gauche,
non pas une crosse, comme on l'a dit à tort, mais un bâton pommelé, absolument pareil à celui des prêtres de la Moselle [1].

Ce bâton, qui a été conservé chez nous par les dignitaires du compagnon-
nage français, est le plus simple de tous; mais, comme il est devenu la canne
des compagnons du devoir et des tambours majors de nos régiments, il est
assez difficile de le remettre aux mains de nos grands chantres.

A cette pomme, substituez un sujet : la Vierge tenant Jésus; le Sauveur
assis dans sa majesté, sur un trône; le patron d'une église, assis ou debout;
le saint dont on célèbre la fête, au jour même où le grand chantre officie, et
vous aurez la forme des bâtons historiés, qui est celle des bâtons de Cologne,
et celle, il faut bien le dire, des grands sceptres de l'antiquité et du bas-
empire.

Le sujet historique peut être libre, comme à Cologne, ou bien abrité par
une petite niche à jour, comme aux bâtons que j'ai vus dans mon enfance
aux mains des grands chantres de la cathédrale de Reims et même de l'église
de mon village. A Reims, une petite Vierge, debout et tenant Jésus, couron-
nait ainsi le bâton des grands chantres, et ce petit groupe en argent était
enveloppé d'une sorte de lanterne ou de niche à jour [2]. Ces bâtons, quoique

1. Cette forme est celle du bâton ou sceptre que tient à la main gauche le grand ange byzantin que nous avons publié dans le volume xviiie des « Annales Archéologiques », page 33,
d'après une feuille de diptyque en ivoire que possède aujourd'hui le « British Museum ». C'est
également un grand bâton pommelé que tiennent les archanges Gabriel et Raphael dans l'autel de
Bâle, donné plus haut, nº 3.
2. On aimait, dans ces bâtons, à représenter le patron de l'église : à la Notre-Dame de Reims,
c'était une Vierge; à l'église d'Hautvillers (Marne), dont la patronne est sainte Hélène, c'était
une petite sainte Hélène tenant la vraie croix; ailleurs, dans une église à Saint-Martin, à Saint-
Nicolas, à Saint-Étienne, le bâton cantoral portait une statuette de saint Étiennne, de saint Nicolas et de saint Martin. A la Sainte-Chapelle de Paris, érigée par saint Louis pour contenir les
reliques du Sauveur, notamment la couronne d'épines et la vraie croix, le bâton du chantre est

mo᷑ rnes, ne sont pas dépourvus d'élégance, et l'on sent qu'ils procèdent d'u᷑ type ancien.

I᷑ troisième classe des bâtons est celle du tau, c'est-à-dire en forme de T. Il ᷑ reste de nombreux exemples et d'une époque ancienne : l'un des principa᷑᷑ appartient aujourd'hui à M. le baron de Crassier, riche possesseur belge d'᷑ ᷑e collection d'objets d'art et d'archéologie. Au centre du tau, qui s'épanouit en pomme de pin, sur une face, la Vierge tient l'enfant Jésus ; sur l'autre, le Sauveur est seul et tenant l'évangile ; dans chacune des branches ou volutes, un individu paraît lutter avec un dragon pendant que saint Michel terrasse le diable [1].

94. — BATON EN TAU. — XII° SIECLE.

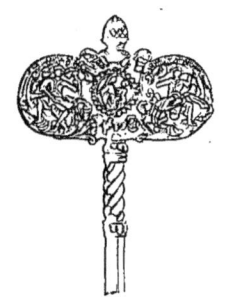

APPARTIENT A M. LE BARON DE CRASSIER.

L'église Saint-Servais, à Maestricht, possède, nous venons de le dire, un tau qu'on dit avoir été trouvé dans le tombeau même du saint évêque de Tongres, mort et enterré à Maestricht, et auquel on donne son nom. Nous croyons tout simplement que c'est le bâton du grand chantre de l'église de Saint-Servais et qu'il date du XII° siècle et non du IV°. Quoi qu'il en soit, les deux branches du tau sont d'une rare élégance ; elles semblent porter une petite plate-forme, veuve aujourd'hui de tout sujet, mais sur laquelle, à notre

ainsi décrit dans l'inventaire de 1573 : « Ung camahieu, entaillié en façon d'un gros homme (saint Louis), tenant en sa main dextre une couronne d'espines, d'argent esmaillé de verd et tanné, et en la main senestre une double croix d'argent doré (placé au bout d'un bâton), lequel baston est appelé le baston du chantre, qui est d'un bois nommé hebenne ». — Comte de LABORDE, « Notice des émaux du Louvre », 2° partie, « Glossaire », page 140. — Cette curieuse expression de « gros homme » ne doit pas signifier que saint Louis était épais, gros et gras ; mais bien que cette sculpture était en ronde bosse ou en gros relief. Saint Louis, à ce qu'il me semble, n'avait rien de commun avec Louis le Gros.

1. M. Arnaud Schaepkens, « Trésor de l'art ancien en Belgique », a publié, page 40, pl. VIII, la description et la gravure de ce bâton remarquable.

demande, M. Gaucherel a assis la sainte Vierge tenant Jésus. Ce tau, comme
le précédent, est en ivoire[1].

95. — BATON DE CHANTRE EN TAU ET EN IVOIRE. — XIIᵉ SIÈCLE.

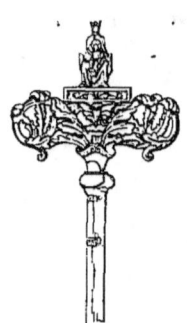

A L'ÉGLISE SAINT-SERVAIS DE MAESTRICHT.

Les lecteurs des « Annales » se rappelleront le bâton en tau attribué à
Gérard, évêque de Limoges, mort en 1022, et que M. l'abbé Texier a publié
dans notre dixième volume, page 177. Ce n'est pas une volute, mais une tête
de lion rugissant qui termine chacune des deux branches.

Notre but ne pouvant être, aujourd'hui, d'écrire la monographie de chacune des séries d'objets que nous devons passer très-rapidement en revue,
nous renverrons, pour les bâtons en tau et les crosses, à un mémoire très-
étendu de M. l'abbé Barraud et du père Martin, publié dans le quatrième
volume des « Mélanges d'Archéologie », pages 145-256, sous le titre de
« Crosses pastorales » et de « Bâton pastoral ». Des gravures sur bois, au
nombre de 156, donnent toutes les variétés de bâtons et de crosses, chez les
peuples chrétiens et à toutes les époques du moyen âge.

Comme transition entre le bâton et la crosse, on peut placer un bâton qu'on
appelle la crosse de sainte Julienne et qui se conserve dans l'église paroissiale
de Montreuil-sur-Mer. (Pas-de-Calais). M. de Linas, membre des comités
historiques, a le premier dessiné et publié ce curieux objet[2]. C'est un bâton
de bois, recouvert de lames d'argent, où s'enroulent des filigranes et s'en-
châssent des pierres précieuses. Le sommet s'amincit en pointe mousse et se
recourbe légèrement en volute naissante. Le XIᵉ siècle est la date la plus
reculée qu'on puisse assigner à ce bâton.

1. Dans son « Trésor de l'art en Belgique », M. Arn. Schaepkens a également publié ce tau,
page 7, planche VII.

2. « Statistique monumentale du Pas-de-Calais », vol. I, in-4°, Arras, 1850-1858, pl. XI, gravée
par M. Gaucherel.

Les crosses épiscopales se divisent en trois variétés : toutes se terminent par une volute; mais, aux unes, cette volute est unie, elle est feuillagée aux autres et historiée aux troisièmes.

Les crosses à volute unie n'ont pas grande chance d'être adoptées aujourd'hui, et nous pouvons nous contenter de cette simple mention ; ce sont, du reste, les plus anciennes, car la crosse, comme bien d'autres choses, a toujours été s'ornant de plus en plus.

La crosse à feuillages est fréquente dans les musées et dans les collections particulières : notre musée du Louvre et la collection du prince P. Soltykoff en possèdent des échantillons remarquables. Notre numéro 96 est en Angleterre, dans une collection particulière; mais il provient d'Allemagne, et nous avons des motifs sérieux pour croire que c'est une contrefaçon. Les crochets de la volute, qui rappellent le XIVe siècle, tandis que la feuille du crosseron est d'un roman très-énergique, et de plus, la longueur démesurée du col de cette crosse ne me rassurent nullement sur son authenticité. Du moins, le modèle imité était beau, et l'imitation n'est pas tout à fait sans valeur.

96. — CROSSE A FEUILLAGE. — FIN DU XIIe SIÈCLE.

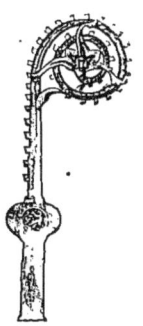

EN ANGLETERRE, DANS UNE COLLECTION PARTICULIÈRE.

Le nœud, comme la feuille de la volute, est émaillé d'émail incrusté et d'une grande finesse; s'il y a contrefaçon, ce que je crois, ou du moins imitation, c'est d'une habileté fort rare.

Presque toujours la volute de la crosse est formé par un corps de serpent écailleux, dont les anneaux se hérissent de crochets et dont le cou et la tête s'arrondissent en cercle pour former le crosseron proprement dit. Ce serpent, qui est le diable, attaque un lion ou bien il est attaqué lui-même par cette bête qui, dans ce cas, semble symboliser le bien et rappeler le lion de Juda auquel Jésus-Christ est comparé : « Vicit leo de tribu Juda ».

Les exemples de crosse en serpent aux prises avec un lion sont les plus nombreux que l'on connaisse. Chaque fois, pour ainsi dire, que l'on découvre un tombeau d'évêque du XII᷐ ou du XIII᷐ siècle, on y trouve une crosse ainsi faite. C'est à croire que ce modèle appartient à tout le monde, à tous les orfévres et fondeurs de France et des autres nations, et qu'à la même époque, de 1150 à 1280, ou environ, on l'a mis dans les mains de tous les prélats du monde.

La crosse trouvée dans la tombe de l'évêque de Troyes, Hervée, mort en 1222 ; la crosse trouvée par M. Bœswilwald dans le tombeau d'un évêque

97. — CROSSE DU LION ET DU SERPENT. — XIII᷐ SIÈCLE.

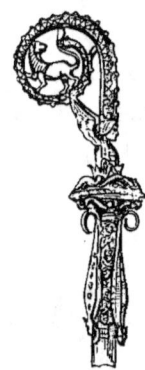

DANS PLUSIEURS COLLECTIONS DE PARIS ET DE LONDRES.

de Bayonne, et qui appartient aujourd'hui au musée de l'hôtel de Cluny ; la crosse de Provins, dessinée par M. Fichot dans ses « Monuments de Seine-et-Marne » ; trois ou quatre crosses de la collection Soltykoff ; autant du musée du Louvre ; une dizaine, achetées par de riches Anglais ; une vingtaine, conservées dans les trésors ecclésiastiques de l'Allemagne ; quinze au moins, appartenant à des princes russes de Saint-Pétersbourg et de Moskou, affectent toutes la forme du serpent mordu à la gorge par le lion ou mordant lui-même la queue de son adversaire rugissant, comme dans l'exemple du n° 97.

L'exemple que nous offrons présente une particularité qui ne se reproduit pas dans toutes les crosses de cette classe. Du nœud émerge un ange qui porte sur sa tête la naissance du crosseron que ses deux ailes vont soutenir à la volute. Ce motif ingénieux donne plus de hauteur et de solidité à la volute entière, mais, le dirais-je, tout ingénieux qu'il soit, je ne le crois pas ancien et j'aurais bien quelques preuves à donner, s'il le fallait, pour l'attribuer à un « inventeur » de ma connaissance. Un ange, ainsi tronqué, portant ainsi sur sa tête et consolidant de ses deux ailes un serpent qui est le diable, c'est passablement étrange pour le moyen âge, surtout pour le XII-XIIIᵉ siècle. D'ailleurs ce crosseron est trop élevé et il ment à la proportion qu'on aimait à cette époque, comme y ment et plus impudemment encore le crosseron du nº 96.

De toutes les crosses de cette classe, celle que nous donnons comme vraiment authentique et comme le modèle d'où les autres procèdent, est la suivante, nº 98. A la douille où pénètre l'extrémité supérieure de la hampe, renflement fortifié par de petits lézards ou dragons aptères, tête en bas, la queue en haut et recourbée en volute pour recevoir le nœud. A ce nœud, fabriqué en coquille, d'autres petits lézards courent horizontalement, l'un après l'autre, en se mordant réciproquement la queue. Sur cette base de petits dragons ou de diablotins inférieurs, repose le gros serpent, Satan, qui enroule en volute son cou et sa tête, et que l'archange saint Michel attaque et terrasse comme il l'a attaqué et terrassé dans le ciel[1]. Voilà le véritable symbolisme et la véritable forme adoptée par le XIIIᵉ siècle. Quelquefois assurément, le lion (est-ce le lion de Juda?) a remplacé dans le combat, sur une foule de crosses, l'archange saint Michel, comme dans la crosse d'Hervée, mais jamais, que je sache, le moyen âge n'aurait eu l'idée de hisser Satan sur la tête complaisante et puissante d'un ange, comme les faussaires l'ont fait au nº 97.

Les dimensions de la plupart des crosses de ce genre, qui datent des XIIᵉ et XIIIᵉ siècles, sont celles de la crosse d'Hervée, de Troyes. Hauteur de la douille, du nœud et de la volute, 30 centimètres; hauteur du crosseron seul, 15 centimètres; hauteur de la volute seule, 10 centimètres. Quant à la hampe, longueur à peu près de la taille d'un homme. Déjà, au XVᵉ siècle, ces dimensions étaient exagérées. Je possède le moulage d'une crosse de cette époque, qui appartient à la ville de Cologne, et qui, de la naissance de la douille au sommet de la volute, a 50 centimètres de hauteur, 20 de plus qu'à la crosse d'Hervée. Au XVIᵉ, au XVIIᵉ, au XVIIIᵉ, tout s'exagère encore, hampe et crosse proprement dite, surtout en Allemagne et en Suisse, et l'on voit des crosses que les évêques et abbés devaient donner à porter à des portefaix, parce qu'ils ne pouvaient plus s'en servir que quand ils étaient au repos. Aujourd'hui, pour les chandeliers, les croix, les encensoirs, les calices, les ostensoirs, on

---

1. « Et factum est prælium magnum in cœlo : Michael et angeli ejus præliabantur cum dracone, et draco pugnabat et angeli ejus. — Et non valuerunt, neque locus inventus est eorum amplius in cœlo. — Et projectus est draco ille magnus, serpens antiquus, qui vocatur diabolus et Satanas, qui seducit universum orbem; et projectus est in terram, et angeli ejus cum illo missi sunt ». — « Apocalyp. B. Johannis apostoli », XII, 7-9.

semble revenir au bon sens et au bon goût, et les crosses elles-mêmes commencent à reprendre leur belle ornementation et leur taille naturelle.

98. — CROSSE DE SAINT MICHEL COMBATTANT LE DIABLE.

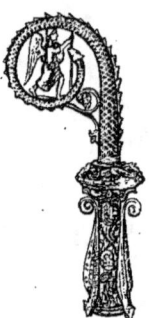

TREIZIÈME SIÈCLE. — AU MUSÉE DU LOUVRE.

Le combat de saint Michel contre Satan nous amène naturellement aux crosses historiées, les plus nombreuses de toutes. Au centre de l'enroulement de la volute, les artistes du moyen âge ont agencé, avec une grande habileté, de petites scènes historiques ou dévotes. Tous les faits de la vie du Sauveur et de la Vierge y ont été figurés, depuis la naissance de Marie et la nativité de Jésus, jusqu'à l'assomption et l'ascension; disons plus, depuis la création d'Adam et d'Ève jusqu'au jugement dernier. Ce serait trop s'attarder et se perdre dans des détails infinis et inutiles que d'enregistrer, à propos de la crosse, tous les sujets dont cet instrument a été historié pendant la durée du moyen âge; je préfère renvoyer au mémoire déjà cité du père Martin, « le Bâton pastoral »[1], où l'on trouvera, dessinées et décrites, à peu près toutes les variétés de crosses historiées. On peut croire qu'un riche métropolitain possédait un grand nombre de crosses et que le jour de Noël, par exemple, il officiait avec la crosse où était représentée la nativité, comme le jour de Pâques avec celle de la résurrection. A la procession des Rogations, il devait aller dans la campagne avec la crosse feuillagée et fleurie à la volute. Les Annonciations et Assomptions sont très-fréquentes dans les crosses, et certainement le 25 mars et le 15 août les évêques s'armaient du bâton pastoral où ces sujets étaient figurés.

Les grandes fêtes du Sauveur et de la Vierge n'étaient pas les seuls faits qu'on représentât dans les volutes des crosses. On y voyait encore quelque grand saint debout et bénissant, ou quelque belle action accomplie par l'un de ces illustres patrons de nos églises de France. Dans certaines

1. « Mélanges d'archéologie », vol. IV, pages 161-256.

volutes, sont figurés les apôtres saint Pierre, saint Paul, saint Nicolas, saint Martin, saint Étienne, saint Eustache, sainte Ursule et ses compagnes; on y voit en outre saint Nicolas ressuscitant les trois enfants, saint Martin partageant son manteau, saint Étienne martyrisé et voyant le ciel ouvert, saint Eustache prosterné devant le cerf miraculeux. On comprend qu'une cathédrale ou une abbatiale portant le vocable de saint Pierre, saint Paul, saint Martin, saint Nicolas, saint Étienne, etc., ait tenu à honneur de mettre entre les mains de son évêque ou de son abbé une crosse renfermant dans sa volute le portrait en pied ou la plus belle action de son patron. Comme la dévotion à la sainte Vierge est générale, et que les cathédrales qui portent le vocable de Notre-Dame sont fort nombreuses, les crosses où se voit un évêque agenouillé devant la sainte Vierge assise ou debout sont fort nombreuses également; on peut bien dire qu'il en existe cinquante sur cent. Nous offrons ici même, en gravure sur métal, l'une des plus intéressantes, qui appartient, croyons-nous, au prince P. Soltykoff et qui peut parfaitement servir aujourd'hui de modèle. Aussi, dès à présent, nous voulons la faire reproduire fidèlement. Malheureusement elle date du second ou troisième tiers du XIIIᵉ siècle, et il vaudrait mieux qu'elle fût de cinquante ans plus âgée : le nœud en serait moins anguleux et les ornements plus énergiques. Mais, ainsi faite, elle est encore l'une des plus belles et des plus simples qui soient, et il semble que nos évêques devraient en faire exécuter de cette forme et de ce motif.

On a dit que crosse venait de croix : « Crocia, dicta a similitudine crucis ». C'est une erreur. La crosse ne ressemble absolument en rien à une croix, et son nom lui vient de croc, crochet, crochu, parce que sa volute a effectivement la forme d'un crochet. On a dit que les crosses à simple volute appartenaient aux évêques ou aux abbés et abbesses, et que les crosses à volute double se mettaient aux mains d'un abbé devenu évêque, pour indiquer sa double juridiction; enfin on a prétendu qu'il n'aurait tenu qu'à cet abbé-évêque, promu à un archevêché, de porter une crosse à triple volute. C'est une triple erreur et des plus graves : abbés, évêques et archevêques, patriarches même, ne portent et n'ont jamais porté que la crosse à volute unique. Toute crosse à volute double est simplement un bâton de grand chantre, comme nous l'avons dit; ou bien, si elle vient de Grèce, c'est la crosse d'un abbé, d'un évêque ou d'un archevêque byzantin, car cette double volute est invariablement la forme de la crosse dans l'Église byzantine.

La crosse se compose de deux parties essentielles : de la hampe et du crosseron. La hampe est pointue par le bas, comme une canne ordinaire, et le crosseron se recourbe en crochet par le haut. Un gros nœud sépare du crosseron la hampe ou le bâton ; mais, en outre, dans sa hauteur, ce bâton est quelquefois coupé par plusieurs nœuds qui le fortifient et en divisent la longueur.

Dès les plus anciennes époques, surtout à partir du xi⁰ siècle, les amis du symbolisme se sont emparés de ces diverses parties de la crosse pour leur appliquer un sens et leur donner un langage. Il nous suffira, pour ne pas trop nous arrêter dans ces explications trop ingénieuses, de transcrire le passage suivant de Guillaume Durand qui résume, on peut le dire, la doctrine d'Honorius d'Autun, d'Hugues de Saint-Victor, et des autres liturgistes français, italiens et allemands.

Le bâton, pointu à l'extrémité, droit au milieu, recourbé au sommet, signifie que le pontife doit exciter les paresseux, diriger les faibles, réunir les errants. D'où ce vers :

Collige, sustenta, stimula, vaga, morbida, lenta.

Ou bien celui-ci :

Attrahe per primum, medio rege, punge per imum [1].

Ce dernier vers était si populaire, qu'on l'a gravé, avec une variante cependant, sur la crosse de Bernward, évêque de Hildesheim :

Collige · per · svmmvm · medio · rege · pvnge · per · imvm ·

Sur la crosse de Godehard, autre évêque de Hildesheim, on lit :

Sterne · resistentes · stantes · rege · tolle · iacentes·

Sur la crosse d'Othon 1ᵉʳ, évêque de la même ville, on lit trois vers au lieu d'un, et les deux premiers sont exactement ceux qu'a relevés Guillaume Durand :

+ Collige · svstenta · stimvla · vaga · morbida · lenta ·
+ Attrahe · per · primvm · medio · rege · pvnge · per · imvm ·
+ Pasce · gregem · norma · doce · serva · corrige · forma ·

Ces trois crosses, si parfaitement consonnantes, et qui datent des xi⁰ et xii⁰ siècles, sont conservées toutes trois dans le trésor de la cathédrale de Hildesheim [2].

1. G. DURAND, « Ration. div. offic. », lib. iii, cap. xv, n° 4.
2. Docteur KRATZ, « Der Dom zu Hildesheim », page 37, 89, 481 du texte, planche xi, fig. ii de l'atlas.

Indépendamment de ce sens particulier donné à chaque section de la crosse, le moyen âge attachait une signification générale à l'ensemble de l'instrument dont il énumérait les divers usages. Dans un ancien rituel, on lit cette recommandation adressée par les évêques consécrateurs à l'évêque sacré au moment où ils lui mettent la crosse en main :

« Reçois le bâton pastoral de ta charge. Sévis pieusement pour corriger les vices. Maintiens ton jugement sans colère. Caresse l'esprit de tes auditeurs pour échauffer leurs vertus. Dans ta sévérité, sois calme et conserve ton droit de censure[1]. »

C'est le commentaire en prose du troisième vers de la crosse d'Othon Ier.

Il y a bien loin de ces crosses d'autrefois, si simples, si commodes, si expressives, aux crosses d'aujourd'hui, si longues, si lourdes, si laides et si muettes. Mais il y a plus loin encore assurément de la mitre actuelle, qui n'en finit pas, à la mitre des XIIe et XIIIe siècles, qui reste dans les limites de la commodité et du goût. Quoiqu'il ne s'agisse pas de tissus en ce moment, ni de vêtements ecclésiastiques ou sacerdotaux, on me permettra cependant de remettre sous les yeux des lecteurs deux mitres déjà publiées en grand dans les « Annales Archéologiques » : celle de Philippe de Dreux, évêque de Beauvais, la plus belle assurément, parce qu'elle est la plus ancienne, et celle d'Enguerrand de Marigny.

99. — MITRE DE PHILIPPE DE DREUX.   100. — MITRE DE JEAN DE MARIGNY.
XIIIe SIÈCLE.   XIVe SIÈCLE.

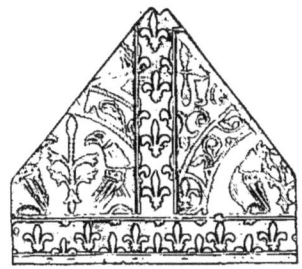   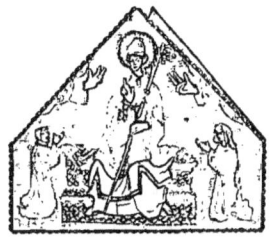

HAUTEUR DE CHACUNE, 24 CENT. — LARGEUR DE CHACUNE, 27 CENT.

Nous n'avons pas songé malheureusement à mettre une gravure ou deux des mitres actuelles en parallèle avec ces deux mitres anciennes; mais nous pourrons le faire dans un autre travail, et nous pensons qu'on aura peine à ne

---

1. « Accipe baculum pastoralis officii, et sis in corrigendis vitiis pie sæviens, judicium sine ira tenens, in fovendis virtutibus auditorum animos demulcens, in tranquillitate severitatis censuram non deserens. » — Citation du docteur KREUSER, « Kirkenbau », vol. II, p. 154.

pas rire en comparant le bon sens du moyen âge avec l'affectation de notre temps.

Avant de terminer ce paragraphe relatif aux bâtons et aux crosses, je demande la permission de revenir un instant sur les bâtons.

On conservait, dans le trésor de l'église abbatiale de Saint-Denis, ce que l'on appelait le sceptre d'or de Charlemagne. C'était un bâton haut de deux mètres environ, au sommet duquel était figuré Charlemagne, vêtu en empereur, assis sur un trône défendu par deux lions et deux aigles. Ce sceptre servait au couronnement des rois de France, et l'empereur Napoléon Ier le prit en main le jour de son sacre. Or, M. de Guilhermy nous a révélé [1] que ce prétendu sceptre n'était pas autre chose que le bâton du grand chantre de Saint-Denis. En effet, sur la hampe, à l'endroit de la poignée, on avait gravé cette inscription :

D'argent fist faire ce baston
Lan MCCC quatre vins
Quatorze ne plus ne moins
Ceux qui le tiendront en leurs mains
Veuillent prier après la vie
Que same soit es cieux ravie
. . . . Qu'il fust gardé
Et en grans festes regardé
Car pour loyaulté maintenir
Le doibt chantre en la main tenir

Malheureusement, pour que Napoléon ne s'aperçût pas qu'il tenait à la main un bâton de chantre au lieu du sceptre de Charlemagne, on fit limer ces vers [2], et aujourd'hui cet heureux bâton se pavane dans le musée des Souverains, au Louvre, au milieu des pièces les plus authentiques.

Un autre bâton, qui avait appartenu à Charlemagne ou à l'un des siens, existait dans le trésor de la cathédrale de Metz et servait au grand chantre capitulaire dans certaines cérémonies. On lit dans un inventaire de cette cathédrale, dressé en 1682 et publié en 1843 par M. Bégin, la mention suivante : « Le bâton du maitre d'hôtel de Charlemagne, en ivoire. La pomme et la poignée étaient couvertes de lames d'or sur lesquelles on lisait : SVM PANDVLPHI PRINCIPIS. Aux processions générales, un chanoine, revêtu d'une chape très-ancienne, semée d'aigles d'or et qu'on assurait avoir été portée

---

1. « Annales Archéologiques », vol. III, pages 266-268.
2. Lire dans le volume III des « Annales », cité ci-dessus, tous ces curieux détails que M. de Guilhermy tenait de MM. Révoil père et fils.

par l'empereur lui-même, marchait avec ce bâton à la main [1]. » Enfin, la description suivante des bâtons choraux de la cathédrale d'Amiens complétera ce que nous avons dit sur la forme et l'usage de cet instrument :

« A côté des croix [2], sont les bâtons en argent dont se servent messieurs le prêtre-chántre et le chantre aux offices. Ces bâtons sont ornés, par le haut, d'une espèce de tour à jour, de figure hexagone, formée par six colonnes isolées, qui soutiennent un dôme fait en lampe renversée, surmontée d'une fleur de lis. Dans cette tour est une petite statue de saint en vermeil doré. Autrefois ces messieurs se servoient de bâtons d'argent, lesquels se terminoient en croix potencées [3] dont se servent encore à certains jours les chantres et choristes [4]. »

X. — SIÉGES ET STALLES.

Arrivés au chœur et dans le sanctuaire, les ecclésiastiques assistants et officiants prennent place sur les siéges attribués à chacun d'après son rang et sa fonction : le banc aux clercs, l'escabeau aux enfants de chœur, la stalle aux prêtres et aux chanoines, le pliant aux chantres, le fauteuil aux officiants, le trône à l'évêque. Ici le bronze et l'orfévrerie ont peu à voir; cependant le fauteuil du prêtre officiant et surtout le trône de l'évêque peuvent se décorer de métal précieux et même se couler en bronze. Les exemples en sont fort rares, même au XIIe siècle, époque de grand luxe, et pourtant le marbre et la pierre employés pour des trônes et des stalles en Allemagne, en Angleterre et même en France, mais surtout l'ivoire adopté spécialement en Italie [5], sans doute comme tradition des anciennes « chaises curules » des sénateurs romains,

1. BÉGIN, « Histoire de la cathédrale de Metz », vol. II, article « Reliquaires et Joyaux ».

2. Petites croix en argent, que les enfants de chœur de la cathédrale d'Amiens portaient aux processions.

3. C'est-à-dire en forme de tau. A la paroisse Saint-Martin d'Amiens, les bâtons des chantres se terminent par une boule. Ainsi, la ville d'Amiens possédait à elle seule les principaux types des bâtons de chantre : le bâton pommelé, le bâton en tau, le bâton à niche.

4. JEAN PAGÈS, « Mémoires sur Amiens et la Picardie. » — Dans le missel moderne de l'église d'Amiens, on lit ce qui suit sur l'usage des bâtons de chœur : « De more utuntur baculis choralibus ad impediendum immodestos, garrientes, ridentes, legentes libros, litteras et scripturas, gestum ab aliis differentem exprimentes, strepitum moventes, dormientes, etc. » Mais il est évident qu'il s'agit ici de la hallebarde du suisse ou de la baguette du bedeau, plutôt que du bâton du chantre.

5. Dans la sacristie de la cathédrale de Ravenne, on conserve précieusement le siége en ivoire de saint Maximien, évêque de cette ville. Tous les morceaux d'ivoire qui constituent ce siège épiscopal sont sculptés de l'histoire de Joseph et de ses frères, de la vie de Jésus-Christ, des images du Sauveur, de saint Jean-Baptiste et de huit apôtres.

l'ivoire, dis-je, la pierre et le marbre peuvent se remplacer avantageusement
par le métal ou en être ornés. En France même nous possédons, au musée
des Souverains, un trône en bronze, qui vient de l'abbaye de Saint-Denis et
qu'on appelle le fauteuil de Dagobert. Au n° 101 nous en donnons la gravure. Si le siége, ou le pliant proprement dit, appartient au VIIᵉ siècle, à
l'époque de Dagobert et de saint Éloi, les flancs et le dossier datent du XIIᵉ ou
du XIIIᵉ. C'est une preuve que, même au XIIIᵉ siècle, on se servait de trônes
en bronze. Ce siége de Dagobert, évidemment inspiré des siéges de l'antiquité romaine, ressemble beaucoup à ces trônes sur lesquels, dans les vitraux,
les miniatures des manuscrits, les sculptures, nous voyons assis nos évêques
et archevêques [1].

101. — SIÉGE DE DAGOBERT, EN BRONZE DORÉ.

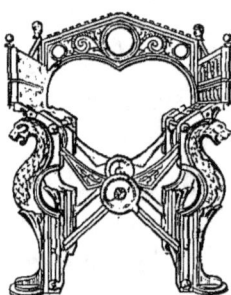

DANS LE MUSÉE DES SOUVERAINS, AU LOUVRE.

Donc le siége de Dagobert, à supposer que ce soit le trône d'un roi et non
pas celui d'un abbé de Saint-Denis ou d'un évêque de Paris, prouve qu'il a
pu et probablement dû exister des trônes épiscopaux coulés en bronze. Il
n'en reste plus en France, ce n'est que trop vrai; mais il n'y existe pas
davantage de couronnes ardentes, et, sans le pied de Saint-Remi de Reims,
il n'y existerait plus une seule trace de chandeliers à sept branches. Cependant, nous savons que couronnes et chandeliers y étaient nombreux autrefois
comme ont pu y être nombreux les trônes en bronze pour les archevêques,
évêques et abbés. Nous sommes donc suffisamment autorisés à recomposer
des trônes épiscopaux en métal coulé ou battu, et, à l'occasion, nous ne
ferions pas défaut.

Le siége du n° 102 est en pierre, mais le bronze n'y ferait pas plus mal.
Seulement, comme le métal possède une élasticité et une force de résistance

1. A la cathédrale de Reims, dans les hautes verrières de la grande nef, sont assis sur des
trônes absolument semblables les rois de France et les archevêques de la métropole.

dont la pierre est privée, ce qui est plein, sur les flancs, le dossier et les accoudoirs de ce siége de pierre, pourrait, exécuté en bronze, être évidé à jour.

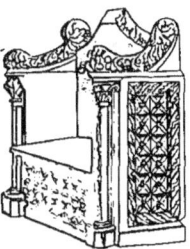

DANS LA CATHÉDRALE DE TOUL.

J'irai plus loin encore, et la stalle suivante, qui est en bois, ne perdrait pas à se couler en métal. Toutefois, la miséricorde, qui se lève ou se baisse à volonté et fréquemment, pendant les offices, rendrait un son qui serait désagréable; et dans ce cas, le bois est préférable. Mais, au moins, la forme élégante de cette stalle peut inspirer utilement un bronzier ou un orfèvre qui serait appelé à établir quelque trône épiscopal ou fauteuil d'officiant.

103. — STALLE DU XIIIᵉ SIÈCLE.

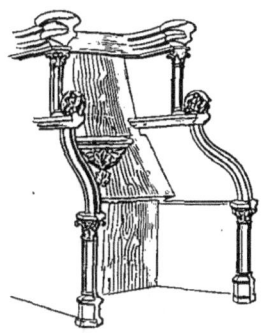

A LA CATHÉDRALE DE POITIERS.

Pour la même raison, c'est-à-dire à titre de renseignement, nous offrons l'un des panneaux de refend qui arrêtent la série des stalles de Saint-Géréon, à Cologne. C'est du bois et du XIVᵉ siècle, époque pour laquelle nous avons peu de sympathie, et substance qui n'est pas ici de notre ressort; mais il y a là encore un motif qui pourrait n'être pas inutile pour un trône en métal.

Nous avons vu en Espagne, surtout à la cathédrale de Burgos, un trône épiscopal d'une grande richesse, en bois sculpté d'ornements et de sujets. En bronze, un pareil siége serait digne des plus splendides cathédrales de

104. — REFEND DE STALLE. — XIVᵉ SIÈCLE.

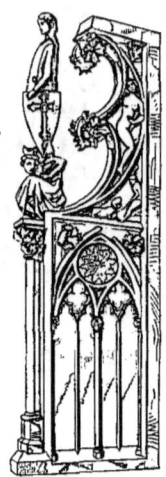

À SAINT-GÉRÉON DE COLOGNE.

France. Enfin, pour justifier notre idée de couler des siéges en bronze, il suffit de rappeler le plus considérable matériellement et le plus sublime par sa destination, c'est-à-dire la chaire de saint Pierre, dans l'abside de Saint-Pierre de Rome, et qui n'est pas autre chose qu'une « cathedra » pontificale, entièrement habillée de bronze par le cavalier Bernini.

XI. — COUVERTURES DE LIVRES.

L'art chrétien étala le plus grand luxe sur la couverture des livres liturgiques et surtout des évangéliaires. Les Évangiles, cette parole du Christ, toute vie, toute lumière, tout or au dedans, devaient être, au dehors, couverts de métaux précieux et avivés de ces diamants qui sont, comme on disait au moyen âge, de la lumière pétrifiée. Les textes et les monuments prouvent qu'il n'y avait rien de trop splendide pour envelopper les missels et les évangéliaires. « C'est avec raison, dit l'abbé Rupert, que les livres de l'Évangile sont décorés d'or, d'argent et de pierres précieuses : car en eux reluit l'or de la sagesse céleste, en eux brille l'argent de l'éloquence fondée sur la foi, en eux éclatent les pierres précieuses des prodiges opérés par les mains du Christ [1]. »

1. Cité par M. l'abbé TEXIER, « Dictionnaire d'orfévrerie », colonne 535, article « Couvertures et reliures de livres ».

L'ivoire, cet argent animal, si l'on peut parler ainsi, fut, aux premières époques du christianisme, la principale substance employée à contenir les manuscrits. Les grandes familles antiques, les consuls de Rome et de Byzance inscrivaient leurs généalogies, leurs mémoires et des notes historiques de tout genre sur des feuilles de parchemin qu'ils renfermaient entre deux feuilles d'ivoire. Ces tablettes, qu'on pourrait comparer à nos « agenda » ou calepins modernes, s'envoyaient en présent ou se distribuaient comme cadeau en de certaines fêtes. Les feuillets d'ivoire qui « reliaient » ces manuscrits s'appelaient diptyques et offraient ordinairement des sculptures d'ornements ou de sujets exécutés avec un très-grand soin. Le christianisme adopta cet usage ; il intercala ainsi, entre des plaques d'ivoire, d'abord les noms de ses martyrs qui devaient être invoqués à la messe, et ensuite le texte de ses livres liturgiques. Il nous reste de l'époque païenne, et surtout des premiers siècles de notre ère, un nombre considérable de ces diptyques antiques et chrétiens. Il faudrait trop de place pour en dresser la liste ; il suffira d'indiquer le grand ouvrage de Gori, « Thesaurus veterum diptychorum », à ceux qui voudront étudier ce qui concerne cette série d'objets. Nous rappellerons en outre les moulages de la société d'Arundel à ceux qui voudront non-seulement les étudier, mais les toucher. La société anglaise d'Arundel pour la propagation des œuvres d'art a fait mouler en plâtre les ivoires les plus anciens, les plus historiques et les plus curieux de l'Europe. Le nombre s'en élève déjà à 174, dont la moitié environ comprend les plus beaux diptyques connus[1].

Bientôt on enchâssa l'ivoire dans une monture de métal précieux, d'or ou d'argent, pour servir de couvertures aux livres liturgiques. Il n'y a pas de grandes bibliothèques, pas de musées, pas de riches collections particulières qui ne possèdent des bibles, des psautiers, des évangéliaires, des épistoliers, des missels, des sacramentaires, des heures, des bréviaires ainsi revêtus de ces précieuses couvertures. Les grandes églises, les cathédrales qui n'ont pas complétement perdu leur « trésor », montrent encore aujourd'hui, en Allemagne principalement, de ces livres liturgiques enrichis d'ivoire, d'or et de pierreries.

D'étroits et allongés qu'ils étaient à l'origine, dans les premiers siècles de l'Église, les livres étant devenus à peu près carrés, aussi larges que hauts, il ne fut plus possible de trouver des feuilles d'ivoire assez larges pour les couvrir.

D'ailleurs, au moyen âge proprement dit, aux XIIe et XIIIe siècles, on employa l'ivoire, surtout à la sculpture de ronde bosse, pour en faire, par exemple,

---

1. Voir la liste et la description de ces ivoires dans la « Notice sur la Société d'Arundel », que nous avons publiée en 1858, in-4° de 28 pages avec une planche sur métal.

des Vierges tenant l'enfant Jésus, des statuettes isolées, et non des plaques. Aussi, à partir de cette époque, c'est en métal plein ou en métal émaillé qu'on aime à couvrir les livres liturgiques.

Tant qu'on fut riche, tant qu'on eut souci de l'art et qu'on tint en grand respect les choses religieuses, c'est l'or, l'argent, le cuivre émaillé, les pierres précieuses qui furent employés pour couvrir et habiller les livres ecclésiastiques. Mais bientôt, surtout à dater de la fin du xive siècle, la religion et l'art ne tenant plus dans les âmes le rang suprême qu'ils y occupaient précédemment, on jugea que l'étoffe, le bois et le cuir étaient assez bons pour couvrir les livres les plus précieux. L'étoffe est riche, il est vrai, d'or, d'argent ou de soie; le bois est ciselé d'ornements et même de figures; le cuir est estampé d'arabesques; mais quelle pauvreté devant la couverture des évangéliaires de Charles le Chauve, de l'empereur Henri II et même des évêques ou abbés des xie, xiie et xiiie siècles !

Ainsi, on peut diviser en trois époques principales la couverture des livres liturgiques.

Des premiers siècles au ixe, elle est en ivoire, sous forme de diptyque allongé. Du ixe au xiie, en ivoire mêlé au métal et enrichi de pierreries. De la fin du xiie à la fin du xive, en métal sans ivoire. Du xive au xviie et jusqu'à nos jours, en bois sculpté ou couverte d'étoffe et de cuir. Générales et susceptibles d'un certain nombre d'exceptions, ces divisions nous paraissent établies sur des faits irrécusables.

L'ivoire le plus célèbre de la première-classe, celle qui est antérieure au ixe siècle, est peut-être la couverture qui provient de la cathédrale de Sens, et qui contient aujourd'hui l'office manuscrit de la Circoncision, si niaisement nommé l'office de l'âne ou l'office des fous. Cet office est du xiiie siècle, et la couverture est attribuée au iiie ou ive siècle par la société d'Arundel. L'ivoire n'a donc pas été sculpté pour le manuscrit, mais le manuscrit a pu être écrit pour la couverture. En effet, cet office est celui du premier jour de l'année; il ouvre le cycle que le soleil accomplira une fois et la lune douze fois en traversant les quatre saisons, en éclairant les premiers jours de l'hiver et les dernières nuits de l'automne. Or, les sujets sculptés sur l'ivoire offrent précisément la marche triomphale du soleil et de la lune qui éclairent et fécondent la nature entière, qui font mûrir les moissons, les arbres et les vignes. A l'origine, ces deux feuilles d'ivoire devaient renfermer une espèce de calendrier annuel ou général; mais, au xiiie siècle, en y renfermant l'office du premier jour de l'année, on ne les détourna pas trop de leur destination primitive.

Comme exemple de la deuxième classe, du ixe au xiie siècle, nous pouvons

citer le livre d'heures de Charles le Chauve, déposé au Louvre, dans le musée
des Souverains. Sur l'une des plaques est sculpté Jésus enfant, l'auteur des
Évangiles, tenu par sa mère ; sur l'autre plaque, Jésus, homme, donne les
clefs à saint·Pierre et l'Évangile à saint Paul. Les deux ivoires sont encadrés
dans des bandes de métal rehaussées de filigranes et de pierres précieuses.
C'est une disposition analogue à celle de la couverture suivante qui se voit à
Cologne.

105. — COUVERTURE D'ÉVANGÉLIAIRE. — IVOIRE ET MÉTAL. — XIIᵉ SIÈCLE.

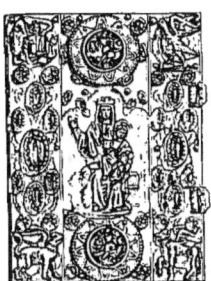

HAUTEUR, 42 CENT. — LARGEUR, 24 CENT.

L'ivoire est au centre ; il est sculpté de la Vierge qui tient Jésus. Tout le reste
est en métal ciselé, émaillé, incrusté de pierres précieuses.

A cette époque de transition entre l'ivoire et le métal, on voit ordinairement
l'ivoire au milieu, enchâssé sur les deux plats de la couverture, entre des
bandes métalliques. Mais quelquefois aussi, comme le déclare le texte qui
suit, l'un des battants de la couverture est en métal historié, et l'autre en
ivoire ciselé.

« Dedit idem rex serenissimus Augustus quatuor evangeliorum librum, qui
textus dicitur, cujus postes sunt mirabili schemate compositi, ut unum ELEC-
TRI aureolum conformet peripitisma, alterum vero EBURIS pulchre celatum
distinguat iconisma[1]. »

Pour la troisième période, de la fin du XIIᵉ siècle à la fin du XIVᵉ, celle où
le métal, plus ou moins relevé de figures, de filigranes, de cabochons et
d'émaux, est substitué à peu près partout à l'ivoire, on peut s'adresser, dans
notre Bibliothèque impériale, à ce qu'on appelle la « réserve » ou département des manuscrits, et l'on y trouvera les plus belles couvertures métalliques

1. M. le comte DE LABORDE, « Notice des émaux du Louvre », deuxième partie, « Glossaire »,
page 545, cite ce texte comme provenant des « Annales Anianenses », à la date de 1295. L'évangéliaire devait être plus ancien, car déjà, à la fin du XIIIᵉ siècle, c'est le métal qui l'emporte
définitivement sur l'ivoire.

qu'on puisse imaginer. Dans les inventaires, on en voit des mentions et quelquefois des descriptions d'un très-grand intérêt. Le texte suivant suffira à notre but :

« Textus grosse litere, ornatus exterius prelatis argenteis deauratis cum crucifixo et lateralibus ymaginibus, operis levati anterius et ymagine Majestatis nigellata posterius [1]. »

Ainsi, cet évangéliaire, ce « texte, » comme on appelle constamment le livre des Évangiles au moyen âge, est serré dans une couverture d'argent doré. Sur le plat de devant est le crucifiement en haut relief, exécuté au repoussé ; sur le plat postérieur est le Sauveur dans sa gloire, exécuté en nielle. Des figures diverses décorent les côtés.

Il est assez inutile de parler des xve, xvie et xviie siècles, c'est-à-dire du bois, du cuir, du parchemin, de la soie ou du velours avec lesquels, dans cette période, on habille les livres. Ces pauvres vêtements, tout finement exécutés qu'ils soient, peuvent convenir aux livres ordinaires, mais non aux livres liturgiques. Au surplus, notre bibliothèque du Louvre possède un grand nombre de ces reliures qu'un M. Motteley a données au gouvernement, et ceux qui s'intéressent à cet art charmant feront bien d'y aller étudier les délicatesses de la renaissance appliquées à la couverture des bouquins.

Au moyen âge, le prix de la matière n'est pas le seul luxe qu'on recherche dans la couverture des livres ; cette matière, on la fait façonner et enrichir encore par les artistes de tout genre, les sculpteurs, les ciseleurs, les graveurs, les émailleurs, les nielleurs, les orfévres les plus habiles. Tous s'entendent pour transformer en ornements et surtout en « histoires » les substances précieuses qui leur sont confiées. Mais ces histoires ne sont pas banales : les livres qu'on habille d'une couverture sont ceux de la religion, et par conséquent les sujets qu'on y figure sont des sujets religieux. Tous semblables dans leur essence, ils sont variés dans leur usage, et presque toujours les sujets qui en décorent la couverture sont eux-mêmes appropriés à ces usages différents. Ainsi, pour ne parler que des espèces principales, il y a le missel, l'épistolier, l'évangéliaire, le sacramentaire, le graduel, l'antiphonaire, le psautier, le lectionnaire, le bréviaire, le calendrier, qui sont tous primés par la Bible, d'où ils découlent comme des rivières sortent d'un lac. Aujourd'hui, sur la couverture en maroquin ou en veau de toutes ces variétés de livres, on imprime invariablement à froid ou en or une croix ou le monogramme de Jésus-Christ. Cette décora-

---

[1]. M. le comte DE LABORDE, même ouvrage, même partie, même page, même date de 1295. Le passage est tiré de l'inventaire de Saint-Paul de Londres, publié dans le « Monasticon anglicanum » de Dugdale.

tion, je l'accorde, convient à tout; mais c'est bien monotone. Autrefois, on savait la varier et l'on ne reculait pas devant les dépenses qu'elle occasionnait.

Nous l'avons vu sur le calendrier de Sens, actuellement office de la Circoncision [1], on sculptait le cycle du soleil, de la lune et des saisons, toutes les phases de l'année terrestre et solaire. Sur les « Heures » de Charles le Chauve [2], on représentait d'une côté le prophète Nathan venant reprocher à David, l'auteur des psaumes, d'avoir, adultère et meurtrier tout à la fois, enlevé Bethsabée au malheureux Uri ; de l'autre côté est sculptée une grande et belle composition qui traduit pour les yeux le psaume cinquante-sixième tout entier [3]. Un autre psautier du XIᵉ-XIIᵉ siècle, qui provient, dit-on, de notre grande Chartreuse, et qu'un lord anglais, je ne sais lequel, possède aujourd'hui par suite d'une vente que lui en fit M. Libri, est relié entre deux feuilles d'ivoire sculpté. Sur l'une se voient les principales actions de David : combat contre les bêtes du désert, sacre par Samuel, combat contre Goliath, pénitence, chant des psaumes au milieu de quatre musiciens ; le tout entremêlé des Vertus personnifiées qui égorgent ou terrassent les Vices. Sur l'autre feuille, les six œuvres de miséricorde, que recommandent les psaumes et que le psalmiste exerce en personne sur l'ivoire même.

La couverture du sacramentaire de Drogon [4], qui provient de la cathédrale de Metz, offre sculptée, en une série de petits tableaux, l'administration des sacrements, telle que les rubriques la prescrivent dans l'intérieur du manuscrit.

Les missels consacrés au sacrifice de la messe offrent presque toujours le sacrifice de la croix. Un évangéliaire de Cologne présente sur la couverture [5]

1. A la bibliothèque de la ville de Sens.
2. Au Louvre, Musée des Souverains.
3. Les deux plaques d'ivoire du livre de prières de Charles le Chauve sont décrites et gravées dans les « Mélanges d'archéologie et d'histoire » des PP. Martin et Cahier, vol. I, page 28-48 et 255, planches X et XI. Trompé par l'histoire, qui trompe toujours en archéologie, le R. P. Cahier avait vu un fait allusif à la mort de Julien l'Apostat dans la scène où l'âme de David, d'après le psaume LXI, arrachée aux bêtes féroces et aux hommes méchants, célèbre Dieu qui se montre dans sa gloire.
4. A la Bibliothèque impériale.
5. On en a fait le moulage en plâtre qui est aujourd'hui dans le commerce. — M. Voisin, vicaire général de Tournai, a écrit une notice pleine d'intérêt et de science sur un évangiliaire de la cathédrale de Tournai, qui est renfermé dans un diptyque en ivoire. Les deux feuilles de ce diptyque, qui doivent dater du IXᵉ siècle, offrent, sur une face, le crucifiement, le triomphe de l'Agneau et la glorification du Sauveur ; sur l'autre face, saint Nicaise, évêque de Reims, un des patrons principaux de Tournai, placé debout entre deux membres de son clergé. Ce travail, accompagné de deux planches, a pour titre « Notice sur un évangéliaire de la cathédrale de Tournai »; in-8° de 30 pages, Tournai, 1856.

le martyre de saint Étienne, le premier des diacrès, et c'est au diaconat, comme on le sait, qu'est attribuée spécialement la lecture des évangiles.

Au moins voilà des sujets qu'on n'accusera pas de banalité, car ils traduisent, à l'extérieur et pour les yeux, le texte même du livre qui est à l'intérieur et pour l'esprit. Ici encore le moyen âge nous donne des leçons dont nous devrions faire notre profit, et nous conseillons de revenir à cet ancien usage qui fait de la couverture d'un livre non-seulement une œuvre d'art, mais encore un enseignement religieux.

XII. — PUPITRES ET LUTRINS.

Ces beaux livres liturgiques, si riches à l'extérieur et dans leurs vêtements du dehors, ne sont pas moins splendides à l'intérieur. Écrits sur vélin teint en pourpre, en argent ou en or, comme à l'époque carlovingienne, ils offrent, surtout aux XIIe, XIIIe et XIVe siècles, des miniatures d'une splendeur et d'un art merveilleux.

Immédiatement avant l'office on étale les livres du chœur sur des lutrins en marbre, en argent, quelquefois en bronze ou en bois, richement sculptés, et c'est alors que brillent ces enluminures dont le nom vient de Paris, et dont les artistes étaient encore si renommés à l'époque du Dante [1]. Ces miniatures, nous n'avons pas à nous en occuper ici, du moins en ce moment, mais nous devons dire un mot des lutrins ou pupitres sur lesquels on les exposait.

En prenant les mots dans leur acception actuelle, et les choses dans leur usage d'aujourd'hui, on peut diviser en deux classes les meubles destinés à porter les livres liturgiques de lecture ou de chant.

1. LE DANTE, chant XIe du Purgatoire, rencontre Oderisi, le célèbre miniaturiste ;

> O, dissi lui, non se' tu Oderisi,
> L'onor d'Agobbio, e l'onor di quell' arte
> Ch'alluminare è chiamata in Parisi ?

En répondant au Dante, Oderisi nomme un autre miniaturiste, Franco de Bologne, alors plus illustre que lui :

> Frate, diss' egli, più ridon li carte
> Che pennelleggia Franco Bolognese :
> L'onore è tutto or suo, e mio in parte.

Dans la traduction de la « Divine Comédie », par son père, M. Léonce Mesnard a mis cette note à ce passage : — « Oderisi d'Agobbio avait tenu un rang distingué parmi les « miniaturistes » du temps, qui employaient à l'ornement des textes sacrés, ces sanctuaires intellectuels de la religion, un art appelé, sous d'autres formes et dans des proportions différentes, à décorer les sanctuaires matériels du moyen âge. » — « La Divine Comédie », traduction nouvelle, par M Mesnard, membre de l'Institut, vol. II, le « Purgatoire », page 476.

Le meuble employé à la lecture de l'évangile s'appelle plus spécialement pupitre, et l'on donne le nom de lutrin à celui qui reçoit les livres de chœur.

Dans la plupart de nos églises françaises, le pupitre est ordinairement mobile, car il peut servir d'abord à la lecture de l'épître, puis à celle de l'évangile, et il se transporte, pour ce double usage, d'un côté à l'autre du sanctuaire, du midi au nord. Le lutrin, au contraire, est presque toujours fixe et placé à demeure au milieu du chœur. Le pupitre sert aux sous-diacres et aux diacres pour la lecture des épîtres et des évangiles ; le lutrin appartient à tous les choristes pour le chant des parties communes de l'office divin. Nous ne ferons pas ici d'autres distinctions, parce qu'elles seraient inutiles à notre but ; nous dirons seulement que l'un et l'autre s'appellent encore « l'aigle », parce qu'ils sont ordinairement surmontés de l'aigle de saint Jean, sur les ailes développées duquel on étale les livres d'évangiles et surtout les livres de chœur.

Lorsqu'on va lire l'évangile, le diacre prend sur l'autel le « texte » même, si richement couvert d'ivoire, de métal et de pierreries, et il le porte processionnellement au côté nord du sanctuaire où est placé le pupitre. Il est précédé des thuriféraires qui encensent et des céroféraires qui portent les cierges allumés. Au IXᵉ siècle, un abbé de Lobbes, Foulques, établit dans son église, pour la lecture de l'évangile, un lutrin en bronze battu et fondu qui servait en même temps de lampadaire et d'encensoir. Le texte est difficile à comprendre et, par conséquent, fort difficile à traduire ; mais on y voit clairement, ce qui nous suffit, qu'on a disposé sur ce pupitre un appareil de quatre lumières en forme de croix, appareil en bronze battu, ciselé, doré et argenté par places ; qu'au nord est posé un aigle en bronze fondu, parfaitement doré, et dont les ailes mobiles s'ouvrent pour recevoir le livre des évangiles, et se referment pour le rendre. Le cou de cet aigle se tourne et se retourne à volonté, comme pour entendre la lecture même de l'évangile. De sa tête, à ce qu'il semble, on avait fait une petite fournaise où, sur des charbons, brûlait de l'encens, dont la fumée odorante devait s'échapper par le bec et les yeux flamboyants du noble animal [1]. Cette machine automatique nous paraîtrait bien étrange aujourd'hui ; mais alors, comme beaucoup plus tard, et même au XIIIᵉ siècle, elle était en grande faveur.

---

1. « Pulpitum quoque evangelii tali modo fecit (Folcuinus), ut essent quatuor emicedia altrinsecus e regione in modum crucis posita, quæ ex ære ductilia et ad libitum artificis per loca scalprata et deaurata, postibus undique secus deargentatis ; in septentrionali parte fusilem habebant aquilam optime deauratam, qua interdum alas stringebat, interdum alis expansis capacem Evangeliorum codici locum pandebat, colloque, quasi pro libitu, artificiose ad audiendum retorto et iterum reducto, immissis prunis fragrantiam super impositi thuris emittebat. »

Cette dernière époque nous fournit même une explication et un dessin de cet aigle au cou mobile de l'abbaye de Lobbes. Dans son cahier de dessins et de notes, Villard de Honnecourt donne [1] un lutrin en bronze dont voici une réduction un peu remise en perspective et arrangée d'abord par Lassus, ensuite par M. Gaucherel.

106. — PUPITRE D'ÉVANGILES. — XIII⁽ᵉ⁾ SIÈCLE.

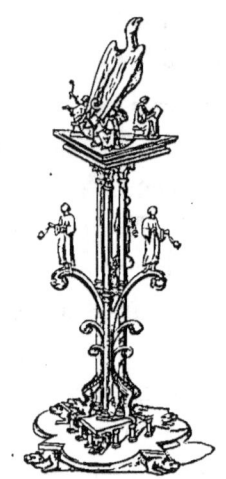

DANS VILLARD DE HONNECOURT.

A côté de ce dessin, on lit :

« Ki velt faire · ɪ · letris por sus lire evangille · ves ent ci le mellor maniere que io face · Premiers a par tierre · ɪɪJ · sarpens · et puis une ais a · · ɪɪJ · compas de seure · et par deseure · ɪɪJ · sarpens dautre maniere · et colonbes de le hauture des sarpens · et par deseure · · triangle · Apres vous veez bien de confaite maniere li letris est · Ves ent ci le portrait · En mi liu des · ɪɪJ · colonbes · · doit avoir une verge qui porte le pumiel sor coi li aile siet. »

En voici la traduction littérale :

« Qui veut faire un lutrin pour lire l'évangile dessus, en voit ici la meilleure manière que je le fasse. D'abord, par terre, il y a trois serpents; puis, au-dessus, un plancher à trois compartiments. Par-dessus et en sens différent, trois serpents et des colonnes de la hauteur des serpents. Par-dessus, un triangle.

---

1. « Album de Villard de Honnecourt, architecte du XIIIᵉ siècle », annoté par LASSUS et publié par ALFRED DARCEL. Sur la planche XII est gravé l'ensemble du pupitre qui est décrit p. 84-82; sur la planche XLIII est gravé le détail de l'aigle armé de sa machine qui est décrite p. 173-174.

Ensuite vous voyez bien de quelle parfaite manière le lutrin est exécuté. En voici le portrait. Au milieu des trois colonnes, il doit y avoir une tige qui porte le pommeau sur lequel l'aigle est placé. »

Cette tige était un axe vertical autour duquel l'aigle tournait à volonté. Mais outre ce mouvement général, le cou de cet aigle s'abaissait, s'élevait, se tournait par un système de poids, de poulies et de cordes placés à l'intérieur. A la planche 43, on voit l'aigle, équipé ainsi, avec cette légende : « Par chu fait om dorner la teste del aquile vers le diachene kant list la vengile. » C'est-à-dire : « Par ce moyen on fait tourner la tête de l'aigle vers le diacre quand il lit l'Évangile. »

Textes et dessins vraiment précieux, puisqu'ils expliquent, au XIIIe siècle, celui de Lobbes qui est du IXe. A Lobbes, la tête de l'aigle servait d'encensoir ; dans Villard de Honnecourt, trois figurines de bronze sont debout, sur des rinceaux qui partent de la tige ; ces petites figures tiennent des encensoirs qui pouvaient être creux et où l'on pouvait, par conséquent, mettre des charbons pour y brûler l'encens. L'aigle de saint Jean, le plus sublime des attributs des évangélistes, domine tout le lutrin ; mais, sur le plateau triangulaire d'où l'aigle s'élance, sont assis les trois autres évangélistes qui écrivent le texte que le diacre semble chanter sous leur dictée. A la partie inférieure, les deux plateaux, l'inférieur à lobes, le supérieur triangulaire, portés sur des dragons que Villard appelle des serpents, forment deux marches, deux degrés, et rappellent que le lutrin, où l'on chante les graduels (« ad gradus »), doit en effet s'élever sur une, deux ou trois marches.

Il y aurait bien peu de modifications à introduire dans ce lutrin de Villard pour en faire un très-beau et très-complet lutrin moderne en bronze. Lassus l'avait si bien compris ainsi que, dans son projet pour Notre-Dame-de-la-Treille, à Lille, c'est le lutrin de Villard qu'il mettait au milieu du chœur. Ce que les intrigues d'une part, et la mort de l'autre, l'ont empêché de réaliser ; puisqu'on lui a enlevé le prix qu'il méritait si bien, nous espérons avoir le temps et l'argent pour l'exécuter un jour ; car c'est ainsi que nous coulerons en bronze le premier lutrin en style du XIIIe siècle qui pourra nous être commandé.

En décrivant ce lutrin de Villard, M. Alfred Darcel en signale un autre, assez analogue, qui existe encore à Messine :

« Dans la cathédrale de Messine il existe un lutrin en bronze, un peu différent de celui-ci, qui se divise en cinq branches. Les quatre branches latérales portent chacune un pupitre formé par un des animaux évangéliques, les ailes déployées, qui est réservé à l'évangéliste dont il représente le symbole. La branche centrale est surmontée d'un pélican qui domine l'ensemble[1]. »

A Lobbes, il n'est question que de l'aigle; dans nos lutrins en dinanderie des XVe et XVIe siècles, on ne voit également que l'aigle sur les ailes duquel on pose les livres liturgiques; mais, dans Villard, l'aigle est accompagné des trois autres évangélistes, et, dans le lutrin de Messine, aux quatre évangélistes est ajouté Jésus-Christ sous la forme du pélican. C'est à ce motif ainsi complet qu'il faut donner la préférence, car, soit au pupitre des évangiles, soit au lutrin du chœur, ce n'est pas seulement l'Évangile de l'aigle ou de Saint Jean qui se lit, mais c'est encore toute la doctrine parlée ou écrite par le Sauveur, par les autres évangélistes, par les auteurs des Épîtres, par les pères et docteurs de l'Église, auteurs des homélies et des leçons. Un pupitre complet devrait dire tout cela, mais au moins doit-il faire place aux quatre évangélistes et non pas à un seul. Un des beaux motifs de pupitre de cette dernière espèce est celui de San-Giovanni-for-Civita, à Pistoia, dont voici une petite réduction :

107. — PUPITRE POUR LES ÉVANGILES, A PISTOIA.

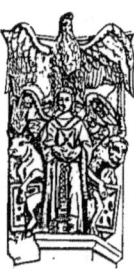

EN MARBRE BLANC. — TREIZIÈME SIÈCLE.

Ce pupitre est en marbre et, en France, il s'appellerait plutôt une chaire qu'un lutrin; mais nous le donnons pour offrir un arrangement bien composé et pour fournir un bon motif de lutrin ou de pupitre, très-facile à exécuter en bronze.

Comme exemple de pupitre mobile et d'une extrême simplicité, voici celui de Narbonne, que nous avons trouvé, en 1836, dans le chœur de la cathédrale de cette ville; il nous a semblé du XIVe siècle, et c'est peut-être un des plus anciens de ce genre encore existant. Il est en fer et, pour qu'il se replie

1. « Album de Villard de Honnecourt », page 82. — Dans ce lutrin de Messine, Jésus-Christ, le pélican divin, domine les attributs de ses quatre évangélistes. Beau motif et qu'il faudra se rappeler à l'occasion.

et se transporte facilement du sud au nord, lorsqu'on passe de l'Épître à l'Évangile, c'est en cuir souple qu'est fait le tablier où se place le livre.

108. — PUPITRE PORTATIF. — XIVᵉ SIÈCLE.

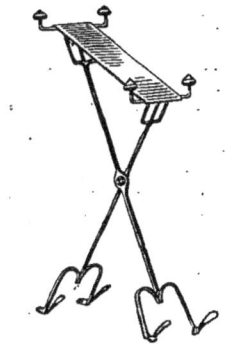

A LA CATHÉDRALE DE NARBONNE.

Au xvᵉ siècle, nous trouvons : « Un lutrin d'argent doré, esmaillée aux armes dudit seigneur (Jean, duc de Berry), ouquel a deux angeles aus deux costés ; et se ouvrent lesdis esmaulx pour mettre dessoubs des reliques, et ou front devant a deux escuçons tailliés aux armes de feu le conte d'Estampes que Dieu absoille. — Pesant 52 marcs 6 onces[1]. » — « Un aigle d'argent doré, couronné, qui sert pour un lettrin, séant sur une roche où il a plusieurs petis ymages, escureux et deux arbrisseaux ; et par-dessus a une escriptoire en laquelle a un cadran et oudit cadran un escusson aux armes de feu mons. d'Estampes. Sept marcs, 1 once, 5 esterlins. »

Dans le « Dictionnaire de Jean de Garlande[2], » qui date de la fin du xiᵉ siècle, on trouve une définition intéressante du pupitre et du lutrin :

« Pulpitum, gallice letrum. Et nota quod pulpitum est assensus graduum ad locum ubi legitur, quia letrum, sive analogium, est id super quod ponitur liber. »

Suivant Jean de Garlande, le pupitre serait, à proprement parler, la série des degrés où l'on monte pour lire ou chanter (notamment les graduels), tandis

---

1. « Description du trésor de la Sainte-Chapelle de Bourges », année 1404, par M. Hiver de Beauvoir, page 30, nᵒ 74, page 67, nᵒ 11. Le lutrin de la page 67 est un meuble de bibliothèque, de cabinet de travail, et non de chapelle ni d'église. Le suivant, de la même page 67, nᵒ 13, est un meuble de boudoir : « Un aigle d'argent doré, fait en guise d'un lutrin, tenant en son bec un mirouer, assis sur une rose émaillée de bleu et de rouge, qui fut de feu mons. d'Estampes ; et par derrière un escusson de ses armes ; et siet sur un pié fait en guise de terrasse ; 8 marcs, 3 onces, 5 esterlins ».

2. Publié dans la « Collection des Documents inédits sur l'histoire de France », par Géraud.

que le lutrin, en vertu de son étymologie (« legere, » d'où « letris » et « le-
trin »), serait spécialement la partie sur laquelle on place le livre de lecture
ou de chant.

XIII. — CALICES.

Dès les premiers siècles jusqu'au XIIe, la communion s'est donnée sous les
deux espèces du pain et du vin; du XIIe jusqu'à nos jours, sous l'espèce du
pain seulement. La forme du calice a suivi ces deux importantes périodes.

Avant le XIIe siècle, le calice, qui servait à tous les fidèles, devait être
d'une grande ampleur; après le XIIIe, réservé à l'officiant et tout au plus à ses
acolytes, il ne demanda plus qu'une faible dimension. Avant le XIIe siècle, c'est
une amphore à deux anses; après, ce n'est plus qu'une coupe ordinaire. Les
Grecs, qui ont conservé la communion sous les deux espèces, ont également
gardé les grands calices à deux anses; les Latins n'ont plus que le petit calice
en coupe.

Dans les pays latins, sur la frontière byzantine, à Venise, par exemple, on
conserve dans les trésors des calices à deux anses assez nombreux et d'un
très-grand intérêt; ainsi, j'en ai compté jusqu'à huit dans le trésor de Saint-
Marc.

Si, dans ce mémoire, nous faisions l'histoire du calice, nous devrions donner
des représentations et des descriptions de calices à deux anses; mais, ici, il
s'agit seulement d'archéologie pratique. Il n'y est question que des meubles
et des vases sacrés en usage dans notre Église, et qui peuvent et doivent se
reproduire; nous n'avons donc pas à nous occuper des calices à deux anses,
destinés à une communion qui ne se donne plus aujourd'hui.

Qu'il nous suffise donc, pour offrir à nos lecteurs une idée de ces am-
phores, de leur rappeler la dalmatique impériale décrite et gravée dans le
premier volume des « Annales Archéologiques », pages 286-287. Là, sur ce
monument parfaitement byzantin, le Sauveur en personne communie ses
apôtres sous les deux espèces, et il leur donne son sang dans une amphore
semblable aux calices à deux anses de Saint-Marc de Venise et de nos trésors,
musées ou collections particulières.

Au XIIe siècle, à l'époque même où l'on passa de la communion sous les
deux espèces à la communion sous une seule, on faisait déjà de petits calices
en coupe, mais on faisait encore de grands calices à anses. Le moine
Théophile, qui date en effet du XIIe siècle, enseigne d'abord la manière de
fabriquer le petit calice : « De fabricando minore calice »; puis, celle de

fondre le grand calice : « De majore calice et infusorio ejus » ; puis, celle de fondre les oreilles ou anses du calice : « De fundendis auriculis calicis[1] ». Il nous paraît assez significatif que Théophile apprenne à fabriquer d'abord le petit calice, et ensuite le grand. Cet ordre semble indiquer que la communion sous une espèce prévalait définitivement, et que Théophile, par conséquent, appartiendrait plutôt à la fin qu'au commencement du XIIe siècle.

Du XIIe au XIXe siècle, le calice en coupe a déjà fourni une longue carrière ; cependant, à partir du XVe siècle, sa forme s'est altérée notablement.

Au XIIe, au XIIIe siècle, le calice est large de la coupe, large du pied, court de la tige, épais du nœud, comme ce calice allemand en offre un modèle bien établi.

109. — CALICE ALLEMAND DU XIIe SIÈCLE.

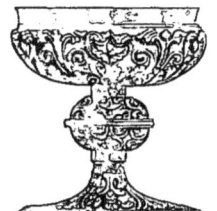

HAUTEUR TOTALE, 24 CENT. — LARGEUR DE LA COUPE, 21 CENT.

Au XVIe siècle, au contraire, le calice est étroit à a coupe, assez étroit au pied, long de tige, haut et plat au nœud. L'un des plus remarquables, si ce n'est même le plus beau qui existe de ce genre, est aujourd'hui dans le trésor de la cathédrale de Milan. Il a de hauteur totale 35 centimètres ; la coupe est haute de 13 centimètres et ouverte de 12. Au moyen âge, la coupe a presque l'ouverture de la largeur du pied : 21 centimètres à la coupe pour 24 au pied dans le calice allemand. Ici, la coupe n'a guère plus que la moitié du pied. Cette hauteur de 35 centimètres est démesurée ; pour un calice qui ne sert qu'à l'officiant et qui date d'une époque où la communion ne se donne plus aux fidèles sous l'espèce du vin, c'est d'une exagération ridicule. L'iconographie n'y a presque plus de signification. Au pied, Vierge tenant Jésus, saint François d'Assises, saint Jean-Baptiste ; tous trois à mi-corps et dans les nuages. Au nœud, saint Pierre, saint Paul, sainte Catherine, sainte Claire, saint Bonaventure, saint Bernardin ; tous six en pied. A la coupe, à mi-corps, Christ de pitié, saint Antoine de Padoue, saint Ambroise. Çà et

1. « Schedula diversarum artium », traduit par M. le comte Charles de l'ESCALOPIER, lib. III, cap. XXVI, XXVII et XXX.

là, des têtes et des corps d'anges en contre-forts, en arabesques, cravatés de gousses de fruits, tenant par les dents des guirlandes et des paquets de fruits et de fleurs. Pourquoi les saints du pied ne sont-ils pas au nœud ou à la coupe; pourquoi ceux du nœud ne sont-ils pas à la coupe ou au pied; pourquoi ceux de la coupe ne sont-ils pas en bas, au pied, ou au nœud du milieu? Aucune raison, si ce n'est la fantaisie. Mais, du moins, la fantaisie est charmante et vraiment pleine d'art.

110. — CALICE DE MILAN, EN ARGENT ET IVOIRE. — XIVᵉ SIÈCLE.

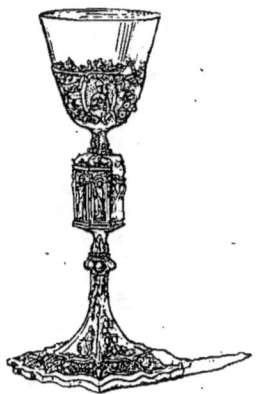

HAUTEUR TOTALE, 35 CENT. — OUVERTURE DE LA COUPE, 12 CENT. — PROFONDEUR DE LA COUPE, 13 CENT.

Avant d'arriver à ces calices de la renaissance qui, du XVIᵉ au XVIIᵉ, au XVIIIᵉ, se déformèrent de plus en plus pour finir dans le calice en tulipe de notre époque, on passa par le XVᵉ siècle, qui découpa le pied en lobes, mais lui laissa, pour la solidité, beaucoup de largeur; qui allongea la tige et rétrécit la coupe.

111. — CALICE DU XVᵉ SIÈCLE. — A LA CATHÉDRALE DE COLOGNE.

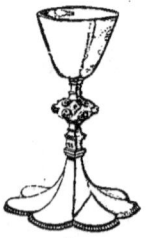

HAUTEUR, 21 CENTIMÈTRES. — OUVERTURE DE LA COUPE, 11 CENT.; LARGEUR DU PIED, 18 CENT.

Ce calice de transition est, aujourd'hui encore, revenu à son rôle du XVᵉ siècle. Depuis plusieurs années, le calice en tulipe est tombé en discrédit complet; mais, généralement, on n'ose pas trop revenir au calice large et ferme du XIII° siècle, et l'on voit fréquemment, chez les orfévres de Paris, le pied et la tige du XIII° siècle, portant la coupe allongée du XV°. Encore quelques années, on sera moins timide, plus sévère, et l'on reviendra franchement à la coupe large, à la tige basse et au large pied des calices anciens. En voici donc plusieurs que nous proposons pour modèles :

112. — CALICE DE SAINT-REMI. — XII° SIÈCLE.

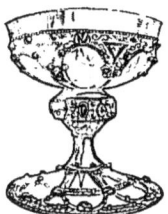

AUJOURD'HUI A LA BIBLIOTHÈQUE IMPÉRIALE DE PARIS.

En or pur, couvert d'émaux, de pierreries et de filigranes, ce calice est d'un grand prix. On craignait avec raison que les voleurs ne finissent par le soustraire, et, pour les effrayer, on grava sur le pied cette inscription :

+ Qvicvmqve · hvnc · calicem · invadiaverit·· vel · ab · hac · ecclesia · remensi· aliqvo · modo · alienaverit · anathema·· sit · fiat · amen·

L'anathème n'a servi à rien ; le calice a été enlevé à l'église Saint-Remi de Reims, et les conservateurs de la Bibliothèque impériale n'ont pas.du tout l'envie de le rendre.

Après ce modèle d'une grande richesse, en voici un d'une grande simplicité : c'est celui de l'évêque de Troyes, Hervée, mort en 1223.

113. — CALICE DE TROYES. — PREMIER QUART DU XIII° SIÈCLE.

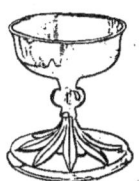

HAUTEUR, 16 CENTIMÈTRES. — OUVERTURE DE LA COUPE, 12 CENT.

Découvert en 1844, ce calice a été, par nos soins, reproduit identiquement dans un grand nombre d'exemplaires. On a senti de suite qu'on avait là un vase sacré d'une élégance rare, et le succès qui l'accueillit fut tel qu'il dure encore. Aujourd'hui, à l'étalage de tous les orfévres religieux de Paris, vous le trouverez plus ou moins altéré, mais fort reconnaissable. On a même exécuté, d'après ce modèle, des chapelles entières en argent et en or, c'est-à-dire le calice accompagné des burettes et du plateau, du ciboire et de la sonnette, et ces chapelles, dont le bon marché égale la noble sévérité, se vendent journellement à Paris pour aller dans les divers points de la France et même à l'étranger, où elles finiront par raviver le goût ancien.

Le moyen âge, nous l'avons vu, s'est ingénié à couvrir d'iconographie les chandeliers, les pieds de croix, les bénitiers, les encensoirs. Le calice, qu'on peut appeler le premier de tous les vases sacrés, devait aussi recevoir une iconographie appropriée à sa destination. C'est essentiellement le vase du sacrifice; celui qui renouvelle et perpétue la dernière cène que le Sauveur fit avec ses apôtres. Il n'est donc pas rare de voir, sur les flancs ou sur les bords de la coupe, les apôtres assis à la table du cénacle ou inscrits chacun dans une arcade.

Le calice suivant, qui est à Cologne, offre cette dernière disposition. Les douze apôtres y sont gravés à mi-corps sur le bord de la coupe, et l'officiant ne peut y tremper ses lèvres sans embrasser, pour ainsi dire, les premiers amis du Sauveur, ceux qui ont participé au premier sacrifice eucharistique.

114. — CALICE DE COLOGNE. — XIIIᵉ SIÈCLE.

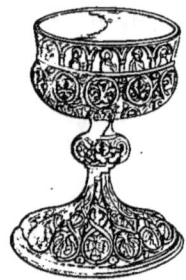

HAUTEUR TOTALE, 20 CENT. — LARGEUR DU PIED, 13 C. — OUVERT. DE LA COUPE, 11 C — HAUT. DE LA COUPE, 8 C.

La coupe a une forme particulière et qui diffère un peu moins des coupes actuellement en usage que celle des calices du XIIᵉ siècle ; elle serait très-acceptable aujourd'hui. La fausse coupe et le pied offrent de ces côtes arrondies et convexes que Théophile compare, avec juste raison, à des cuillers, « cochlearia » : « par le repoussé, exécutez sur la coupe des côtes plates ou rondes qui se rangent autour comme des cuillers. L'un et l'autre de ces travaux ornent beaucoup un calice. Si vous voulez nieller les côtes, donnez plus d'épaisseur à l'argent et faites que ces côtes, toujours en nombre égal, soient alternativement dorées et niellées. Après les avoir battues, limez et raclez-les également. Sur celles que vous voudrez nieller poussez, en les creusant à gros contour, des feuillages grecs, tandis qu'à l'intérieur de ces feuilles vous creuserez des cercles déliés et d'un travail délicat[1]. »

On croirait que ce calice de Cologne a été godronné au repoussé avec un gros trait de contour extérieur et une ciselure fine au dedans pour dessiner ces rinceaux qui sont grecs, si l'on veut. C'est le texte de Théophile presque complétement réalisé.

Un autre calice de Cologne, d'une dimension un peu plus forte[2], est historié non-seulement à la coupe, mais encore au pied. Au pied, sur quatre médaillons circulaires, s'enlèvent, en bas-reliefs exécutés au repoussé, l'Annonciation, la Nativité, le Crucifiement, la Résurrection. Autour de la coupe, les douze apôtres à mi-corps sont gravés au trait et placés dans de petites arcades romanes comme ceux du calice n° 114. Le nœud n'est orné que de filigranes.

Mais il y a des calices, surtout en Allemagne, qui sont chargés d'iconographie au pied, au nœud, à la coupe, et cette iconographie déborde même jusque sur la tige.

Le calice, nous le répétons, est l'instrument spécial du sacrifice ; par conséquent, tout doit y parler, par la voix de l'histoire ou celle de la symbolique, du sacrifice divin. D'un autre côté, le moyen âge oppose perpétuellement l'Ancien Testament au Nouveau, pour les compléter l'un par l'autre, et il projette sans cesse la lumière de la réalité ou de l'Évangile sur les ombres de la figure ou de la loi ancienne.

Les calices où se traduisent en émail ce parallélisme et cette concordance des deux Testaments sont assez rares ; mais il en existe encore, et ils n'en sont que plus précieux. Le suivant n'en peut donner qu'une idée imparfaite, mais il servira à faire comprendre la disposition du plus important des calices de ce genre, qui n'a pas péri et dont je ferai une description un peu détaillée.

Au pied, quatre médaillons de sujets de l'Ancien Testament, reliés par les quatre fleuves du Paradis terrestre. Au nœud, petits personnages imberbes

---

1. « Percute in ventre, si volueris, costas æquales, sive rotundas, quæ stent in circuitu sicut cochlearia ; quod opus utrumque magnum ornatum dat calici. Quas costas, si volueris, cum nigello para ; hoc procura ut argentum spissius sit, et sic age ut una costa deauretur et altera denigretur, quas semper oportet pares esse. Quas cum percusseris, lima æqualiter et rade, et in illis quas denigrare vis pertrahe græca folia et fode grosso tractu, camposque eorum fodies gracilibus circulis et subtili opere. » — « Schedula diversarum artium », par THÉOPHILE, liv. II, chap. XXVII.

2. Hauteur totale, 20 centimètres ; diamètre du pied, 16 ; largeur de la coupe, 14 ; profondeur de la coupe, 7 cent.

qui semblent être la personnification des vertus. A la coupe, vie et mort du Sauveur reliées par les attributs des Évangélistes. A la patène, l'Agneau triomphant entouré des grands sacrificateurs.

115. — CALICE ALLEMAND. — XIIᵉ SIÈCLE.

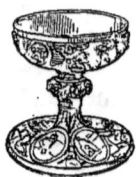

D'APRÈS UNE GRAVURE ANCIENNE.

Ainsi, à la base, l'Ancien Testament ; au nœud, la transition entre le monde ancien et le monde moderne ; à la coupe, le Nouveau-Testament ; à la patène, la fusion des deux époques qui ont précédé et suivi la victime sacrée jusqu'à son triomphe dans le ciel.

Le calice, existant aujourd'hui, qui reproduit le mieux cet idéal de l'iconographie, telle que nous la comprenons, se voit à Hildesheim (royaume de Hanovre), dans l'église Saint-Maurice. En voici les dimensions : hauteur, 18 centimètres ; diamètre du pied, 18 ; diamètre de la coupe, 16.

Au pied, les sacrifices et offrandes de l'Ancien Testament. Au nœud, les attributs des évangélistes, entrevus confusément par Ézéchiel et vus directement par saint Jean, transition par conséquent entre l'Ancien Testament et le Nouveau. A la coupe, les douze apôtres en buste, assistant à cette Cène de tous les jours, comme ils assistèrent et participèrent à la dernière Cène du Sauveur[1]. A la patène, qui n'existe plus ou que je ne connais pas, probablement la passion du Sauveur, suite et consommation de la dernière Cène.

Voilà l'ordre des sujets, qui se suivent chronologiquement dans ce calice, comme ils se suivent matériellement, depuis le pied jusqu'à la coupe, et certainement jusqu'à la patène dont la coupe est couronnée. Voyons les détails.

Au pied, quatre médaillons occupés par des sujets.

Dans le premier, Abel, jeune homme imberbe, offre un agneau à Dieu, et Melchisedech, vieux et barbu, élève un calice surmonté d'une hostie. A la bordure de ce médaillon :

+ MELCHISEDECH · VINVM · DAT · ABEL · LIBAMEN · OVINVM ·

Dans le second, à l'opposé, Abraham lève l'épée pour sacrifier le jeune

1. C'est là gravure de ce texte du « Lauda Sion Salvatorem » de saint Thomas d'Aquin : «... Panis vivus et vitalis... quem in sacræ mensa cenæ turbæ fratrum duodenæ datum non ambigitur. »

Isaac. Un ange arrête le bras du père des croyants, et lui montre un bélier pris dans un arbre. A la bordure :

+ PROGENIEM · SARE · PATER · ABRAM · DESTINAT · ARE [1] ·

Dans le troisième, Moïse, pieds nus, montre à un Hébreu imberbe et malade le serpent d'airain accroché sur un pieu en Y. En bordure :

+ QVI · CONTEMPLATVR · ANGVEM · VITE · REPARATVR [2] ·

Dans le quatrième, en face de Moïse, Josué et Caleb, jeunes et imberbes, bâton en main, portent sur leurs épaules la grappe gigantesque de la terre promise. En bordure :

+ BOTRVM · LEGATI · REFERVNT · IN · VECTE · PROBATI ·

Dans les quatre angles laissés libres par ces médaillons, un ange à mi-corps tient la boule du monde à la droite, un sceptre fleuronné à la gauche. L'ange est bien partout ; cependant sa quadruple présence ici, sous la forme d'un souverain, ne s'explique pas aussi bien que les sujets des médaillons relatifs aux sacrifices sanglants et non sanglants, et à la rédemption par le serpent divin et le sang de cette vigne à laquelle le Sauveur est comparé.

Au nœud, les attributs des évangélistes, trop connus pour les décrire. A la coupe, les apôtres, dont deux sont imberbes, tiennent des livres ou des rouleaux et ressemblent aux apôtres également connus.

A la base du pied, cette inscription en deux vers :

+ HOSTIA · XPE · TVI · CALICIS · SIT · SANCTIFICATIS ·
GLORIA · SIT · VENIA · VIVIS · REQVIES · TVMVLATIS ·

« Que l'offrande de ton calice, ô Christ, soit la gloire des sanctifiés, le pardon des vivants, le repos des morts. »

Ce n'est pas une poésie bien harmonieuse de paroles, mais c'est une prière bien noble de sentiments [3].

---

1. Ce sujet est très-fréquent sur les calices. Dans le « Lauda Sion », il est rappelé, avec l'immolation de l'agneau pascal et la manne du désert, comme figure anticipée du fils de Dieu immolé par son père et rachetant de son sang l'humanité perdue :

« In figuris presignatur,
Cum Isaac immolatur ;
Agnus paschæ deputatur ;
Datur manna patribus ».

2. Sur le calice de saint Bernward, également à Hildesheim, ce sujet est entouré de l'inscription suivante, qui me paraît d'un latin médiocre et embarrassé :

+ IN · CRVCE · DVM · PATITVR · HOC · XPC · IN · ANGVE · NOTATVR ·

3. A n'en voir que le pied, la tige et le nœud, ce calice serait du XIIe siècle ; mais la coupe, l'arcature et les apôtres qui le décorent accusent au moins la fin du XIIIe. Dans toutes les œuvres de l'Allemagne existe ainsi ce compromis ou plutôt cette incohérence entre deux siècles et deux

Pour clore ce paragraphe sur les calices, nous donnerons comme un modèle fort simple, très-facile à exécuter et très-convenable pour ceux qui aiment le xve siècle, ce calice qui appartient à Saint-Géréon de Cologne[1]. Pas de pierreries, pas d'émaux, pas de sujets historiés; tout au plus quelques filigranes, qui peuvent se remplacer on ne peut mieux par des feuillages tout simplement gravés.

116. — CALICE DE COLOGNE. — XVe SIÈCLE.

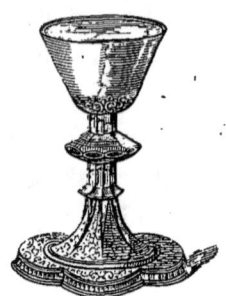

HAUTEUR, 23 CENTIMÈTRES; OUVERTURE DE LA COUPE, 12 CENT., DIAMÈTRE DU PIED, 15 CENT.

C'est comme transition, nous l'avons dit, que nous pouvons recommander ce style et cette époque; mais le temps n'est pas loin, et déjà nous le voyons, où le xiiie siècle l'emportera, dans l'orfévrerie comme dans l'architecture, sur ce qui l'a précédé et suivi.

XIV. — BURETTES ET PLATEAUX.

On lit dans le « Dictionnaire de Jean de Garlande, » qui date de 1080 et que Géraud a publié :

« In ecclesiis debent esse phiala una cum vino et alia cum aqua ».

Après avoir transcrit ce texte, M. le comte de Laborde y ajoute ceux-ci que nous lui empruntons[2] :

« Nicolaus de Nigella, aurifaber parisiensis, pro uno cipho argenteo esmaillato ad tripedem et duobus potis, uno ad vinum et altero ad aquam, liberatis Regi. » (Comptes royaux, année 1323, 30 décembre.)

---

siècles et demi. Attachés au roman jusqu'à l'aurore du xive siècle, les Allemands ont exécuté, même en 1300, des œuvres où le roman défend encore énergiquement sa place contre le gothique victorieux et envahisseur.

1. Je me trompe peut-être d'église; mais il est dessiné dans l'ouvrage de M. l'abbé Bock : « Das heilige Kœln », livraison première. Je n'ai pas ce livre sous la main et je ne puis en ce moment préciser davantage.

2. « Notice des émaux du Louvre » 2e partie, « Glossaire », pages 6, 44, 45, 47, 179.

« Deux burettes de chapelle, rondes, sans ances, toutes pareilles, et a sur chascun couvecle un petit bouton ront, et poise l'une ɪ m. v onc., et l'autre ɪ m. ɪɪɪɪ onc. xɪɪ d. » (Inventaire du duc d'Anjou, en 1360.)

« Une burete d'or, pour chapelle, garny le pié d'un souage[1], et par le milieu du ventre en a un autre, et par la gueulle et le couvercle en a un autre souage, et est la gueulle à un bec, à demy ront, et sur la teste a un esmail ront de rouge cler, où il a au milieu un A. Et poise en tout ɪ marc ɪɪɪ onces ɪɪɪ d. — Une autre burete, pareille de celle dessus escripte, sanz aucune diferance, fors que sur l'esmail de dessus le couvercle a un V. Et poise en tout ɪ marc ɪɪɪ onces vɪ d. » (Même inventaire.)

« Un galice d'argent doré et esmaillié, pié et couppe et pommel et platène, et, dehors ladite coupe, a en l'esmail apostres, et, dessuz le pié, a angèles et autres sains. Et dessuz la platène a un couronnement de Notre-Dame, et li met un angèle la couronne en la teste, et poise en tout ɪɪɪɪ marcs vɪɪ onces. — Deus burettes d'argent dorées et esmailliées, et a chascune vɪ costés, et en chascune costé a un apostre, et sont de l'ouvrage dudit galice, et poisent l'une ɪ marc ɪ once, et l'autre ɪ marc xvɪɪɪ d. — Deux autres burètes blanches, à lonc col, et sont liez de souages dorez, et dessuz les couvecle a deux esmaux adurez, et a en l'un un V et en l'autre un A. » (Même inventaire.)

« Deux burettes d'or, à mettre le vin et l'eaue à chanter à la chapelle du roy nostre sire et ou couvercle de chacune d'ycelle a un ront esmaillé d'azur, semé de fleur de lys et signée l'une d'un A et l'autre d'un V. iiij^x xɪɪɪj livres. » (Compte royal cité par Leber, année 1422.)

« Un bacin d'argent doré pour servir à l'esglise, — avec les choppines de mesmes, à mettre vin et eaue. » (Inventaire d'Anne de Bretagne, année 1498.)

A ces textes, nous pourrions en ajouter plusieurs autres, disséminés dans des inventaires inédits qui sont en notre possession ; mais nous avons l'intention de publier prochainement ces inventaires et, en présence des textes précédents, qui peuvent suffire ici, il est inutile d'en donner davantage. Il résulte de ces citations qu'autrefois, comme aujourd'hui, on se servait de deux burettes, qu'on appelle fioles, ampoules, etc., et qui contenaient l'une le vin l'autre l'eau destinés au sacrifice de la messe. Comme ces burettes étaient ordinairement en métal et très-rarement en cristal ou en verre, pour éviter une erreur et pour qu'on ne prît pas l'eau pour le vin, sur la burette au vin on traçait un V (« vinum ») ; sur la burette à l'eau on traçait un A (« aqua »).

---

1. Cercle de métal, moulure ronde, qui consolide les diverses parties d'un objet d'orfèvrerie.

Cette précaution paraît dater du XIVᵉ siècle seulement. On ne voit ni V ni A sur les burettes du XIIᵉ ou du XIIIᵉ siècle. Aujourd'hui, depuis la renaissance, on semble affectionner les burettes transparentes et, dès lors, les erreurs sont à peu près impossibles.

« Deux burettes de cristal, d'argent doré et le col émaillé d'azur. ». (Inventaire du château de Fontainebleau, en 1560, cité par M. de Laborde, « Notice des émaux », 2ᵉ partie, « Glossaire », p. 179).

Rien n'est plus rare que les anciennes burettes. Je n'en connais pas une seule qu'on puisse faire remonter au XIIᵉ siècle. Du XIIIᵉ, il en existe deux, trois peut-être, que nous donnons ici.

117. — BURETTE EN CUIVRE ÉMAILLÉ. — COMMENCEMENT DU XIIIᵉ SIÈCLE.

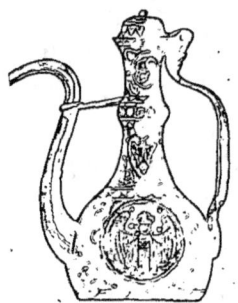

A LA BIBLIOTHÈQUE IMPÉRIALE. — HAUTEUR, 14 CENT.; GRAND DIAMÈTRE DU VENTRE, 7 CENT.

C'est une petite bouilloire ou une aiguière, plutôt qu'une burette : la dimension, l'absence du pied, la présence du goulot, conviennent mal à une burette. Mais les Anglais l'ont déclarée burette, l'ont publiée sous ce nom[1] et d'ailleurs l'ange émaillé sur le ventre prouve que c'est un vase religieux.

Pas plus que les Belges, les Anglais ne sont ennemis de la contre-façon : ils ont contrefait l'encensoir de Lille, plusieurs chandeliers anciens et un certain nombre d'ivoires. Je serais donc disposé à croire que la burette suivante est une contre-façon de celle qui précède. Même forme générale, même goulot semblablement attaché ; mais absence de l'ange, pour dépister les habiles, et addition du pied pour donner de la légèreté. Ce petit vase est en Angleterre et il a figuré avec honneur dans l'exposition de Manchester. Mais, original ou

---

1. « Archæological Journal », vol. II, pag. 155-172, article de M. Albert Way sur les émaux du moyen âge. Notre petite gravure a été réduite d'après un dessin de grandeur d'exécution, que nous devons à l'obligeance de M. Alfred Darcel. Notre ami et collaborateur nous a confié, en outre, le dessin de trois burettes qui appartiennent à la collection Soltykoff et à la Bibliothèque impériale. Ces burettes des XIVᵉ et XVᵉ siècles seront gravées prochainement et publiées dans les « Annales Archéologiques ».

contre-façon, c'est exécuté avec une grande habileté par un artiste qui sait manier le métal ancien et reproduire les vieux émaux. Cette forme de burette pourrait donc très-bien convenir aujourd'hui. Le goulot sort assez mal, il est vrai, du corps du vase auquel il est grossièrement attaché ; mais on pourrait corriger ces imperfections. Ce serait, je le crois, un avantage d'avoir un goulot de ce genre au lieu du bec actuel qui sort de la bouche même de la burette. Par ce système de conduit, on verse le liquide goutte à goutte ; on en est maître et on n'en prend que la quantité rigoureusement voulue[1].

118. — BURETTE EN CUIVRE ÉMAILLÉ. — COMMENCEMENT DU XIIᵉ SIÈCLE.

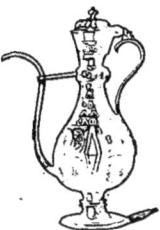

ACTUELLEMENT EN ANGLETERRE.

La burette suivante se rapproche davantage des burettes usitées aujourd'hui. Elle est ovale et non pas ronde, parce que la forme du cristal de roche dont le corps est composé l'exigeait ainsi. Ce cristal, taillé d'un aigle assez sauvage, est d'une facture très-ancienne et certainement antérieure à la monture en vermeil qui l'enchâsse. Il pourrait dater du Bas-Empire. Précieux comme du porphyre, comme des agates et des onyx d'une grande antiquité, dont on a

---

1. Théophile, qui est du XIIᵉ siècle, semble bien décrire un canal de ce genre et non un simple bec, dans les chapitres qu'il consacre à la fabrication de la burette, nommée par lui ampoule, « ampulla » :

« ... Si volueris in ipsa ampulla imagines, aut bestias, sive flores opere ductili facere, compone in primis, etc... Si volueris, fac auriculam fusilem eodem modo quo formasti auriculas argentei calicis, et in anteriori parte deductorium unde vinum effundatur, quæ confirmabis solidatura, argento et cupro mixta, ut supra. Deinde, ubicumque volueris, nigello ornabis et reliquum deaurabis ut supra ». — THEOPHILI « Schedula diversarum artium », lib. III, cap. 58-59.

Ce que nous traduisons ainsi : « ... Si tu veux faire au repoussé, sur la burette même, des images ou des bêtes ou des fleurs, compose d'abord, etc... Si tu le veux, fais à la burette une anse fondue comme celles que tu as façonnées pour le calice d'argent. Dans la partie antérieure de la burette tu attacheras, avec de la soudure mêlée d'argent et de cuivre, comme il est dit plus haut, un canal d'où coulera le vin. Ensuite tu décoreras de nielles les parties que tu voudras, et tu doreras le reste, comme c'est indiqué plus haut. » — Il est à peu près certain que ce « deductorium », soudé sur la partie antérieure de la burette, en pendant de l'anse, pour ainsi dire, est bien ce petit canal, ce long goulot de la burette de notre Bibliothèque impériale et de la burette anglaise.

fait au moyen âge des coupes et des vases que nous possédons encore, ce cristal fut armé d'une monture en argent ciselé, doré et niellé, qui est d'une finesse extrême et d'un art vraiment parfait. Déjà, dans ce volume des « Annales », page 35, planche 28, nous l'avons vu, tel qu'il est en effet, fixé sur un pied de reliquaire. Ici, nous l'avons dégagé de ce support et réduit à sa forme propre de burette. C'est, assurément, la plus ancienne burette connue et peut-être même la seule qui date du XIII° siècle, puisque des deux précédentes l'une paraît être la contre-façon de l'autre, et que cette autre, n° 117, ressemble plutôt à une espèce d'aiguière qu'à une véritable burette.

119. — BURETTE EN CRISTAL, MONTÉE EN ARGENT AU XIII° SIÈCLE.

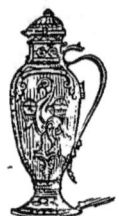

PROVIENT DE L'ABBAYE DE GRANDMONT. — HAUTEUR, 20 CENTIMÈTRES.

Grâce à l'amitié du malheureux abbé Texier[1], j'ai pu faire mouler cette burette, et déjà je me suis occupé de la reproduire par la fonte et l'orfévrerie.

Je suis frappé du parti qu'on pourrait tirer de la forme d'un aigle ou d'un gros oiseau debout, au vol abaissé, pour en faire une burette. Le galbe de cet aigle de Grandmont, sculpté dans le cristal, se prête fort bien à celui de la burette. Je ne suis donc pas étonné qu'à Aix-la-Chapelle, au XIV° siècle, on ait ainsi disposé en burettes deux jolis anges, oiseaux célestes, dont les ailes et le corps prennent habilement la forme de la petite aiguière. Les ailes se rapprochent et servent d'anse. Le corps est habillé d'une aube et d'une chape. La chape est retenue sur les épaules et ramenée sur le devant par une agrafe attachée au milieu de la poitrine. De cette agrafe, saillante et prolongée en forme de petit goulot, sort le vin ou l'eau contenue dans le corps de l'ange. Dans les textes des XIV° et XV° siècles, cités plus haut, la burette au vin est marquée d'un V, la burette à l'eau, d'un A ; les deux anges d'Aix-la-Chapelle

---

1. M. l'abbé Texier, à peine âgé de quarante-sept ans, est mort le 29 mai dernier. En lui l'église a perdu un excellent prêtre, l'archéologie un maître laborieux et plein de science, et la société un homme de cœur. Nous reparlerons de cette belle existence et de cette triste mort dans les « Annales Archéologiques ».

sont eux-mêmes marqués d'un V six fois répété au soubassement où pose
l'ange du vin, et d'un A également répété six fois au soubassement de l'ange
de l'eau.

420. — ANGE EN BURETTE. — FIN DU XIVᵉ SIÈCLE.

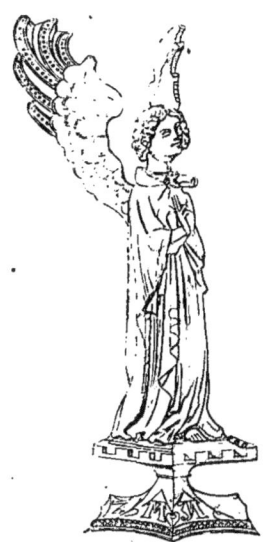

A AIX-LA-CHAPELLE. — HAUTEUR TOTALE, 23 CENTIMÈTRES.

J'ai bien des fois parlé de la « divine liturgie », cette cérémonie spéciale à
la Grèce et imitée par quelques églises de France, notamment par celles de
Reims et de Lyon. On y représente Jésus-Christ en prêtre, se disposant à
offrir le sacrifice divin. Avant d'officier, des anges viennent apporter
successivement au Sauveur les instruments du sacrifice, les chandeliers, croix,
encensoirs, calice, patène, burettes, ciboire. En Grèce, c'est une représentation
peinte sur les murs, surtout au pourtour des absides et au tambour des coupoles.
A la cathédrale de Reims, c'est une représentation sculptée sur les flancs de
l'édifice et surtout au pourtour extérieur de l'abside. Mais, à Reims, cette
cérémonie avait passé de l'image dans la réalité : aux grandes messes, avant
l'offertoire, des enfants de chœur, assimilés aux anges, sortaient successivement de la sacristie et apportaient[1] lentement, à pas comptés, dans le sanctuaire, sur le maître-autel, ou plutôt sur une crédence placée près de l'autel, les
diverses instruments, surtout les calices qui allaient servir à la consécration.

Dans les anges d'Aix-la-Chapelle, je vois comme une variété de cette
« divine liturgie » : ce n'est pas un enfant de chœur vivant qui apporte les

1. Je dis « apportaient », car, si l'on m'a dit vrai, on aurait aboli, il n'y a pas bien longtemps,
cette antique et admirable cérémonie.

burettes, comme à Reims, ni la représentation peinte d'un ange comme en Grèce, mais l'ange même est transformé en burette et se verse directement, vin ou eau, dans le calice de la consécration. Il va sans dire que je m'empresse en ce moment d'exécuter des burettes de ce genre, car je ne connais rien de plus poétique et de plus gracieux.

Il semble que ce motif ait été inspiré par la buire du trésor d'Aix-la-Chapelle, qui servait, dit-on, au couronnement des empereurs depuis le sacre de Charlemagne. Haute de 19 centimètres et, à la base, large de 13, cette buire se compose du buste d'un homme encore jeune; espèce de Bacchus, qui a la tête nue et couronnée de pampres. Barbe courte et fine, oreilles proéminentes, bouche souriante à la façon des Satyres. Il se drape dans un manteau qu'il assujettit de la main droite. Au sommet du crâne, trou rond pour l'introduction du liquide; au front, petit goulot circulaire pour la sortie de ce liquide qui devait être du vin, évidemment, et du meilleur, car ce Bacchus est la personnification du vin fin et fort. Ce petit buste semble dater du Bas-Empire: ou il est antérieur à Charlemagne, ou il est de la renaissance; mais il n'appartient pas au moyen âge, tant sa tournure est antique; il paraît, du reste, qu'il existe depuis bien des siècles et bien antérieurement à la renaissance dans le trésor d'Aix-la-Chapelle. Il nous a semblé avoir assez d'intérêt pour le reproduire en bronze, d'après l'original même, et, tous les jours, nous voyons qu'il excite une vive curiosité.

121. — BUIRE DU COURONNEMENT DES EMPEREURS D'ALLEMAGNE.
EN BRONZE ET DU BAS-EMPIRE.

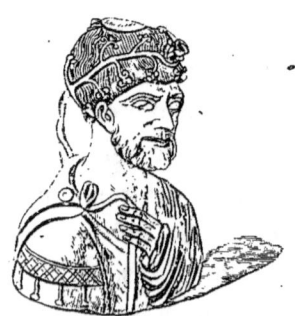

DANS LE TRÉSOR D'AIX-LA-CHAPELLE. — HAUTEUR, 19 CENTIMÈTRES.

Revenons aux burettes proprement dites.

Le prince Hohenzollern-Sigmaringen en possède deux du XIVᵉ siècle : l'une très-simple, à pied rond, haute de 18 centimètres; l'autre plus riche, haute de 19 centimètres, à pied découpé en six pans, anse en serpent, bec du goulot en gueule de lion, couverele fleuronné. Le corps de cette burette est en cristal ; le pied, l'anse, la collerette, le couvercle sont en vermeil. Pour du xive siècle, et de la fin, c'est un assez joli modèle, et le voici :

122. — BURETTE EN CRISTAL, MONTÉE EN VERMEIL. — FIN DU XIVe SIÈCLE.

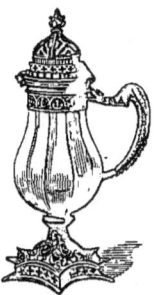

AU PRINCE HOHENZOLLERN-SIGMARINGEN.

Une autre burette, également du xive siècle et provenant de Cologne, a le pied en trèfle. A l'anse, dragon sans ailes ; sur le couvercle, dragon accroupi. Au ventre, légende à peu près illisible sur le moulage en plâtre que je possède. C'est moins élégant que le n° 122.

La burette suivante, n° 123, est d'une grande simplicité, et elle offre, pour la prendre, pour en verser le liquide, pour ouvrir ou fermer le couvercle, une facilité très-grande. C'est, à ma connaissance, le meilleur et peut-être le plus joli modèle du xve siècle. Pied à six pans, de 6 centimètres de largeur, ventre de 7 centimètres de diamètre, hauteur totale, 14 centimètres. Elle est solide et d'une dimension très-suffisante.

123. — BURETTE EN VERMEIL. — XIV-XVe SIÈCLE.

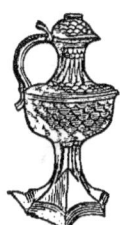

A AIX-LA-CHAPELLE. — HAUTEUR, 14 CENTIMÈTRES.

Il n'y a pas longtemps encore, on ne connaissait pas d'exemples de burettes anciennes. Aujourd'hui, il en existe plus de quinze modèles, dont huit sont déjà moulés, en notre possession, et peuvent dès aujourd'hui s'exécuter en métal fondu ou battu. Si l'on veut historier l'une de ces burettes, on peut y figurer Jésus-Christ changeant l'eau en vin aux noces de Cana, ou tout autre sujet tiré du vin, du sang et de l'eau.

Ces burettes se posaient sur un plateau destiné non-seulement à les réunir, mais encore à recevoir l'eau dont l'officiant se purifie les doigts. Ce plateau ou bassin était parfaitement circulaire et non pas orné de ces deux affreuses oreilles, de ces deux lobes informes, suivant un modèle malheureusement adopté depuis quelque temps. Modèle fort disgracieux et, de plus, très-difficile à manier. Dans l'inventaire du vieux Saint-Paul de Londres[1] on mentionne deux paires de bassins. La première paire est en argent avec des images de rois gravées et dorées dans le fond, avec des écussons et des lionceaux également dorés. La seconde paire, pareillement en argent, est gravée, au fond et sur les bords, de fleurs disposées en forme de croix. Ces plateaux, ciselés d'images de rois ou de chevaliers, d'écussons armoriés, de petits lions, de petites fleurs, et relevés d'émaux de couleurs très-variées, abondent dans les collections; on en voit de beaux exemples aux musées du Louvre et de l'hôtel de Cluny. Le suivant, que nos lecteurs connaissent, appartient à la Bibliothèque impériale de Paris; il a été trouvé à Soissons. Au centre, des musiciens; dans les six lobes, les amusements de la promenade, de la chasse, du repos, de l'escrime et encore de la musique, plaisirs de rois, de chevaliers, de châtelaines et d'oisifs; leurs armoiries reluisent quelquefois à l'intérieur et souvent au revers du bassin.

124. — PLATEAU EN CUIVRE ÉMAILLÉ. — XIIIᵉ SIÈCLE.

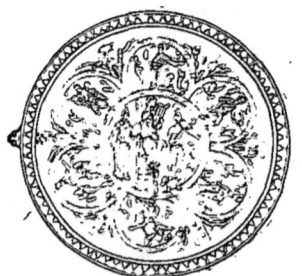

A LA BIBLIOTHÈQUE IMPÉRIALE DE PARIS. — DIAMÈTRE, 23 CENTIMÈTRES.

C'est bien profane pour une église et pour contenir des burettes; mais la plupart de ces bassins de nos musées ont dû appartenir à des seigneurs et servir à verser l'eau qui, au moment de la toilette ou avant et après les repas,

---

1. DUGDALE, « Monasticon anglicanum » : « Duæ pelves argenteæ cum ymaginibus regum in fundis deauratæ, et scutis, et leunculis similiter deauratis. — Item duæ pelves argenteæ cum fundis gravatis et flosculis ad modum crucis in circuitu gravatis ».

purifiait leurs nobles mains. Je dis à verser l'eau; car, à ce plateau de Soissons et à beaucoup d'autres, on remarque de petits trous percés à la circonférence intérieure du bassin, et correspondant à une petite tête de dragon ou de lion formant goulot ou biberon, comme on dit au moyen âge. Cette purification des mains à l'aide d'une « assiette », qui se fait encore en bien des endroits et surtout en Orient, explique l'absence à peu près complète des aiguières anciennes. Les bassins vont ordinairement par paires, comme les textes le prouvent, notamment ceux de l'inventaire de Saint-Paul et les suivants :

« Deux bassins à laver mains, servant pour chapelle, d'argent doré; ou fons a trois ours blancs eslevés en trois parties, et ès autres trois parties semés de fleurs de lys dorés aus armes dudit mons. le duc (de Berry), et ou fons esmailliés d'un ours emmantellé desdites armes. — Pesant 20 marcs, 10 onces, 10 esterlins. »

« Une autre paire de bacins d'argent doré, ou fons desquels a une rose esmailliée aux armes dudit mons. le duc, et au milieu de ladite rose a un ours esmaillié de noir, et sur les bords desdits bacins a fleurs de lis et ours, lesquels Loys (II, duc) de Bourbon avoit donné audit seigneur a estraines le premier du mois de janvier mil quatre cens et un. — Pesans ensemble 10 marcs et demy. »

« Deux bassins pour chapelles, d'argent veré, esmailliés ou fond des armes dudit mons. le duc. — Pesant 6 marcs, 1 once [1]. »

Dans chaque paire, le bassin qui est muni d'un biberon aurait servi à verser le liquide sur les mains, et l'autre à recevoir ce liquide au moment où il tombait des mains purifiées : « Une paire de bassins d'or à laver, dont l'un est à biberon et l'autre sanz biberon [2].... »

Quoi qu'il en soit de ces usages, les bassins à burettes devaient être histo-

1. « Description du trésor de la Sainte-Chapelle de Bourges », année 1404, par M. Hiver de Beauvoir, pages 30-31. — Dans ce même inventaire, pages 38-39, il est question d'un grand plat isolé, en argent et dont le fond était ciselé d'un personnage à cheval : « Un grand plat séant sur un pié de mauvais argent doré, ou milieu duquel a un homme nu sur un cheval volant, et un lyon sous ledit cheval, entaillié de lettres grecques. — Pesant 26 marcs, 2 onces. » — En 1412, ce plat est ainsi décrit : « Un grand plat d'argent doré, séant sur un pié, ou milieu duquel a un ymage de Constantin sur un cheval voulant et au-dessous a un lion voulant, tout de haulte taille; et est la bordure dudit plat tout autour ouvré de bestes, oyseaulx et feuillages de haulte taille. » — Ce serait un singulier Constantin que cet homme, s'il était vraiment tout nu suivant l'inventaire de 1404. Et puis, quelle monture que ce cheval ailé sur un lion également ailé ! Ce plat, grec et certainement mythologique, devait être simplement une curiosité antique, comme les trésors des églises en possédaient un si grand nombre.

2. Comte DE LABORDE, « Notice des émaux du Louvre », deuxième partie, « Inventaire du duc d'Anjou », page 44, n° 259.

riés de sujets religieux, analogues à ceux qui sont gravés sur les disques suivants.

Nous avons publié dans les « Annales archéologiques » les deux plateaux en fer d'un moule à grandes hosties [1]. Tous deux sont assez profondément gravés. On y voit l'Annonciation, la Nativité, le Baptême, la Cène, le Cruci-fiement, la Résurrection et enfin la Majesté du Christ triomphant entre les douze apôtres. Ce sont, à n'en pas douter, des sujets analogues qu'on voyait sculptés, ciselés ou émaillés sur les plateaux à burettes. Ces sujets devaient être même plus spéciaux encore, et avoir trait au vin et à l'eau du sacrifice et de la purification des mains. Aujourd'hui, du moins, c'est ainsi qu'il fau-drait historier ces bassins pour échapper à la banalité de sujets trop généraux et trop fréquemment reproduits partout.

125. — PLATEAU DE LA VIE MORTELLE DU CHRIST.

126. — PLATEAU DE LA VIE DIVINE DU CHRIST.

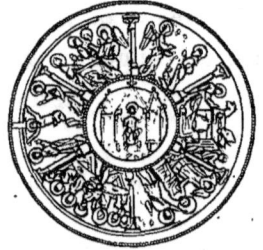 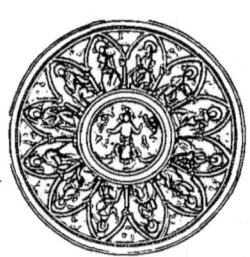

XIIIᵉ SIÈCLE. PROVENANT D'UN MOULE A HOSTIES, AU MUSÉE DE L'HOTEL DE CLUNY. DIAMÈTRE, 26 CENT.

L'eau de la purification des mains, l'eau et le vin des ablutions se jetaient, avant que l'usage de les consommer ne prévalût, dans une piscine pratiquée au côté droit de l'autel. Cette piscine est assez souvent double, principalement quand elle appartient au maître-autel. Dans l'une des cuvettes se versait l'eau qui avait purifié les linges ordinaires de l'église et les mains des ecclésias-tiques inférieurs; l'autre cuvette était réservée à recevoir l'eau et le vin qui pouvaient renfermer quelques parcelles des espèces consacrées, les ablutions du prêtre consécrateur et la purification du corporal et des linges qui avaient touché les saintes espèces. La plus jolie peut-être de toutes les piscines, mais certainement la plus historique et la plus intéressante par son iconographie, est celle de Saint-Urbain de Troyes. Elle est double et placée sur le côté droit de l'autel, en renfoncement dans la muraille. Le Sauveur y couronne sa mère,

---

1. « Annales Archéologiques », vol. XIIIᵉ, pages 43-44 et 85-90.

pendant que le pape Urbain IV, coiffé de la tiare, et le cardinal Ancher, son neveu, coiffé de la mitre, offrent chacun à Dieu une partie de l'église de Saint-Urbain [1].

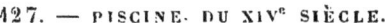

127. — PISCINE DU XIVᵉ SIÈCLE.

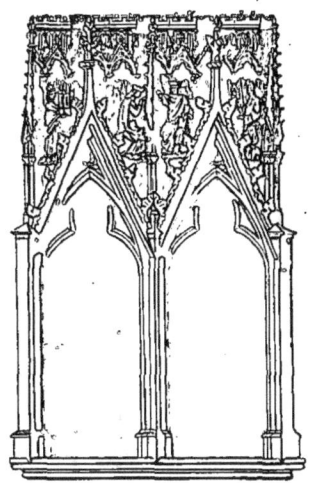

DANS L'ÉGLISE SAINT-URBAIN, A TROYES.

C'est pour compléter l'histoire du vin et de l'eau versés par les burettes, tombant dans le calice et dont les restes sont absorbés par la piscine, que nous donnons le petit monument de Troyes, car il est en pierre et non en métal. Cependant il a pu et je crois même qu'il a dû exister des piscines en métal. Pour des lavoirs proprement dits, cela n'est pas douteux : « Un grand lavoir d'argent doré, à deux biberons en façon de testes et cols de serpens, à une anse de deux serpens entorses l'un en l'autre ; et y fault l'esmail sur le couvercle. — Pesant 11 marcs, 2 onces et demi [2]. » La piscine proprement dite, c'est-à-dire les cuvettes destinées à recevoir le liquide qu'on venait y jeter ou qui y tombait par les « biberons en tête de serpent » ou de cygne, pouvait être également en métal, fixée dans la muraille et percée de trous qui permettaient au vin et à l'eau des ablutions et des purifications de se perdre dans les fondements de l'église. En tout cas, si la demande nous en était faite, nous ne refuserions nullement d'établir des piscines de ce genre, en

1. Voir dans les « Annales Archéologiques », vol. VII, pages 36-40, un article sur cette piscine et une fine gravure d'après un dessin de M. Bœswilwald.

2. « Description du trésor de la Sainte-Chapelle de Bourges », par M. HIVER DE BEAUVOIR, page 30, nº 77.

métal fondu ou battu, et décorées d'ornements et de sujets spécialement appropriés à leur destination. Un meuble fixe, en métal riche ou précieux, sera
toujours d'un grand luxe dans un monument.

XV. — CIBOIRES.

Les textes relatifs aux ciboires ne sont pas très-nombreux; mais les ciboires
anciens sont plus rares encore. Quant aux textes, il est fâcheux que les archéologues les plus experts sur ces questions aient confondu les ciboires avec les
ostensoirs, et les uns et les autres avec les tabernacles. Le ciboire a cependant une destination bien marquée : c'est le calice du pain eucharistique, si
l'on peut parler ainsi ; c'est le vase qui contient les hosties consacrées qui se
distribuent à la communion ou vont se porter aux malades. L'ostensoir ne
renferme qu'une seule hostie, et, d'après l'usage, cette hostie n'y séjourne
même pas ; elle y est placée temporairement pour être montrée au peuple et
en être adorée. Une fois la cérémonie de l'adoration terminée, elle est ordinairement extraite de l'ostensoir et remise dans le ciboire. Quant au tabernacle, c'est le petit meuble, tout le monde le sait, destiné à renfermer les
vases sacrés, les calices et les ciboires. Le confondre avec ces vases, c'est
confondre le contenant avec le contenu.

Nous n'avons pas à écrire la monographie des ciboires ; comme pour les
autres vases liturgiques, nous devons simplement dire un peu ce qui se faisait
au moyen âge, et beaucoup ce qu'il conviendrait de faire aujourd'hui. Les
ciboires peuvent se diviser en deux espèces : à la première appartiennent les
pyxides, c'est-à-dire les petites boîtes ou petits ciboires dans lesquels on
renferme quelques hosties seulement destinées aux malades ; de la seconde
font partie les grandes coupes où l'on réunit les nombreuses hosties destinées
à la communion des fidèles. Ces grandes coupes, munies d'un couvercle,
renfermaient quelquefois les petites pyxides qui contenaient le viatique ou les
hosties des infirmes. Le texte le plus curieux et le plus complet sur ces deux
variétés de ciboires, est le suivant, que nous tirons de l'inventaire du trésor
de la cathédrale de Laon :

« Vas insigne argenteum deauratum, quod vulgo CUPAM vocant. Super cujus
operculum sunt crux et imago crucifixi deaurate. Et in eo continetur PYXIS argentea in qua solent reponi sacre hostie deferende infirmis, et super coopercula
ejus etiam argenteum est crux. Est autem ponderis circiter trium marcharum.
Habet etiam thecam de corio [1]. »

_____

1. « Inventaire du trésor de la cathédrale de Laon », par ÉDOUARD FLEURY », in-4°, p. 45.

« Un vase remarquable en argent doré, nommé vulgairement la COUPE. sur son couvercle sont la croix et l'image du crucifix, toutes deux dorées. Dans ce vase est contenue la PYXIDE d'argent dans laquelle reposent ordinairement les hosties sacrées à porter aux infirmes. Une croix s'élève sur le couvercle également en argent de la pyxide. Le poids est environ de trois marcs. Il y a aussi un étui de cuir. »

Ainsi, le grand ciboire, la grande coupe, devait être une espèce de tabernacle pour la pyxide, la petite coupe. Cette pyxide avait ordinairement la forme d'un cylindre surmonté d'un cône qui lui servait de couvercle. Les plus anciennes pyxides étaient en ivoire, et l'on trouve aujourd'hui, dans les vieux trésors et dans les collections des œuvres d'art, beaucoup de ces pyxides d'ivoire qui remontent aux premiers temps du christianisme.

Destinées à contenir les hosties des infirmes ou des malades, ces pyxides portent sculptées sur leurs parois la guérison du paralytique, la guérison de l'aveugle-né, la résurrection de Lazare, sujets admirablement appropriés à la destination de ce petit vase sacré.

Dès le XIIᵉ siècle, lorsque l'ivoire devint rare ou que son usage passa de mode pour être remplacé par le métal, c'est en or, en argent, mais surtout en cuivre émaillé que les pyxides furent exécutées. Il n'est pas possible de dire le nombre existant aujourd'hui de ces petits vases. M. le prince Soltykoff en possède peut-être une vingtaine, et je crois que M. le chanoine Coffinet, de Troyes, en a bien recueilli dix dans son curieux cabinet. Au Louvre, au musée de l'hôtel de Cluny, partout, on peut le dire, on en a en abondance.

En voici une d'un joli modèle :

128. — PYXIDE AUX ANGES. — XIIIᵉ SIÈCLE. — EN CUIVRE ÉMAILLÉ.

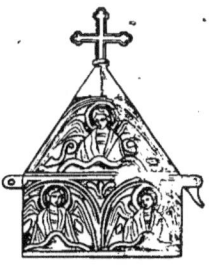

APPARTIENT A M. LE CHANOINE COFFINET. — HAUTEUR, 11 CENT.; DIAMÈTRE DU PIED, 7 CENT.

A n'en pas douter, ces anges qui tapissent le corps et le couvercle du petit meuble où se renferme le viatique, c'est-à-dire la nourriture de ceux qui vont faire le voyage de l'éternité, traduisent ce texte du « Lauda Sion » de saint Thomas d'Aquin :

> « Ecce panis angelorum, factus cibus viatorum ».

L'iconographie symbolique des pyxides d'ivoire est assurément d'un ordre fort élevé; mais je ne connais rien de plus noble et rien de plus ingénieux, tout à la fois, que celle de la pyxide émaillée de M. Coffinet.

Comme ces petites boîtes sont destinées à être portées hors de l'église et à contenir une ou deux hosties seulement pour les malades que le prêtre va administrer quelquefois dans la campagne et assez loin, il faut que le volume en soit fort réduit [1]. On en supprime donc tout ce qui est inutile; le disque seul, et de la dimension de l'hostie, est suffisant; on y ajoute un couvercle qui pourrait être tout plat, à la rigueur, mais qu'on élève un peu en cône surmonté d'un bouton et surtout d'une croix, puisqu'il s'agit d'un vase aussi sacré.

Basses comme elles sont, ces pyxides n'ont pas besoin de pied pour s'asseoir; aussi la plupart en sont-elles dépourvues. Cependant, on a donné de l'importance à quelques-unes d'entre elles, et je possède le moulage d'une qui est posée sur un pied de calice. La suivante, également montée sur un pied à nœud et couronnée d'un haut crucifix, appartient au Musée royal d'antiquités de Bruxelles; on y reconnaît la pyxide ancienne, mais voisine déjà des ciboires modernes.

129. — PYXIDE EN ARGENT, MONTÉE SUR UN PIED. — XIIIe SIÈCLE.

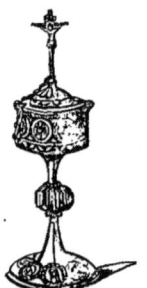

AU MUSÉE D'ANTIQUITÉS DE BRUXELLES. — HAUTEUR TOTALE, 25 CENT.

Au pied, dans des médaillons, probablement les prophètes qui ont pressenti l'eucharistie et la transsubstantiation du pain. Autour de la pyxide, crucifie-

---

1. « Une petite custode en argent, doré par places, appartenant à Mgr Berteaud, évêque de Tulle, est décorée de quatre feuilles encadrant de petites figures de prophètes. Sur le pied on lit : MECIRE LOYS D'AUBUCON EVECQUE DE TULLE L'AN MCCCCLXIX ». — « Dictionnaire d'orfèvrerie chrétienne », par l'abbé TEXIER, col. 382, au mot « ciboire ».

ment répété huit fois. Au sommet du couvercle et en ronde bosse, crucifix
d'une grande dimension. Comme on le voit, c'est d'une assez pauvre iconographie; mais sur le bord supérieur de la coupe, on lit cette inscription très-
intéressante, puisqu'elle déclare positivement que ce vase est un ciboire :

✝ DISCAT · QVI · NESCIT · HIC · HOSTIA · SANCTA · QVIESCIT [1]

Le reliquaire de Saint-Omer doit avoir servi de pyxide. C'était peut-être
simplement une enveloppe, mais d'une grande richesse, dans laquelle, comme
dans la « coupe » de la cathédrale de Laon, on enfermait la pyxide proprement dite.

130. — CIBOIRE A PIED DE CALICE. — XIIᵉ SIÈCLE.

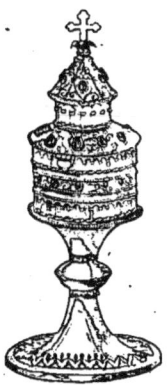

A LA CATHÉDRALE DE SAINT-OMER. — HAUTEUR TOTALE, 23 CENT.

Quant aux ciboires en forme de coupe, ils sont extrêmement rares. Je n'en
connais que trois exemples : l'un est au Musée du Louvre et, dit-on, provient
de Montmajour, près d'Arles; l'autre est dans le trésor de la cathédrale de
Sens; le troisième appartient à la cathédrale de Münster, en Westphalie, où il
sert aujourd'hui de reliquaire.

Le ciboire du Louvre est certainement le plus riche et le plus beau vase du
XIIᵉ siècle qui existe [2] ; l'émail et les pierres précieuses concourent à rehausser
les ornements ciselés et les têtes en relief qui en couvrent les deux hémis-
phères. Les seize personnages humains, prophètes et apôtres, mêlés aux trente-
six anges qui tapissent la coupe, le couvercle et le bouton, semblent bien,

1. Dans son « Trésor de l'art ancien en Belgique », M. Arnaud Schaepkens a décrit et gravé
ce vase, page 24, planche XXV.

2. Il faisait partie de la précieuse collection que M. Révoil, peintre, a cédée au Louvre en 1828.
Il a été décrit par M. A. Darcel et gravé par M. L. Gaucherel dans le volume XIV, pages 1-11,
des « Annales Archéologiques ».

comme dans la pyxide aux anges, exprimer que l'homme, depuis l'incarnation, s'est transformé en un être céleste, et que le pain angélique déposé dans
cette coupe, dans ce tabernacle, est devenu la nourriture de l'humanité et
surtout de l'humanité malheureuse :

> Panis angelicus fit panis hominum.
> Dat panis celicus figuris terminum.
> O res mirabilis! manducat Dominum
> Pauper, servus et humilis [1].

131. — CIBOIRE DU LOUVRE. — XIIe SIÈCLE. — EN CUIVRE ÉMAILLÉ.

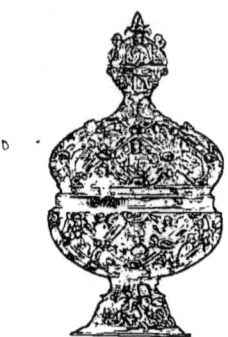

HAUTEUR TOTALE, 30 CENT.; GRAND DIAMÈTRE, 15 CENT.

Le ciboire du Louvre a un frère, pour ainsi dire, dans celui de la cathédrale de Sens; frère riche de matière, car il est en vermeil, mais assez pauvre

132. — CIBOIRE DE SENS. — XIIIe SIÈCLE. — EN VERMEIL.

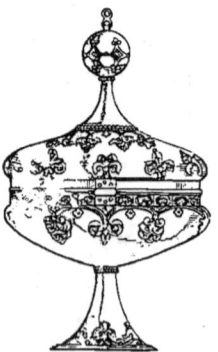

HAUTEUR TOTALE, 30 CENT.; GRAND DIAMÈTRE, 18 CENT.

d'art. Des ornements en arcature feuillagée sont ciselés sur le pied, la coupe,
le couvercle et la pomme; mais ni émaux ni pierreries, ni anges ni hommes,

1. « Sacris solemniis », hymne de saint Thomas d'Aquin pour la fête du Saint-Sacrement.

pas l'ombre d'iconographie. Cependant, si le ciboire du Louvre n'existait pas, celui de Sens figurerait encore au premier rang des vases sacrés de ce genre. La pomme est munie d'une petite chaîne qui permettait de le suspendre à la voûte de l'église et de le descendre au moyen d'un petit appareil analogue à celui qui retient en l'air et fait monter et descendre les ciboires des cathédrales de Reims et d'Amiens qui ont conservé l'usage de les suspendre au-dessus du maître-autel.

Ces deux ciboires du Louvre et de Sens offrent aux orfévres d'aujourd'hui de beaux modèles pour des vases de ce genre. Destinés à être suspendus, le pied en est peut-être trop court et trop grêle ; mais une modification des plus faciles donnera au pied toute la grâce et toute la solidité nécessaires.

XVI. — OSTENSOIRS.

Aux anciennes fêtes chrétiennes, le XIIIᵉ siècle ajouta la plus éclatante de toutes, celle du Saint-Sacrement. Assignée au mois de juin, à la fin du printemps, cette fête emprunte à la nature un éclat incomparable. Le ciel, par les rayonnements du soleil, la terre, par les parfums des fleurs, concourent à la glorification du Christ dans l'Eucharistie.

Chaque fois que je lis la procession du Dante, au chant 28 du « Purgatoire », ou que j'admire le tableau de l'Agneau dans Saint-Bavon de Gand, ou que je vois le triomphe du Christ dans la verrière de Brou, je pense à la fête du Saint-Sacrement ; là, pendant la procession, se réalisent les merveilles décrites par le Dante, peintes par Van Eyck et dessinées par le verrier anonyme de Marguerite d'Autriche. Du ciboire où elle est voilée et comme ensevelie dans le métal, l'hostie consacrée sort radieuse et se montre en plein soleil dans les rues tapissées de fleurs et inondées de lumière. L'exposition du Saint-Sacrement date de l'époque où la fête fut instituée ; par conséquent les instruments liturgiques destinés à cette cérémonie, au plus haut qu'on les fasse remonter, ne peuvent dater que de la fin du XIIIᵉ siècle. Jusqu'à cette époque, cependant, on avait exposé aux regards de la foule des reliques fort précieuses, comme celles que nous avons énumérées en parlant des reliquaires. On commença donc par adopter la forme des monstrances à reliques pour exposer le Saint-Sacrement ; mais on finit par s'apercevoir que cette forme était incommode, et qu'il la fallait non-seulement spéciale, mais plus riche que les autres.

La forme préférée d'abord fut celle d'un cylindre en cristal monté sur un pied de calice, surmonté d'un couvercle en clocheton, épaulé de contre-forts et d'arcs-boutants.

133. — OSTENSOIR EN FORME DE TOUR. — FIN DU XIVᵉ SIÈCLE.

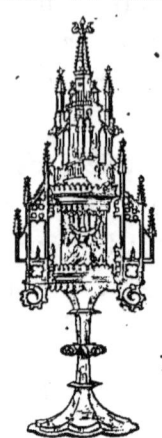

APPARTIENT A M. LE COMTE CAFFARELLI. — HAUTEUR TOTALE, 40 CENTIMÈTRES.

On croirait que le texte suivant s'applique à cet ostensoir :

« Un tabernacle de cristal, fait par manière d'une tour[1], et est le pié fait à pillers et fenestrages esmaillez à feuillages, et dedens ledit tabernacle de cristal a un cressant d'argent pour mettre Nostre-Seigneur. Et poise, cristal et argent, en tout VII marcs[2]. »

Aujourd'hui encore, dans l'Allemagne entière et dans une partie de la Belgique, cette forme est généralement adoptée. Elle n'est guère disputée que par la suivante, nº 134, dont toute la modification consiste dans un quatre-feuilles qui remplace le cylindre[3].

Ce quatre-feuilles semble annoncer déjà la forme circulaire, le disque rayonnant, qui est en grande faveur surtout en France.

Il y a longtemps de cela. Par une belle soirée d'été, je me promenais à la campagne avec l'un des grands poëtes de notre époque. Nous parlions des dogmes de la religion et des cathédrales du XIIIᵉ siècle. Lui, fort épris du moyen âge et de la nature, il passait alternativement de l'un à l'autre, et

1. L'ostensoir de M. le comte Caffarelli a perdu entièrement ce couvercle, c'est-à-dire tout le clocheton. Mais les Allemands sont tellement riches en ostensoirs de cette forme, et ils en ont publié un si grand nombre à Leipzig, Cologne, Münich, Nürnberg, Stuttgart, etc., que nous avons eu l'embarras du choix pour terminer cet ostensoir incomplet.

2. Comte DE LABORDE, « Notice des émaux du Louvre », deuxième partie, « Documents », « Inventaire du duc d'Anjou » (1360-1368), p. 46, nº 272.

3. Voir les « Annales Archéologiques », vol. XI, p. 317-324.

tâchait de me démontrer que la religion chrétienne, la plus naturelle des religions, avait emprunté à la création beaucoup de ses formes et tout son esprit,
pour les faire passer dans la foi et dans l'art. Le style ogival, c'était l'opinion
d'alors, sortait des forêts : les faisceaux d'arbres avaient donné naissance aux

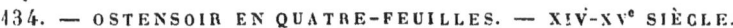

134. — OSTENSOIR EN QUATRE-FEUILLES. — XIVᵉ-XVᵉ SIÈCLE.

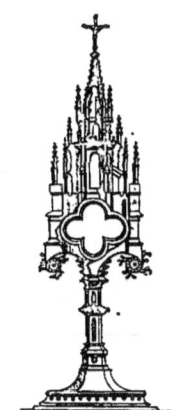

A VALLENDAR EN ALLEMAGNE. — HAUTEUR TOTALE, 38 CENTIMÈTRES.

faisceaux de colonnes, et de l'entrelacement des branches étaient sorties les
ogives des arcades et les nervures des voûtes. A l'occident flamboyait en
verres de couleur la grande rosace, comme le soleil au front des cieux. « Regardez, me dit-il en me montrant de la main la lune sans nuages et dans son
plein, regardez la belle hostie blanche qui reluit à la voûte azurée du ciel.
Dans le disque enflammé du soleil qui se lèvera demain, évidez tout le centre
pour y enchâsser l'hostie céleste sur laquelle nos regards se fixent en ce
moment, et vous aurez l'ostensoir qu'on élève au-dessus de l'autel, au sommet du tabernacle. »

C'est de la poésie que tout cela, mais cette poésie a donné leur forme aux
ostensoirs français en usage depuis trois cents ans. L'hostie est blanche et
ronde comme l'astre de la nuit, et on l'entoure d'un cercle d'or d'où partent
des rayons alternativement droits comme une flèche et ondulés comme un
éclair. Ce disque lumineux et rayonnant, on le place sur un pied, et le vase
entier s'appelle un « soleil ».

La forme du « soleil » n'a pas été inventée par le moyen âge, puisque
l'ostensoir de l'hostie n'existait pas encore ou existait à peine ; mais si, au
lieu d'avoir été créée à la fin du XIIIᵉ siècle, la fête du Saint-Sacrement avait
existé dès le XIIᵉ, il est probable que, de 1150 à 1250, où l'imagination reli-

gieuse a tant créé, on aurait inventé le soleil qui aurait eu, à n'en pas douter, un éclat que nous ne connaîtrons peut-être jamais.

Quoi qu'il en soit de cette supposition, l'imagination des xve, xvie et xviie siècles a fait des efforts pour donner une grande valeur d'art et de poésie aux ostensoirs.

En 1404, on trouve cette description dans le Trésor de la Sainte-Chapelle de Bourges :

« Un joyau d'or, de maçonnerie, ou milieu duquel souloit estre un lis esmaillé de blanc ouquel avoit un saffir et six perles, lesquels saffir et perles ledit seigneur (Jean, duc de Berry), avoit retenu par devers lui ; et y a à présent un cristal ront pour mettre corpvs Domini ; et entour sont les quatre évangélistes esmailliés ; et au-dessus a un petit demy ymage de Nostre-Dame, de taille ; et par dessoubs ledit cristal avoit un lieu pour mettre reliques ouquel ledit seigneur a fait mettre un petit ymage d'or de saint Jehan Baptiste, lequel a un dyadème (un nimbe) derrière sa teste, garny de cinq perles[1]. »

Cet ostensoir représentait donc le Sauveur en son jugement, comme on dit fréquemment dans les inventaires ; il était accompagné de Marie à sa droite, de saint Jean-Baptiste à sa gauche, et entouré des quatre évangélistes. Mais, si la Vierge et saint Jean-Baptiste y étaient sous forme humaine, le Sauveur n'y apparaissait que sous l'espèce du pain. Dans l'ostensoir qui suit, le Christ se montre non-seulement sous l'apparence du pain, mais encore sous la forme de l'homme : « Un joyau d'argent doré, qui fu messire Ythier Martreuil, en son vivant évesque de Poitiers (1387-1405) et chancellier dudit mons. le duc (Jean de Berry), en manière d'un tabernacle fait de maçonnerie ; dedans lequel est Dieu en son jugement, et devant lui Nostre-Dame et saint Jehan, et deux angèles aux deux costés ; et au-dessus du tabernacle a un reliquaire à mettre corpvs Domini. Et est assis ledit joyau sur un entablement d'argent doré soustenu de six angèles. Et poise environ 105 marcs[2]. »

En 1502, dans l'inventaire de la cathédrale de Laon, on trouve la description suivante, dont les orfévres peuvent faire leur profit :

« Un noble vase d'argent doré pour porter la très-sainte Eucharistie à la fête du très-saint Sacrement. En haut, l'image du Sauveur assis pour le jugement. Aux côtés, deux anges dont l'un tient la croix et l'autre la lance[3]. Sur

1. « Description du trésor de la Sainte-Chapelle de Bourges », par M. Hiver de Beauvoir, p. 25, n° 57.
2. « Description du trésor de la Sainte-Chapelle de Bourges », etc., p. 15, n° 4.
3. Sujet fréquemment reproduit, sur les ostensoirs, comme le prouve le texte qui suit : — « Un joyaux de maçonnerie d'argent doré à porter Corpus Domini, où il a deux cristaulx

les côtés du vase où l'on a coutume de placer l'Eucharistie, sont les images des bienheureux apôtres Pierre et Paul. Sur le devant, un ange, fléchissant le genou, tient un écusson de cristal qui renferme les reliques suivantes, à savoir : de la crèche du Seigneur, du linge dont le Seigneur essuya les pieds de ses disciples à la Cène, du vêtement de pourpre, du bois de la très-sainte croix, de la pierre du mont Calvaire arrosée du sang du Christ, du tombeau du Christ, du suaire du Seigneur et de la pierre du sépulcre. Sous le vase en cristal où se place ordinairement l'Eucharistie, est écrit : M⁰ Jehan Dimanche. Autour du pied du vase et sur le haut de la tige, sont fixées..... des feuilles émaillées, mais..... manquent. Sur le pied sont les corps de deux morts qui ressuscitent et sortent du tombeau. Dans ce vase de cristal où repose ordinairement l'Eucharistie, deux anges tiennent un croissant dans lequel on fixe l'hostie[1]. »

Dans son genre, cet ostensoir est une sorte de « Dispute du Saint-Sacrement » en orfévrerie. Au bas et sur le premier plan, la terre qui rend ses morts, et, dans la campagne couverte d'émaux, les vivants au milieu desquels l'artiste, maître Jehan Dimanche, s'est représenté par son nom, comme Raphaël par sa figure. Au milieu, tenue par deux anges et accostée par les deux grands chefs de l'Église, saint Pierre et saint Paul, l'hostie rayonnante comme elle rayonne sur l'autel dans le tableau de Raphaël où elle est également entourée de saint Pierre, de saint Paul et des Pères de l'Église. Dans le haut, le Sauveur venant juger les hommes et entouré d'anges dont l'un porte, dans le bas, les attributs réels de la Passion et deux autres, dans le haut,

roses et quatre autres pièces de cristal aux deux costés; et au-dessus est Nostre-Seigneur en la croix et quatre angéles qui tiennent les cloux, couronne, lance et esponge. Séant sur un pié d'argent où il a six petis leonceaulx. Pesant tout ensemble 10 marcs, 4 onces, 7 esterlins. » — « Description du trésor de la Sainte-Chapelle de Bourges », p. 24, n° 32.

1. « Vas quoddam nobile argenteum deauratum ad efferendam sacratissimam Eucharistiam in festo sanctissimi Sacramenti, habens desuper imaginem Salvatoris sedentis in judicio, et a lateribus duos angelos quorum unus tenet crucem, alter lanceam; et a lateribus vasis in quo solet reponi Eucharistia sunt imagines beatorum apostolorum Petri et Pauli; et a parte anteriore habet angelum, genu flexo, tenentem scutum cristallinum continens reliquias sequentes. Videlicet : de cunabulo Domini, de lintheo quo Dominus extersit pedes discipulorum in cena, de purpureo vestimento, de ligno sanctissime crucis, de lapide montis Calvarie sanguine Christi resperso, de monumento Christi, de sindone Domini et de lapide sepulchri. Et sub cristalino vase ubi solet poni Eucharistia est id inscriptum : M⁰ Jehan Dimanche. Circa ejus pedem vasis et in stipite superno sunt affixa... folia esmaillata; sed... desunt. Et super pedem sunt corpora resurgentium duo ex sepulchris. In vase illo cristallino ubi reponi solet Eucharistia sunt duo angeli tenentes crescentem ubi locatur ipsa. » — ÉDOUARD FLEURY, « Inventaire du trésor de la cathédrale de Laon », p. 4-5.

l'image de ces attributs. Ce dernier détail a plus de rapport avec la « Fête de l'Agneau » de Van Eyck, où la Victime est entourée d'anges qui tiennent les instruments de la passion, qu'avec la « Dispute du Saint-Sacrement » ; mais Van Eyck et Raphaël ont peint la même composition de deux manières différentes et, on peut le dire, ce qui est à l'une appartient à l'autre : c'est la même idée exécutée par un artiste du nord et un artiste du midi.

Vienne une riche église, amie des grandes idées et des beaux-arts, et rien ne serait plus facile que de reproduire l'ostensoir de Laon. Certainement, je n'hésiterais pas à me charger de l'exécuter.

C'est le vrai corps de Jésus-Christ, son humanité même, qui se montre aux hommes sous l'espèce du pain eucharistique et l'apparence de l'hostie. Un ostensoir, qui n'existe plus malheureusement, mais dont le dessin, ce qui vaut mieux qu'un texte, n'a pas péri, réalisa cette idée : c'est l'ostensoir en or, diamants et perles, que Conrad de Gemingen, prince-évêque d'Eichstædt, en Bavière, donna en 1611 à sa cathédrale. D'après le dessin conservé à Eichstædt, le P. Martin grava et décrivit ce remarquable monument[1] que nous avons fait réduire nous-même et que nous donnons ici.

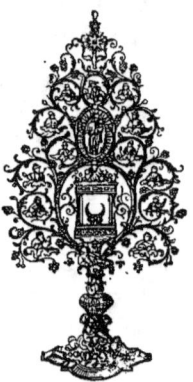

135. — OSTENSOIR D'EICHSTÆDT. — DE L'AN 1464.

D'APRÈS LE DESSIN QUI SERVIT A L'EXÉCUTION.

Au centre, dans un croissant tenu par un ange, l'hostie consacrée. Au-dessus, Marie, debout sur le croissant de la lune et enveloppée du soleil rayonnant, tient l'enfant Jésus. Plus haut, le Père, nimbe triangulaire à la tête et main droite bénissante, tient de la gauche le globe du monde. Plus haut encore, le Saint-Esprit, sous forme de colombe, plane des deux ailes longuement étendues. Ce paradis est enveloppé de rinceaux qui partent de la tige où est

1. « Mélanges d'archéologie », par les PP. Cahier et Martin, vol. IV, p. 287-289, pl. XXXV.

couché Jessé. De ce vieux tronc du patriarche s'échappent, à droite et à gauche, deux branches maîtresses qui donnent naissance à des branches secondaires recourbées en cercle. Au milieu de chaque rinceau, en guise de fruit, s'élève à mi-corps un des douze principaux ancêtres de Jésus-Christ : David à droite et tenant sa harpe, Salomon à gauche et tenant son livre de la Sagesse ; puis successivement, jusqu'au sommet, les autres ancêtres. Remarquable de pensée, plus remarquable encore de forme et d'exécution, cet ostensoir devrait se reproduire aujourd'hui pour quelqu'une de nos grandes cathédrales.

En 1611 et à son début, le xviie siècle, on le voit, n'était donc pas absolument dépourvu de poésie religieuse, et nous le retrouvons encore à son déclin, en 1685, moins beau de forme assurément, mais fort heureusement inspiré. La cathédrale de Bruges possède un ostensoir ainsi daté, « anno 1685 », qui représente un soleil rayonnant au centre duquel est placée l'hostie. Au pied, trois apôtres dorment ou plutôt se réveillent éblouis de la gloire de Jésus. Sur les côtés, Moïse et Élie sont descendus du ciel pour contempler cette gloire. Dans le haut, le Père proclame que cette hostie est son Fils, et des anges portent une banderole où se lit le témoignage du Père : Hic est filius meus dilectus. Le Saint-Esprit ombrage de ses ailes la scène entière, qui est peuplée de dix-neuf anges assis sur les nuages. Cet ostensoir, où le pain de l'hostie est devenu Dieu, représente donc la transfiguration où le Christ apparut en Dieu aux deux prophètes et aux trois apôtres. « Belle idée bien exécutée », s'écrient avec raison les rédacteurs de l'inventaire des objets d'art et d'antiquité conservés dans les églises de Bruges [1].

Que Dieu, je ne cesserai d'en faire la prière, donne aux archéologues d'aujourd'hui, aux dessinateurs, modeleurs, fondeurs et ciseleurs un peu de cette imagination qui n'avait même pas abandonné encore le xviie siècle !

XVII. — FONTS BAPTISMAUX.

Le font baptismal, où s'opère la régénération de l'homme, va de pair avec l'autel où s'accomplit le sacrifice. L'importance matérielle et la valeur dogmatique de l'un et de l'autre sont donc sensiblement les mêmes. L'église, nous l'avons dit, est bâtie pour abriter l'autel, comme le vêtement pour couvrir l'homme ; mais autrefois le font baptismal, indépendant de l'église, était

---

1. « Inventaire des objets d'art et d'antiquité des églises paroissiales de Bruges, dressé par la commission provinciale ». Bruges, 1848, in-8°, p. 77, n° 21.

contenu dans un monument spécial qu'on appelait le baptistère. Cet édifice, exclusivement réservé à l'instrument du baptême, prouve la dignité suprême de cet instrument. En conséquence, on peut dire que le baptistère est au font ce que le sanctuaire est à l'autel.

L'usage d'établir un baptistère en dehors de l'église date des premiers siècles chrétiens, de l'époque même où l'on ne baptisa plus dans les cours d'eau, et il a persisté, surtout en Italie, presque jusqu'à nos jours. Dans certaines contrées, chez nous principalement, on a réuni plus anciennement le baptistère à l'église ; cependant, pour conserver la mémoire de l'usage ancien, le lieu où se plaça le font de baptême fut toujours comme une chapelle à part et un endroit, sinon détaché de l'église, du moins n'y tenant que le moins possible. A Saint-Sulpice même de Paris, cette église que nous pouvons dire notre contemporaine, la chapelle des fonts est, pour ainsi parler, en dehors du plan de l'édifice, et elle est si bien cachée, que peu de personnes savent où elle est.

Sur les bords de la Meuse, de la Moselle et du Rhin, on rencontre fréquemment des églises à deux absides ou sanctuaires. L'une de ces absides regarde l'orient, comme celle de toutes nos cathédrales, et l'autre l'occident, comme celle des cathédrales de Verdun, de Trèves, de Mayence, de Worms. On a disserté sans fin pour savoir à quoi était destiné ce chœur de l'occident. Il est inutile de répéter ici les hypothèses et les assertions nombreuses, diverses et souvent opposées, qui furent émises ; je me contenterai de donner mon opinion, que je regarde comme à peu près certaine.

Auprès des églises où ces deux chœurs s'observent, je ne crois pas qu'on ait constaté l'existence d'un baptistère contemporain de ces églises. Ailleurs, au contraire, où le baptistère est indépendant, l'église n'a qu'un seul chœur, celui de l'orient, c'est-à-dire le sanctuaire proprement dit.

Toute église normale doit être orientée : le sanctuaire à l'orient, l'entrée ou le portail à l'occident. Or, les baptistères indépendants, comme ceux des cathédrales de Florence et de Pise, regardent exactement l'occident ou le portail de l'église. Aujourd'hui encore, la chapelle des fonts est ou doit être placée immédiatement après le portail, c'est-à-dire à l'occident, quand l'église est régulière. Cette bâtisse moderne de Paris, qu'on appelle Notre-Dame de Lorette, a même conservé cet usage, bien qu'elle soit désorientée.

Dans un certain nombre d'églises à deux chœurs, malgré la perturbation des coutumes les plus anciennes et les plus vénérables, j'ai retrouvé le font baptismal dans le cœur occidental, et je citerai notamment la cathédrale de Münster, en Westphalie, dont le font est en bronze et du XIVe siècle. Il est évident qu'on a déplacé le font de la cathédrale de Worms, qui était au chœur occidental autrefois et qui est relégué aujourd'hui dans une chapelle basse du sud, plus récente que l'église. Mais il existe un fait supérieur aux faits et aux raisonnements qui précèdent.

Les archives de l'abbaye de Saint-Gall, en Suisse, possèdent le plan manuscrit de leur monastère, dressé vers 820. La grande église a deux chœurs, l'un à l'orient, où est l'autel majeur et où saint Paul, comme dit la légende du plan même, reçoit des honneurs dignes de lui :

HIC PAVLI DIGNOS MAGNI CELEBREMVS HONORES

A l'occident, où est l'entrée de l'édifice, le chœur est à saint Pierre :

HIC PETRVS ECCLESIE PASTOR SORTITVR HONORES

Un peu plus loin est l'autel des deux saints Jean, Baptiste et Évangéliste. Or, c'est entre cet autel de saint Pierre et celui du précurseur qui baptise Jésus, c'est-à-dire à l'entrée du chœur occidental, qu'est placé le font baptismal, FONS, accompagné de cette légende :

ECCE RENASCENTES SVSCEPTAT XPVS ALVMNOS

Rien n'est plus décisif[1].

D'où je conclus que, dans les contrées germaniques et dans les pays froids, où très-anciennement fut adopté l'usage de réunir les baptistères aux églises, on arrêta la grande nef, à l'orient et à l'occident, par deux chœurs : l'orient fut consacré au sanctuaire, pour l'autel ; l'occident au baptistère, pour l'instrument de la régénération. Ce fait seul témoigne de la dignité du font baptismal, puisque ce monument rivalise, comme on le voit, avec l'autel lui-même et qu'il regarde face à face l'instrument du sacrifice.

Comme l'autel, le font baptismal n'a pas une forme extrêmement variée. Dans son essence, l'autel est un carré long évidé ou plein, c'est-à-dire une table ou un tombeau ; dans sa forme essentielle, le font est une cuve circulaire posant à même sur le sol ou montée sur un soubassement évidé ou plein.

A l'intérieur, le font est toujours cylindrique, parce que toute autre forme à pans serait gênante pour le baptisé et surtout incommode pour l'administration du sacrement. Un liquide ne peut être facilement contenu que dans un vase

---

1. D'après un fac-simile fort exact et une description minutieuse publiés à Zürich par M. Keller, M. le docteur Willis a publié lui-même, en juin 1848, le fac-simile et un commentaire détaillé de ce plan de Saint-Gall dans l' « Archeological Journal », vol. v, p. 85-117. En 1852, M. Albert Lenoir a repris le fac-simile de M. Keller et l'a publié dans son « Architecture monastique », première partie, pl. xv, p. 24-26.

circulaire : si le vin de l'eucharistie se verse toujours dans un calice à coupe ronde, l'eau du baptême est également contenue dans une cuve arrondie. Mais à l'extérieur le font, surtout lorsqu'il est en pierre, prend quelquefois la forme carrée ou à pans multiples.

Un archéologue anglais, M. Paley, a publié une monographie assez étendue des fonts de baptême existant aujourd'hui encore dans la Grande-Bretagne [1] : c'est une série de cent vingt-quatre fonts, tous gravés sur bois et décrits un à un, depuis l'époque normande jusqu'à la renaissance. Le premier du recueil est contemporain de Guillaume le Conquérant, du XIe siècle, et le dernier porte la date de 1544.

Dans ce nombre considérable de fonts baptismaux la forme varie peu : à l'intérieur, la cuve est toujours ronde ; à l'extérieur, elle est presque toujours circulaire, mais quelquefois à quatre, six, huit ou douze pans. Cette cuve est ordinairement portée par un socle orné de colonnes, et le tout est exhaussé sur une, deux ou trois marches. Ainsi, marches, socle et cuve fermée d'un couvercle, tels sont les éléments d'un font complet, comme marches, pieds et table sont les éléments de l'autel.

Suivant les siècles divers, la cuve et son couvercle sont décorés d'ornements géométriques, feuillagés ou zoologiques, qui permettent d'assigner une date au font baptismal, comme on peut en attribuer une à un monument quelconque d'architecture. Nous renverrons à la monographie des fonts anglais, qui ne diffèrent en rien des fonts de France, ceux qui voudront étudier cette ornementation. Ce qui nous intéresse spécialement ici, ce sont les fonts en métal et l'iconographie qu'on aimait à y ciseler.

En France et en Angleterre, les fonts en bronze sont rares ; en Belgique,

136. — FONT BAPTISMAL DE LIÉGE. — XIIe SIÈCLE. — EN BRONZE.

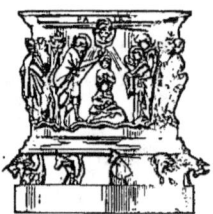

HAUTEUR, 60 CENT. — DIAMÈTRE, 90 DANS LE BAS, 80 DANS LE HAUT.

au contraire, et dans toute l'Allemagne, ils sont assez fréquents. Déjà nous avons publié, en gravure et description, le plus remarquable de la Belgique,

1. « Baptismal Fonts », by F.-A. PALEY. Un vol. in-8°, Londres, 1844.

celui de Saint-Barthélemy de Liége, provenant de Sainte-Marie-aux-Fonts, qui devait être le baptistère ancien, principal et sans doute unique, de la ville de Liége.

Je ne répéterai pas ici la description minutieuse que j'en ai faite dans les « Annales Archéologiques [1] » ; je ferai seulement remarquer de nouveau que cette cuve d'airain est portée par les douze bœufs de la mer d'airain du temple de Salomon, et que sur les parois s'enlèvent en fort relief les baptêmes les plus célèbres et les plus anciens. Celui des publicains par saint Jean-Baptiste, de Jésus-Christ par le même saint Jean, du centurion Cornelius par saint Pierre, et du philosophe Craton par saint Jean-Évangéliste. Le couvercle n'existe plus, par malheur, mais les textes anciens nous apprennent que des prophètes et des apôtres occupaient cette place :

Hoc quod fontes desuper operit
Apostolos et prophetas exerit [2].

Ces prophètes devaient être ceux qui ont pressenti le baptême et qui ont énuméré les qualités mystérieuses de l'eau ; ces apôtres devaient être les dix autres (puisque saint Pierre et saint Jean sont aux parois de la cuve), qui ont baptisé les diverses nations comme on les a représentés dans les mosaïques du baptistère de Saint-Marc de Venise.

C'est là, assurément, une belle iconographie et parfaitement appropriée à un font baptismal. Cependant il en est une plus belle encore et plus complète, qui compose ou couvre la base, la cuve et le couvercle du font baptismal de Hildesheim, dont nous donnons une petite représentation.

En hauteur totale, base, cuve et couvercle, il mesure deux mètres ; il a un mètre d'ouverture à la bouche de la cuve. Il date du second ou troisième tiers du xiiie siècle, cette époque souveraine pour l'art dans le monde entier.

La forme générale en est d'une rare beauté ; mais l'iconographie symbolique, dont les supports de la base, le ventre de la cuve et les pentes du couvercle sont animés, va de pair avec tous les monuments du xiiie siècle [3].

Trois étages de construction : base, cuve et couvercle. Trois étages de

1. Voir le volume v, p. 21-37.

2. « Chronique de Tongres », par GILLES, moine d'Orval, dans Chapeauville, historien de Liége, vol. ii, p. 50.

3. MM. KING et HILL, « Études pratiques tirées de l'architecture du moyen âge en Europe », Bruges 1857, vol. ii, pl. LIX-LXII, p. 4-7 de la notice sur les « Églises de Hildesheim », ont publié le dessin et la description de cette œuvre de métal. Précédemment, en 1840, dans son « Der Dom zu Hildesheim », vol. i, p. 159-204 du texte, pl. xii, fig. ii, de l'atlas, le savant docteur Kratz avait également publié une description détaillée et un dessin d'ensemble de ce monument.

sujets : à la base, la terre symbolisée ; à la cuve, l'Ancien Testament et l'aurore du Nouveau ; au couvercle, l'Évangile et le développement du christianisme. En construction, l'ensemble est un font baptismal ; en iconographie, le système est la rédemption par l'eau.

Au centre de l'étage inférieur qui porte tout le monument, colonne ronde et trapue dont la base est cantonnée par des blocs de rochers, des espèces de boules du monde. Ces blocs sont saisis par des serres d'aigles dont les pattes arc-bouttent la colonne. Dans ce pilier trapu et ces fragments de rochers, nous voyons le symbole de la terre aussi manifestement qu'est symbolisée l'eau dans la personnification des quatre fleuves accroupis, piliers vivants qui portent la cuve sur leurs épaules, comme on représente Atlas qui porte le monde.

137. — FONT DE HILDESHEIM, EN BRONZE. — FIN DU XIIIᵉ SIÈCLE.

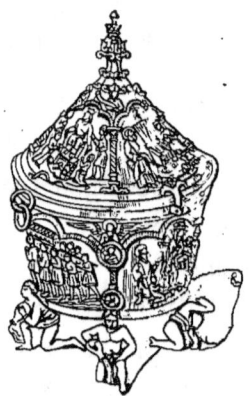

HAUTEUR TOTALE, 2 MÈTRES. — DIAMÈTRE DE LA CUVE, 1 MÈTRE.

En suivant l'ordre établi dans la Génèse, ces fleuves sont le Phison, le Gehon, le Tygre et l'Euphrate [1]. Le font de Hildesheim donne à sa façon un commentaire, une signification de chaque fleuve. Ce commentaire est gravé en quatre vers, chacun précédé d'une croix, sur le ruban de moulure qui forme comme une frise au fond de la cuve. Ces quatre vers, les voici :

+ Os · mvtans · phison · est · prvdenti · similatvs·
+ Temperiem · geon · terre · designat · hiatvs ·
+ Est · velox · tigris · qvo · fortis · significatvr·
+ Frvgifer · evfrates · est · ivstitia · qve · notatvr·

1. « Et fluvius egrediebatur de loco voluptatis ad irrigandum paradisum, qui inde dividitur in quatuor capita. — Nomen uni Phison : ipse est qui circuit omnem terram Hevilath, ubi nascitur aurum. — Et aurum terræ illius optimum est : ibi invenitur bdellium et lapis onychinus. — Et nomen fluvii secundi Gehon : ipse est qui circuit omnem terram Æthiopiæ. — Nomen vero fluminis tertii, Tygris : ipse vadit contra Assyrios. Fluvius autem quartus, ipse est Euphrates ». — « Liber Genesis », cap. II, vers. 10-13.

Le Phison, suivant le théologien allemand, change de face; il a deux ou trois visages, comme la Prudence, et il lui est assimilé. Le Gehon, gouffre de la terre, désigne la Tempérance. Le Tygre est rapide et signifie la Force. L'Euphrate est fertile et caractérise la Justice.

Texte vraiment précieux pour ceux qui voudraient faire une iconographie des quatre fleuves. Quant à ces fleuves vivants, ils sont en hommes, vieux ou d'âge moyen, nus aux pieds, à la tête, et ils versent des flots qui sortent de l'urne, attribut consacré par l'antiquité païenne. Mais, singularité curieuse, le Tygre est habillé en soldat, couvert de mailles aux jambes, au corps et à la tête. Urne ruisselante à la main gauche, il tient à la main droite une épée la pointe en l'air. La rapidité serait donc, au moyen âge, la qualité principale du soldat, puisque c'est celle du Tygre, « velox Tygris », et la « furia francese », qui caractérise nos soldats et qui vient encore d'étourdir l'Europe dans les champs de la Lombardie, aurait son origine dans celle de ce terrible fleuve du paradis terrestre.

Le Phison est prudent, le Gehon est tempérant, le Tygre est fort, l'Euphrate est juste; aussi, tout au-dessus d'eux, à l'endroit de leur tête, dans des médaillons circulaires, on voit la représentation de la Prudence, de la Tempérance, de la Force et de la Justice. Ces quatre vertus servent de base à la cuve, comme les fleuves servent de base à tout le monument.

La cuve est partagée en quatre sujets dont chacun est encadré dans une arcade tréflée. Ces arcades reposent sur une colonne dont la base s'appuie sur une vertu cardinale et dont le chapiteau est surmonté d'un des quatre grands prophètes.

La Prudence (PRVDENCIA) est une reine couronnée, tenant à la gauche un serpent qui semble aller lire dans un livre ouvert, miroir intellectuel qu'elle tient à la main droite. Sur une banderolle on lit :

ESTOTE • PRVDENTES • SICVT • SERPENTES •

La Tempérance (TEMPERANCIA), reine également, tient à la main gauche un vase dans lequel, de la main droite, elle verse un liquide, probablement de l'eau. On lit, autour du médaillon qui la circonscrit, ce vers d'Horace, si spirituellement appliqué ici à la tempérance :

OMNE • TVLIT • PVNCTVM • QVI • MISCVIT • VTILE • DVLCI •

La Force (FORTITVDO) est un roi couronné, couvert de mailles, bouclier blasonné à la main gauche, épée nue et pointe en l'air à la main droite. Sur une banderolle, qu'il tient avec son bouclier, on lit :

VIR • QVI • DOMINATVR • ANIMO • SVO • FORTIOR • EST • EXPVGNATORE • VRBIVM •

La Justice (IVSTICIA), reine couronnée, tient à la main droite une balance dont elle égalise les plateaux, et à la gauche une banderolle où se lit :

OMNIA · IN · NVMERO · MENSVRA · ET · PONDERE · PONO·

La Prudence sert de base ou de soubassement à la colonne dont le chapiteau est surmonté du prophète Isaïe : YSAYAS PROPHETA. Le prophète, barbu, tête nue, mais nimbée comme celle d'un saint, tient une banderolle où on lit :

EGREDIETVR · VIRGA · DE · RADICE · IESSE·

Au chapiteau de la Tempérance, c'est le prophète Jérémie : PROPHETA IEREMIAS. Tête barbue, nue et nimbée, Jérémie tient une banderolle où est ce texte qui exprime bien la modération et la tempérance :

REGNABIT · REX · ET · SAPIENS · ERIT·

Au chapiteau de la Force est le prophète Daniel : + DANIEL PROPHETA. Il est imberbe. Sa tête est nimbée comme celle d'un saint, mitrée ou tiarée comme celle d'un grand-prêtre. Il indique de la droite le passage de la mer Rouge et tient de la gauche une banderolle où :

OMNES · POPVLI · ET · TRIBVS · ET · LINGVE · IPSI · SERVIENT·

Texte de force et de toute puissance.

Au chapiteau de la Justice, c'est Ézéchiel : EZECHIEL PROPHETA. Tête nue, barbue et nimbée. Il tient des deux mains une banderolle où :

SIMILITVDO · ANIMALIVM · ET · HIC · ASPECTVS · EORVM·

Je ne saisis pas le rapport entre ce texte et la Justice pas plus qu'entre celui d'Isaïe et de la Prudence.

A Chartres, au croisillon du sud, dans la galerie placée sous la rosace, on voit les quatre grands prophètes portant sur leurs épaules les quatre évangélistes, comme l'Ancien Testament porte le Nouveau. Ici, de même, au-dessus des quatre grands prophètes, s'élèvent les attributs des quatre évangélistes.

Sur la colonne de la Prudence et d'Isaïe, l'ange ailé et nimbé de saint Mathieu (SCS · MATHEVS · EWANGLA·) tient une banderolle où ce texte n'est pas étranger à la prudence :

IPSE · SALVVM · FACIET · POPVLVM · SVVM · A · PECCATIS · EORVM·

Sur la colonne de la Tempérance et de Jérémie, le plus tempérant des animaux, c'est-à-dire le bœuf de saint Luc (S · LVCAS · EWANGLA), tient une banderolle où ce texte est assez mal choisi pour la tempérance :

DABIT · ILLI · DNS · SEDEM · DAVID · PATRIS · EIVS·

Sur la colonne de la Force et de Daniel, le fort, rugissant et terrible lion de saint Marc (s · MARCVS · EWANGLA) tient une banderolle où est ce texte dont le dernier mot est redoutable :

IPSE · VOS · BAPTIZABIT · IN ꞉ SPIRITV· SANCTO · ET · IGNE·

Sur la colonne de la Justice et d'Ézéchiel, l'aigle de saint Jean (s · IOHANNES EWANGLA) tient une banderolle où se lit : ˙

VERBVM · CARO · FACTVM · EST·

J'aperçois bien un rapport entre Ézéchiel, qui a entrevu et admiré le ciel, et saint Jean, qui l'a vu et décrit. Je comprends que la Justice, qui règne surtout au ciel, soit surmontée de l'aigle, qui habite les espaces célestes plutôt que la terre. Je comprends encore que l'aigle, attribut des empereurs qui doivent surtout faire régner l'équité sur la terre, domine la représentation de la justice humaine; mais je ne trouve pas une relation suffisante entre le « Verbum caro factum est » et la justice terrestre ou céleste. L'incarnation et la rédemption procèdent surtout de la miséricorde divine.

Ces attributs allemands des évangélistes ne ressemblent pas aux nôtres. Chez nous, l'attribut est tout entier un animal (l'ange excepté, bien entendu); chez les Allemands, c'est un être humain, qui n'a d'animal que la tête et les ailes.

Les quatre Vertus cardinales, les quatre grands prophètes et les quatre attributs des évangélistes circonscrivent quatre arcades trilobées, dans chacune desquelles se développe un sujet circonstancié. Entre le Phison et le Gehon, la Prudence et la Tempérance, Isaïe et Jérémie, saint Matthieu et saint Luc, est assise sur un trône la sainte Vierge tenant l'enfant Jésus. Marie (SCA · MARIA), nimbée et couronnée, tenait à la droite un petit sceptre fleuronné, que Jésus a pris à sa main gauche pendant que, de la droite, il caresse le menton de sa mère, humain et charmant motif, qui annonce déjà le XIVᵉ siècle. J'ai dit plus haut que le texte de l'attribut de saint Luc, « Dabit illi Dominus sedem David patris ejus », n'avait pas un rapport bien net avec la Tempérance qui sert de soubassement à la colonne où repose saint Luc ; je ne retire pas mon observation, mais j'ajoute que ce texte s'applique à merveille à l'enfant Jésus, assis sur les genoux de sa mère, assise elle-même sur un trône royal. Quant à Isaïe, placé à la droite du groupe, et qui dit : « Egredietur Virga de radice Jesse », on sent qu'il devait escorter la Vierge mère.

Aux pieds de la Vierge est agenouillé un jeune ecclésiastique imberbe, vêtu d'une chasuble et tenant à deux mains une banderolle où on lit :

AVE · MARIA · GRACIA · PLENA ·

Évidemment c'est le donateur du monument, qui paraît s'appeler Wilbernus. Il est présenté à Marie par deux saints évêques du diocèse, tous deux debout, nimbés, crossés, mitrés et revêtus de la chasuble. Au-dessus de leur tête, dans l'archivolte de l'arcade trilobée, on lit la double inscription suivante, dont la première et la seconde moitié sont séparées par une croix.

WILBERN' · VENIE · SPEM · DAT · LAVDIQ · MARIE
HOC · DECVS · ECCLESIE · SVSCIPE · XPE · PIE

Entre le Géon et le Tygre, la Tempérance et la Force, Jérémie et Daniel, saint Luc et saint Marc, Moyse (MOYSES), nimbé comme un saint, tables de la loi à la main gauche, tient à la main droite une baguette avec laquelle il sépare les eaux de la mer Rouge pour faire passer les douze tribus d'Israël. Chaque tribu est représentée par un individu coiffé d'un bonnet conique à pointe[1]. Ces douze Hébreux portent à la main ou sur leurs épaules les dépouilles et les vases de l'Égypte, les habits et les provisions du voyage. Aaron tient à la main gauche une cassette et sa verge fleurie à la droite. Pour vivre dans le désert, pour gouverner une multitude indisciplinée, il fallait au peuple la Tempérance et à Moyse le Courage entre lesquelles cette scène est sculptée. Le texte de saint Marc, du reste, « Ipse vos baptizabit in Spiritu sancto et igne », convient parfaitement au sujet. A l'archivolte, on lit :

PER · MARE · PER · MOYSEN · FVGIT · EGYPTVM · GENVS · EORVM ·
PER · XPISTVM · LAVACHRO · FVGIMVS · TENEBRAS · VICIORVM ·

Entre le Tygre et l'Euphrate, la Force et la Justice, Daniel et Ézéchiel, le lion de saint Marc et l'aigle de saint Jean, est figuré le baptême du Sauveur. Jésus, nimbé du nimbe crucifère, est plongé dans le Jourdain jusqu'à mi-corps. A la gauche, deux anges tiennent les vêtements du Christ ; à la droite, saint Jean-Baptiste, nu-pieds et nimbé comme un apôtre, pose la main droite sur le front du Sauveur. Au-dessus de la tête du Christ, le Saint-Esprit, en

---

1. Saint Paul, « Épitre première au Corinthiens », ch. x, vers. 1-11, fait comprendre ce sujet :
— « Frères, vous ne devez pas ignorer que nos pères ont tous été sous la nuée ; qu'ils ont tous passé la mer Rouge ; qu'ils ont tous été baptisés sous la conduite de Moïse dans la nuée et dans la mer ; qu'ils ont tous mangé la même viande mystérieuse, et qu'ils ont bu le même breuvage mystérieux. Car ils buvaient de l'eau de la pierre mystérieuse qui les suivait, et cette pierre était Jésus-Christ... Or, toutes ces choses ont été des figures de ce qui nous regarde... »

colombe, étend ses ailes; au-dessus du Saint-Esprit, le Père,·sortant la tête des nuages ou du ciel, bénit son Fils de la main droite, tandis que de la gauche il tient une banderolle où se lit :

IIIC · EST · FILIVS · MEVS · DILECTVS·

A l'archivolte de l'arcade trilobée est écrit :

IIIC · BAPTIZATVR · XPC · QVO · SANCTIFICATVR·
NOBIS · BAPTISMA · TRIBVENS · IN · FLAMINE · CHRISMA·

Enfin, entre l'Euphrate et le Phison, la Justice et la Prudence, Ézéchiel et Isaïe, l'aigle de saint Jean et l'ange de saint Matthieu, les douze enfants d'Israël, représentés par un Hébreu et conduits par Josué, portent l'arche d'alliance sur leurs épaules et traversent à pied sec le Jourdain, au fond duquel ils vont déposer les pierres qu'ils tiennent à la main.

A l'archivolte de l'arcade on lit :

AD · PATRIAM · IOSVE · DVCE · FLVMEN · TRANSIT · HEBREVS·
DVCIMVR · AD · VITAM · TE · DVCE · FONTE · DEVS·

Ces deux vers nous dispensent de faire remarquer combien le passage du Jourdain et de la mer Rouge sont des « figures » parfaitement choisies pour représenter le baptême qui s'administre dans ce monument de bronze.

La « lèvre » de ce font baptismal est faite par une moulure plate, un ruban entre des filets, sur lesquels on a gravé tout autour les quatre vers qui suivent, et dont chacun est précédé d'une croix :

+ Qvatvor · irrorant · paradisi · flumina · mvndvm·
+ Virtvtes · Qve · rigant · totidem · cor · crimine · mvndvm·
+ Ora · prophetarvm · qve · vaticinata · fvervnt·
+ Hec · rata · scriptores · evangelii · cecinervnt· +

Au premier vers, les quatre fleuves qui arrosent le monde ; au deuxième, les quatre vertus qui abreuvent le cœur pur ; au troisième, les quatre grands prophètes dont les prophéties furent proclamées des réalités par les quatre évangélistes du quatrième vers.

Je ne sais si l'on sera de mon avis, mais j'admire cette géométrie de quatre par quatre où est renfermée, d'une façon si mathématique et si poétique tout à la fois, l'histoire de la religion.

· Le couvercle complète la cuve matériellement et symboliquement, comme la couronne complète et caractérise un souverain.

Ce couvercle, conique comme la tiare des papes du XIIIe siècle, est sculpté de quatre sujets qui correspondent aux quatre scènes du bassin.

Ainsi, immédiatement au-dessus de la Vierge mère tenant l'enfant Jésus, fleurit la baguette d'Aaron au milieu des onze autres baguettes des tribus d'Israël. Isaïe, qui est au bassin et qui dit « Egredietur Virga de radice Jesse », peut, en levant la tête, voir cette floraison d'un bâton desséché. Les douze baguettes sont placées sur un autel que Moïse accoste à droite et Aaron à gauche. Moïse (MOYSES) pieds nus et nimbé comme un apôtre, tient une banderolle où se lit :

PROPHETAM · SVSCITABIT · DE · FILIIS · VESTRIS·

Aaron (AARON), pieds chaussés, mais tête nimbée et coiffée de la tiare conique, tient des deux mains le vase des sacrifices, aiguière dans laquelle sa baguette a repris sa séve.

A l'archivolte de l'arcade trilobée qui encadre cette scène, on lit ce texte, qui explique le rapport entre la floraison d'une branche morte et la maternité d'une vierge :

VIRGA · VIGET · FLORE · PARIT · ALMA · VIGENTE · PVDORE·

Au-dessus des colonnes qui portent cette archivolte, sortent à mi-corps des prophètes qui précisent encore par leur présence et leurs paroles la scène qu'ils accompagnent.

Au-dessus de la colonne droite de l'arcade où fleurit le bâton d'Aaron, est le roi Salomon (SALOMON · REX ·), qui tient une banderolle où on lit :

FLORES · MEI · FRVCTVS · HONORIS · ET · HONESTATIS·

Le second sujet du couvercle domine celui du passage de la mer Rouge, sculpté sur le bassin. Ce sujet est le Massacre des Innocents. A la voix d'Hérode (HERODES), assis sur un trône et assisté d'un conseiller armé d'une épée, un soldat arrache des bras d'une mère, pour l'égorger, un pauvre enfant tout nu. Une autre femme allaite son jeune enfant, qui va être égorgé à son tour, et qui apportera son tribut de sang à ces flots dont la mer Rouge était une « figure ».

Au-dessus de la colonne, le prophète Jérémie pleure, avec Rachel, sur une banderolle qu'il tient à la main droite, qu'il montre de la main gauche et où se lit :

VOX · IN · RAMA · AVDITA · PLORATVS · ET · VLVLATVS · RACHEL · PLORANTIS · FILIOS · SVOS·

A l'archivolte de l'arcade qui renferme ce baptême de sang, on lit :

QVOS · DOLOR · OSTENTAT · CRVOR · A · CRVDELE · CRVENTAT·

Au-dessus du baptême du Christ, sculpté sur la cuve, et qui est l'origine de notre rédemption, on voit, au couvercle, Jésus à table chez le pharisien. Marie Madeleine se prosterne aux pieds du Christ, qu'elle essuie avec ses cheveux. Simon le pharisien tient une banderolle où on lit :

HIC · SI · ESSET · PROPHETA · SCIRET · VTIQVE · QVALIS · ET · QVE · EST · MVLIER · QVE · TANGIT · EVM·

Mais Jésus tient une banderolle où il répond à Simon par ces paroles qui y sont gravées :

REMITTVNTVR · EI · PECCATA · MVLTA·

A l'archivolte, on lit :

SPE · REFICIT · PECTVS · LACRIMIS · A · FLENTE · REFECTVS·

Le prophète qui surmonte la colonne est le roi David ($\overline{\text{DD}}$ REX) ; il tient une banderolle où on lit :

CIBAVIT · NOS · PANE · LACRIMARVM · ET POTVM · DEDIT · NOBIS · IN · LACRIMIS.

Enfin, au-dessus du passage du Jourdain, on voit au couvercle les six œuvres de miséricorde exercées par la Miséricorde même (MISERICORDIA) personnifiée dans une reine assise sur un trône, donnant, de la gauche, un pain à un affamé, de la droite, une boisson à un homme qui a soif. A sa droite, un homme nu va se couvrir d'un vêtement qu'elle lui a donné. A sa gauche, un pèlerin, un voyageur, se présente à elle et en est accueilli. Sous ses pieds est en prison un homme qu'elle a visité, et un malade qu'elle a soigné. Enfin, en dehors du cadre, se sauve en rampant un serpent qui est le symbole du crime et qu'elle laisse échapper, cette miséricordieuse sublime, parce qu'il lui a fourni les moyens de secourir les malheureux.

A l'archivolte, on lit :

+ DAT · VENIAM · SCELERI·· PER · OPES · INOPEM · MISERERI·

Au-dessus de la colonne, le prophète Isaïe (YSAIAS · P.) tient une banderolle où il dit :

FRANGE · ESVRIENTI · PANEM · TVVM · ET · EGENOS · VAGOSQVE · INDVC · IN · DOMVM · TVAM.

On voudra bien se rappeler tout ce que nous avons dit sur les six œuvres de miséricorde, surtout à propos du vitrail de la Charité[1], et nous dispenser, en conséquence, d'y revenir ici.

1. « Annales Archéologiques », vol. XIV, p. 217-224.

Enfin, comme commentaire définitif de cette œuvre de bronze, les quatre
vers suivants sont gravés sur la moulure plate où repose le couvercle :

> Mvndat · vt · inmvnda · sacri · baptismatis · vnda
> Sic · ivsto · fvsvs · sangvis · lavachri · tenet · vsvs
> Post · lavat · attracta · lacrimis · confessio · facta ÷
> Crimine · fedatis · lavachrvm · fit · opvs · pietatis

Le premier vers appartient au sujet de l'incarnation ou de la rédemption,
c'est-à-dire à Jesus enfant sur les genoux de sa mère, et à la floraison de la
verge d'Aaron.

Le second regarde le passage de la mer Rouge et le massacre des Innocents,
figure et réalité du baptême du sang.

Le troisième tient au baptême de Jésus, et surtout à la conversion de Marie
Madeleine, qui confesse et pleure ses péchés aux pieds du Christ chez Simon.

Le quatrième est placé au-dessus du passage du Jourdain et au-dessous
des œuvres de miséricorde.

Dans le premier vers, rémission des péchés par l'eau; dans le second, par
le sang; dans le troisième, par la pénitence; dans le quatrième, par les
bonnes œuvres.

Je ne connais rien, de la base au couvercle, comme iconographie et comme
texte, de plus théologique et de plus poétique que ce font de Hildesheim.
Et quand on songe que sur ce bronze, large de un mètre et haut de deux mètres
seulement, il y a soixante-dix-sept personnages dont vingt isolés et cinquante-
sept composant huit scènes diverses ; en outre quarante inscriptions différentes,
dont vingt-quatre vers et seize textes bibliques, le tout, figures et paroles,
concourant à constituer une œuvre de metal, un font de baptême, on doit
prendre en pitié les pauvres gens de notre époque qui raillent le moyen âge
en général et le XIIIᵉ siècle en particulier, époque du bronze de Hildesheim.
L'importance de ce monument nous a décidé à donner les longs détails qui
précèdent, car c'est une œuvre réellement unique aujourd'hui. Grâce à
l'obligeance de M. de Quast, inspecteur général des monuments historiques
de la Prusse, et au véritable dévouement de M. le docteur Kratz, cette œuvre,
nous l'avons fait mouler en plâtre comme le chandelier de Milan, et nous avons
l'intention de la reproduire en bronze, absolument telle qu'elle existe, pour
celles des églises de France qui ne reculeraient pas devant la dépense d'un
pareil travail, dépense qui ne s'élève pas plus haut, du reste, que celle d'un
font de cette espèce en marbre et même en pierre.

L'iconographie des fonts anglais, français et même italiens nous paraîtra bien pauvre en présence des fonts de Liége et de Hildesheim ; cependant, il convient d'en dire un mot.

L'iconographie des fonts anglais n'est pas fort variée ; sauf le baptême du Sauveur qu'on y rencontre quelquefois, les sujets de la vie de Marie et de Jésus, comme l'Annonciation et l'Adoration des mages, n'y conviennent guère. Du moins le Crucifiement et la Résurrection s'y justifient par le dogme et par ce texte de saint Paul : « Ne savez-vous pas que nous tous, qui avons été baptisés en Jésus-Christ, nous avons été baptisés en sa mort? En effet, nous avons été ensevelis avec lui par le baptême, pour mourir au péché, afin que, comme Jésus-Christ est ressuscité d'entre les morts par la gloire de son père, nous marchions aussi dans une vie nouvelle [1]. » Les patrons particuliers des paroisses [2], les saints et les saintes qui triomphent de Satan, comme sainte Marguerite, les Vertus personnifiées qui terrassent les Vices [3], sont autant de sujets fort convenables pour un font baptismal. Sur les fonts de Nettlecombe (Sommerset) et ceux de Walsoken (Norfolk) est représentée l'administration des sept sacrements ; c'est trop de six. J'aime mieux le font de Bradley (Lincolnshire), où l'on a gravé le commencement des prières « Pater noster, Ave Maria, Credo, » que les parrains et marraines doivent réciter pour leur filleul [4].

Tout cela est assez ingénieux, mais pauvre, et la France ou l'Italie, qui ne sont guère plus riches, doivent s'incliner devant les fonts de Liége et de Hildesheim [5]. L'Italie, cependant, a fait des efforts pour échapper à cette icono-

1. Saint Paul, « Epist. ad Romanos », cap. vi, vers. 3-4.
2. Dans l'église de Tous-les-Saints, de Norwich, le pied et la cuve du font baptismal sont remplis de saints de tout genre.
3. Font de Stanton Fitz Warren (Wiltshire).
4. Voir tous les fonts anglais dans les « Baptismal Fonts », par Paley, in-8°, Londres, 1844.
5. Puisque je ne fais pas une monographie des fonts baptismaux, il est assez inutile que je onne la liste de tous les fonts, même en métal, qui peuvent encore exister. Je demande cependant à mentionner un font en bronze, qu'on voit aujourd'hui dans le Musée d'antiquités de Bruxelles et qui porte la date de 1149. Le pied et le couvercle n'existent plus, mais la cuve est entière et, dans une série de quatorze arcades, on voit, sculpté en relief : Jésus baptisé, Jésus crucifié, Jésus glorifié, les quatre évangélistes, les apôtres saint Pierre et saint André, l'évêque saint Germain. A la lèvre de la cuve, on lit :

CHRISTVS FONS VITE FONTEM SIC CONDIDIT ISTVM
VT NISI PER MEDIVM MISERI REDEAMVS AD IPSVM

Au filet qui sert de base à l'arcature :

VERBO ACCEDENTE AD ELEMENTVM FIDEI SACRAMENTVM.

Enfin, sur des bandes verticales qui divisent en quatre parties la base de la cuve :

graphie parcimonieuse ou banale, et je louerai particulièrement le font baptismal, en marbre blanc d'un seul bloc, sculpté dans le baptistère de Florence par un élève de Donatello, en 1470.

Ce font est hexagone et sur chaque face est sculpté un baptême avec une inscription qui nomme chaque scène spéciale.

CHRISTVS BAPTISAT IOHANNEM. — IOHANNES BAPTISAT POPVLVM. — IOHANNES BAPTISAT CHRISTVM. — CHRISTVS BAPTISAT APOSTOLOS. — S. SILVESTER BAPTISAT CONSTANTINVM. — SACERDOS BAPTISAT PVEROS.

Je ne savais pas que le Sauveur eût baptisé saint Jean. Si j'ai bien lu, je comprendrais que le Christ ou plutôt Dieu a transmis à saint Jean le pouvoir de baptiser, et alors j'expliquerais ainsi ces inscriptions :

Dieu baptise Jean, Jean baptise le peuple, Jean baptise le Christ, le Christ baptise les apôtres, saint Silvestre (homme apostolique) baptise Constantin, le prêtre baptise les enfants.

C'est presque une généalogie du baptême et une transmission chronologique du pouvoir baptismal : « Dieu baptise Jean, qui baptise le Christ, qui baptise les apôtres, qui baptisent les nations, etc. » Malheureusement, cette cuve est endommagée : les inscriptions et les sujets sont mutilés, difficiles à lire et assez difficiles à voir. Quoiqu'il en soit, dans la cathédrale d'un grand pays, comme celle de Paris, par exemple, on pourrait mettre à profit cette idée et représenter chronologiquement, sur le font baptismal, les plus fameux baptêmes du monde. Si, en Italie, on a représenté le baptême de Constantin, en France, il faudrait y ajouter celui de Clovis.

XVIII. — VASES AUX SAINTES HUILES.

A l'entrée, au milieu et à la sortie de ce monde, c'est-à-dire au baptême, à la confirmation et à l'extrême-onction, l'église assouplit, fortifie et ranime les membres de ses fidèles en les frottant d'huile, comme on frottait autrefois les athlètes qui se préparaient au combat.

Cette huile bénite étant destinée aux trois termes de la vie humaine, au

ANNO DOMINICE INCARNATIONIS M C QVADRAGESIMO NONO REGNANTE CONRADO EPISCOPO HENRICO II DE DIONANTE MARCHIONE SEPTENNI GODEFRIDO.

Il est donc à peu près certain que c'est à Dinant, si célèbre par la batterie de cuivre à laquelle même elle a donné son nom (la dinanderie), que ce font, assez laid du reste, a été exécuté en 1449. M. Ar. Schaepkens a décrit et gravé cet objet curieux dans son « Trésor de l'art ancien en Belgique », p. 8, pl. v.

début, au milieu et à la fin de la carrière, est de trois espèces. Pour le nouveau-né ou le nouveau baptisé, c'est l'huile des catéchumènes ; pour l'homme
fait, c'est le saint chrême ; pour l'agonisant, c'est l'huile des infirmes.

On la renferme, aujourd'hui et depuis bien longtemps, dans un vase unique,
mais muni de trois compartiments. Chaque compartiment est affecté à l'une
des trois espèces d'huiles. La forme, qui s'est naturellement présentée pour
contenir ensemble et loger à part ces huiles saintes, est celle d'un faisceau de
trois tourelles. Trois petites tours collées, pour ainsi dire, à un noyau central,
qui peut être un triangle ou une tour plus grosse, telle est la construction
ordinaire des vases de ce genre.

Les textes anciens accusent suffisamment cette forme :

En 1295. — « Tres ampullæ argenteæ, cum crismate et oleo [1] »

En 1404. — « Ung cresmier d'argent véré, à trois estuis, pour mettre le
saint cresme, 2 marcs, 5 onces, 10 esterlins [2]. »

En 1492. — « Ung cresmeau à trois tourelles, dont le pié est en façon de
boette pour mettre pain à chanter [3]. »

Mais le texte le plus important pour nous, à cause de ses détails techniques,
est celui de l'inventaire du trésor de la cathédrale de Laon, dressé en 1523 :

« Tria vasa magna argentea facta instar phialarum. In quarum prima solet
poni sacrum chrisma ; in secunda, sacrum oleum (catéchumenorum), et in
tertia oleum infirmorum. Et solent recludi in armario quod est juxta piscinam.
Et in summitate operculi cujuslibet est fragum deauratum, ac super predic-
tum operculum scriptum quid in singulis vasis contineatur. Super autem pedem cujuslibet sunt insignia. In quolibet illorum vasorum est longa virga
argentea in more cochlearis facta ad extrahendum liquorem ex eis [4]. »

« Trois grands vases d'argent, en forme de fioles. Dans le premier, a coutume d'être déposé le saint chrême ; dans le second, l'huile sacrée (des catéchumènes) ; dans le troisième, l'huile des infirmes. Ces vases sont ordinairement renfermés dans l'armoire contiguë à la piscine. Au sommet du couvercle
de chacun d'eux est un bouton doré ; sur ce couvercle est écrit ce que chaque
vase contient ; sur le pied sont des armoiries. Dans chaque vase est une longue
verge d'argent, en forme de cuiller, faite pour en extraire la liqueur. »

---

1. « Inventaire de Saint-Paul de Londres », dans le « Monasticon anglicanum » de DUGDALE.
2. « Description du trésor de la Sainte-Chapelle de Bourges », par M. HIVER DE BEAUVOIR,
p. 67, n° 12.
3. « Inventaire nécrol. de Paris », cité par M. DE LABORDE ; « Notice des émaux du Louvre »,
2e partie, « Glossaire », p. 233, au mot « Cresme ».
4. « Inventaire du trésor de la cathédrale de Laon », par ED. FLEURY, p. 47.

Les personnes habituées à l'iconographie byzantine connaissent fort bien cette verge, en forme de spatule, destinée à extraire d'une boîte carrée les onguents que les saints médecins, comme saint Côme et saint Damien, portent constamment avec eux, car c'est leur attribut spécial. Si, pour prévenir toute erreur, on écrit A sur la burette à l'eau et V sur la burette au vin, à plus forte raison, pour ne pas confondre les trois espèces d'huiles, faut-il marquer d'un signe chaque flacon spécial. L'usage de placer ces trois vases dans l'armoire pratiquée près de la piscine est bon à noter. Souvent la piscine est au côté sud de l'autel, et l'armoire au côté nord, comme la Sainte-Chapelle de Paris en offre un si bel exemple.

Comme chacune des trois huiles ne sert pas dans les mêmes cérémonies, et comme on doit souvent porter au loin l'huile des malades, il a fallu chercher le moyen de détacher chaque vase pour le sacrement spécial où il doit servir, tout en le renfermant ensuite dans une enveloppe qui les contient tous trois. Les trois tourelles, en effet, sont attachées à un noyau et ne forment qu'un tout avec lui ; mais chaque tourelle contient une petite fiole mobile qu'on enlève et qu'on replace à volonté.

Dernièrement j'ai acheté à Paderborn un vase aux saintes huiles dont voici le dessin :

138. — VASE AUX SAINTES HUILES. — EN CUIVRE DORÉ.

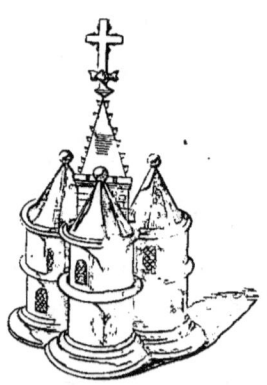

HAUTEUR TOTALE, 16 CENT. — DIAMÈTRE DU PIED, 10 CENT.

On voit bien que c'est moderne et d'un style fort mélangé : roman par le bas, gothique de la décadence par le haut ; mais ici, ce qui nous importe, c'est la forme. Les trois tourelles sont soudées ensemble et sur une base tréflée. Du milieu s'élève un clocheton triangulaire terminé par une petite croix. On fait basculer ce clocheton, et les trois couvercles s'ouvrent à la fois, laissant voir dans l'intérieur de chaque tourelle une petite boîte cylindrique mobile et qu'on enlève par un anneau. Cet anneau tient à un couvercle sur lequel est gravée la lettre O pour la boîte à l'huile des catéchumènes, la lettre C pour le saint crême, la lettre I pour l'huile des infirmes.

Quand on veut donner plus d'importance au vase qui renferme les trois boîtes ou fioles, on l'établit sur un pied semblable à celui des calices ou de certains reliquaires.

139. — VASE AUX SAINTES HUILES. — EN ARGENT DORÉ. — XIIe SIÈCLE.

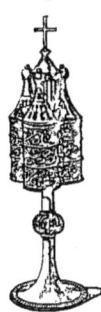

EN ANGLETERRE. — HAUTEUR TOTALE, 40 CENT.

Je ne suis pas sûr absolument de l'authenticité de ce vase, quoiqu'il ait figuré à la dernière exposition de Manchester; mais il est d'une certaine richesse, d'une certaine élégance et conçu d'après l'esprit ancien.

Je suppose, mais je ne l'affirme pas, que le vase suivant a renfermé les saintes huiles. Ce pouvait être l'enveloppe qui contenait les trois ampoules spéciales. Le pied et le couvercle sont en argent et décorés de pierreries; le

140. — ENVELOPPE DE VASES AUX SAINTES HUILES. — IVOIRE ET ARGENT.

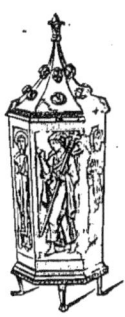

XIIe SIÈCLE. — HAUTEUR TOTALE, 25 CENTIMÈTRES [1].

1. M. Ar. Schaepkens, « Trésor de l'art ancien en Belgique », a décrit et gravé ce vase. p. 24, pl. xxv.

corps du vase est en ivoire. Les personnages sculptés sur les huit pans de ce vase sont des patrons locaux ; celui qui porte une croix de résurrection, ornée d'une flamme triangulaire, paraît être le Sauveur. Si je voyais sur cet objet l'embaumement de Jésus-Christ, ou les saintes femmes apportant leurs parfums et averties par l'ange que le Sauveur est ressuscité, je croirais plus facilement que c'est un vase aux saintes huiles.

Si le vase 140 a pu, à la rigueur, envelopper les trois ampoules aux saintes huiles, le vase 141 pouvait plus facilement encore être l'une de ces trois ampoules. Le cristal à travers lequel on aperçoit le liquide ne servait pas à distinguer l'huile des catéchumènes de celle des infirmes, puisqu'elles ne diffèrent que par la bénédiction et non par la substance. Mais, du moins, en mettant dans cette ampoule à cristal le chrême, par exemple, il était facile de ne pas le confondre avec les deux autres huiles. Quoi qu'il en soit, cette ampoule, que possède aujourd'hui le musée de la Société des antiquaires de Normandie, à Caen, est d'une rare élégance et d'une grande richesse de couvercle ; elle peut servir de modèle pour des vases à notre usage actuel, religieux et même civil.

141. — AMPOULE DU XIIᵉ SIÈCLE, EN CRISTAL MONTÉ EN ARGENT.

HAUTEUR TOTALE, 14 CENT. — GRAND DIAMÈTRE DU CRISTAL, 6 CENT [1].

L'iconographie ancienne des vases aux saintes huiles est à peu près nulle, et cependant, quand on se rappelle ce que le moyen âge a inventé pour historier de petits objets, comme les calices, les encensoirs et surtout certains reliquaires, ce n'est pas assurément la faiblesse des dimensions qui a causé de l'embarras. Ce n'est pas davantage la difficulté de trouver des sujets.

En effet, la destination spéciale de chacune des trois huiles suffisait à elle seule pour ouvrir l'imagination, d'ailleurs si vive et si étendue des artistes

1. Cette gravure a été réduite et exécutée d'après un dessin que nous devons à M. A. Darcel, et qui est de la grandeur même de l'objet.

religieux. L'huile des catéchumènes s'administre au chrétien naissant; celle
du saint chrême, au chrétien viril et agissant; celle des infirmes, au chrétien
mourant. Puisque la vie est une carrière, le fidèle trouve au début l'huile
des catéchumènes; à mi-chemin, le saint-chrême; au terme, l'huile des infirmes.

Sur le vase qui contient la première, on peut donc figurer la naissance, l'entrée dans le monde, le baptême; sur le vase de la seconde, le travail physique
ou intellectuel, l'ordination des prêtres, le sacre des évêques, le sacre des
rois; sur le vase de la troisième, le repos, la maladie, l'extrême onction.

En outre, les trois principaux archanges peuvent occuper chacun l'un des
trois vases: saint Gabriel, en effet, préside spécialement à la naissance; saint
Raphaël dirige les actions humaines, et saint Michel assiste à la mort. Ces
trois grands anges, ailes étendues, donneraient une haute signification à chacune de ces ampoules.

On peut encore trouver dans l'histoire, surtout pour le saint chrême, bien
des faits appropriés à l'administration de cette substance sacramentelle. Dans
l'Ancien Testament, le sacre du grand-prêtre Aaron, le sacre du jeune David,
le sacre du sage Salomon; dans le Nouveau, la confirmation donnée aux
Samaritains par les apôtres saint Pierre et saint Jean[1], et surtout le sacre de
Clovis par saint Remi, conviennent parfaitement à cette iconographie, puisque
c'est avec le saint chrême que les adolescents sont confirmés, que les prêtres
sont ordonnés, que les évêques et les rois sont sacrés: « Encore par excellence
sont-ils (les rois de France) roys consacrés et si dignement enoingt comme de
la sainte liqueur qui, par ung coulon, comme nous tenons fermement que ce
fut le Saint-Esperit mis en celle forme, apporta du ciel, en son bec, en une
petite ampoule ou fiole[2]. »

Ainsi la liturgie, la symbolique et l'histoire fourniront autant de sujets
qu'on pourra en graver, en sculpter, en émailler, en nieller, non-seulement
sur chacun des trois vases, mais encore sur l'enveloppe générale qui les con-
tiendra tous trois.

XVIII. — MONUMENTS FUNÉRAIRES.

Où le métal triomphe, on peut le dire, or, argent ou cuivre, fondu ou
battu, ciselé ou champlevé, c'est dans les monuments funéraires. L'autel,

1. « Actes des apôtres », ch. VIII, v. 14-18.

2. GUILLEBERT DE METZ, cité par M. de Laborde, « Notice des émaux du Louvre », deuxième
partie, « Glossaire », p. 130.

la châsse, le chandelier à sept branches, la couronne ardente, le lutrin, le font baptismal appellent des masses considérables de métal et affectent des formes bien diverses. Mais un monument funéraire de bronze, comme celui de Maximilien Ier, qui, à Inspruck, remplit l'église Sainte-Croix de ses vingt-huit statues colossales de bronze, sans compter celle de l'Empereur, est dix fois plus important que la plus grosse des autres œuvres de métal. A Canterbury, la tombe du prince Noir l'emporte de moitié sur la châsse de saint Sébald, à Nüremberg, qui est cependant une tombe plutôt qu'une châsse. Je ne sais plus à quel duc de Bavière est élevé, dans la cathédrale de Münich, le monument funéraire qui encombre le chœur et l'entrée du sanctuaire ; mais les chevaliers qui, plus grands que nature et bannière déployée, cantonnent la tombe où repose leur chef, donnent l'impression d'une grande œuvre. Enfin, il n'est pas jusqu'au lit de bronze, où dort le pape Sixte IV [1], environné des quatre Vertus cardinales, des trois Vertus théologales et des dix Arts et Sciences, qui ne tienne bien sa place même dans l'immense Saint-Pierre de Rome. Pour nous, les monuments funéraires peuvent se diviser en deux classes principales : les tombes et les dalles. Les tombes sont relevées en bosse, les dalles sont aplaties en lame.

Les tombes, comme celle de l'empereur Maximilien, sont aujourd'hui rares partout et principalement en France : on en a fait des canons ou des sous. Cependant il nous en reste encore deux échantillons remarquables du XIIIe siècle ; ils représentent deux évêques d'Amiens, Evrard de Fouilloy, fondateur, en 1220, de la cathédrale même, et Geoffroi d'Eu, son successeur, mort en 1237, qui poussa la cathédrale jusqu'aux voûtes. Grands comme nature et habillés du costume épiscopal, ils sont comme étendus sur un lit de parade. Ce sont deux masses de bronze, fort grandes, fort belles et fondues avec une habileté qu'on n'aurait peut-être pas de nos jours.

Mais, pour deux qui subsistent, quelles pertes nous avons subies ! Il faut voir, dans les seize volumes de la collection Gaignières, qui sont à la bibliothèque Bodléienne d'Oxford, l'étendue de nos désastres en ce genre. M. l'abbé Texier, note vingt et un de ces tombeaux de métal, dont plusieurs étaient couverts d'émaux : tombeaux de rois, de princes, de chevaliers, d'évêques et d'abbés, dessinés dans Gaignières, et dont il ne reste plus de traces [2]. M. de Guilhermy rappelle le « souvenir des riches tombes en métal ciselé, qui avaient recouvert les sépultures de saint Louis, de son père et de son aïeul, le glo-

---

1. C'est une œuvre vraiment merveilleuse de l'artiste florentin Antoine Pollaiolo.
2. « Dictionnaire d'orfévrerie », article « Tombeaux », colonnes 1402-1404.

rieux Philippe-Auguste[1] », et il donne un long regret à la tombe de Charles
le Chauve et surtout au monument de Charles VIII, tous deux en bronze et
que 1793 anéantit[2].

Sans Gaignières, la France se ferait difficilement une idée de ces œuvres
de métal où le cuivre et l'émail concouraient à produire un monument
sculpté et peint en substances incorruptibles. Les images de Gaignières
servent au moins à mesurer la grandeur de nos pertes ; elles nous serviront
peut-être à ressusciter un art aussi magnifique, dans son genre, et probablement aussi autochthone que la peinture sur verre[3]. M. Stanislas Prioux,
correspondant des Comités historiques, a calqué à Oxford, dans les porte-
feuilles de Gaignières, les tombes en cuivre émaillé qui appartenaient aux
membres de la famille royale et seigneuriale de Braine et qui, en grande
partie, se voyaient autrefois dans l'église Saint-Yved[4]. La tombe de Marie de
Bourbon, femme de Jean Ier, comte de Dreux et de Braine, morte en 1274,
est d'une splendeur extrême et cependant d'une grande sévérité. Sur une
dalle, émaillée de ses armoiries, la comtesse est étendue « gisante », les mains
jointes, les pieds sur une console de feuillage. La statue, presque de ronde
bosse, et la dalle qui la porte sont établies sur un soubassement en cuivre.
Les quatre côtés de ce soubassement sont ornés d'une arcature de trente-six
arcades trilobées, dans chacune desquelles est debout un personnage des
familles de Bourbon et de Dreux. Ces trente-six statuettes sont nommées par
l'écusson de leurs armes et par une inscription émaillée qui domine leur
tête. L'aspect de ce monument donne la plus haute idée de l'habileté des
fondeurs et des émailleurs du moyen âge, et il faut remercier M. Prioux
d'avoir remis sous nos yeux cet admirable échantillon d'arts que le XIIIe siècle
a poussés certainement aux dernières limites. Non moins importantes et
surtout non moins belles sont les tombes de Philippe de Dreux, évêque de
Beauvais, mort en 1217, d'Alix et d'Iolande de Bretagne, mortes, la première en 1221, et la seconde en 1272. La tombe de Philippe de Dreux est

1. « Monographie de Saint-Denis », p. 37.
2. « Monographie de Saint-Denis », p. 85 et 89.
3. On conserve, dans les magasins de Saint-Denis, les petites tombes émaillées de Jean et de
Blanche de France, enfants de saint Louis. Ces deux jolis monuments, où la couleur a tant
d'importance, doivent contribuer à la renaissance, assurément prochaine, des tombes émaillées
en style du XIIIe siècle.
4. « Monographie de l'ancienne abbaye royale Saint-Yved de Braine », par STANISLAS PRIOUX.
In-folio, Paris, 1859, feuilles 14, 17 et 19. L'ouvrage de M. Prioux est vraiment digne, par sa
beauté, de la belle église de Braine et des admirables monuments que cette église renfermait.

particulièrement étincelante d'émail; c'est, pour ainsi dire, une verrière en métal des premières années du xiiiᵉ siècle.

Mais tout cela pâlit encore devant les tombeaux en or, argent, filigranes, émail et pierreries des comtes de Champagne, Henri Iᵉʳ, mort en 1180, et de Thibaud III, mort en 1201, c'est-à-dire à cette fin du xiiᵉ siècle et à ce commencement du xiiiᵉ qui composent l'apogée de l'art du moyen âge. Du tombeau de Henri Iᵉʳ, on n'a conservé qu'un dessin infidèle dont nous donnerons une reproduction; de celui de Thibaud III, on n'a plus ni original ni portrait, mais seulement une description qui en montre la grandeur matérielle, la richesse métallique et la valeur d'art. Ces tombes des princes champenois étaient disposées à peu près comme la châsse tumulaire de saint Étienne d'Obasine. A travers les arcades ouvertes du coffre, on apercevait la statue du gisant, de grandeur naturelle, couchée les mains jointes; aux colonnettes, aux archivoltes, aux frises, des arabesques couvertes d'émaux et de pierreries; autour du soubassement, les statuettes des ancêtres et des parents contemporains du comte; dans les tympans, des figures d'anges ou de vertus : le tout expliqué par de longues inscriptions en vers. Les deux derniers vers disaient que Marie, fille du roi Louis VII, veuve de Henri Iᵉʳ de Champagne, avait, Arthémise chrétienne, fait exécuter ce voile éclatant de métal pour couvrir les brillantes vertus de son mari :

Principis egregios actvs Maria revelat
Dvm sponsi cineres tali velamine velat [1].

Quant aux dalles tumulaires en métal, autrefois fort nombreuses en France, autant qu'en Angleterre [2] et plus qu'en Belgique, il n'en existe plus, à notre connaissance, une seule. Sans les dessins de Gaignières, on pourrait croire que la France n'avait pas adopté ce genre de monument, tandis que ces dessins, au contraire, en offrent plus de vingt-cinq fort remarquables et provenant de contrées diverses. Malheureusement il n'en reste plus qu'en pierre, et nous en donnons ici quelques exemples. Au surplus, pierre ou cuivre, c'est exactement le même parti : le personnage, gravé au trait, placé dans une arcature ogivale ou polylobée, avec accompagnement d'anges et de patrons, prie Dieu, à mains jointes, d'avoir pitié de son âme.

1. Camuzat, « Promptuarium sacrarum antiquitatum Tric. dioc. », p. 329.

2. Les Anglais ont fait des ouvrages entiers sur ces dalles de cuivre, comme ils en ont fait sur les fonts baptismaux. Je citerai particulièrement les « Monumental Brasses » de Ch. Boutell. in-8ᵉ de 235 pages, contenant près de 200 gravures sur bois, dont la moitié au moins est affectée aux dalles en métal.

Entre les dalles les plus curieuses et les plus rares sont celles des artistes. Sous ce rapport, la France est privilégiée, car elle peut montrer, aujourd'hui encore, la dalle de l'architecte de Saint-Nicaise de Reims et celle des derniers architectes de Saint-Ouen de Rouen.

Voici celle du Rémois Hugues Libergier, dont on trouvera une grande gravure et une longue description dans le premier volume des « Annales ».

142. DALLE TUMULAIRE DE LIBERGIER, ARCHITECTE DE REIMS, MORT EN 1263.

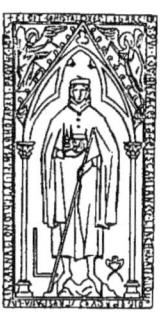

+ CI · GIT · HVES · LIBERGIERS · QVI · COMENSA · CESTE · EGLISE · AN · LAN · DE · LINCARNATION · M · CC · ET · XX · IX · LE · MARDI · DE · PAQVES · ET · TRESPASSA · LAN · DE · LINCARNATION · M · CC · LXIII · LE · SAMEDI · APRES · PAQVES · POVR · DEU · PRIEZ · POR · LVI : [1]

La Champagne, avec la zone de la Picardie, sa voisine, où s'élèvent Laon, Soissons, Noyon, Senlis, est le pays et peut-être même la patrie des dalles tumulaires. Les églises en sont littéralement pavées. En 1844, j'ai compté, dans la seule Notre-Dame de Châlons-sur-Marne, 526 pierres tumulaires dont 251 entières. On peut affirmer, sans exagération, qu'avant la révolution de 1793, Châlons possédait deux mille monuments de ce genre. Depuis, on a mis bon ordre à cette fabuleuse richesse : on a pris les plus belles dalles pour faire des seuils de portes et des marches d'escaliers ; les autres, on les a découpées en pavés pour faire des trottoirs aux rues et aux ponts, ou débitées en moellons pour bâtir les mauvaises baraques de notre temps. D'une pierre brute, le moyen âge avait fait une pierre vivante, une œuvre d'art ; notre époque a pris cette vie et cette œuvre pour la souiller et la réduire en cailloux. C'est en voyant ce qui subsiste encore qu'on ne peut retenir ses regrets. Ainsi

---

1. La langue française, grammaire et orthographe, sort du pays de Libergier ; on le sent bien ici, car, en 1263, sur cette dalle, notre langue est déjà presque entièrement faite.

la belle dalle de la Mère et des Filles, qui a 1 mètre 65 de large sur 3 mètres 40 de haut, peut donner une idée de ce que nous coûte la sottise de notre temps [1].

143. — LA MÈRE ET LES FILLES. DALLE DU XIVᵉ SIÈCLE.

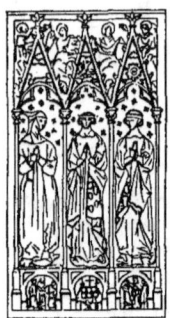

DANS LA CATHÉDRALE DE CHALONS-SUR-MARNE.

Au bas, la mort, le service funèbre ; au milieu, la prière, la demande du pardon ; au sommet, la résurrection et la récompense dans le sein d'Abraham : les trois petites âmes sont encensées et couronnées par des anges.

On revient déjà, en Angleterre, à l'usage des dalles funéraires en cuivre.

144. — PLAQUE DE CUIVRE CISELÉ. — XIIIᵉ SIÈCLE.

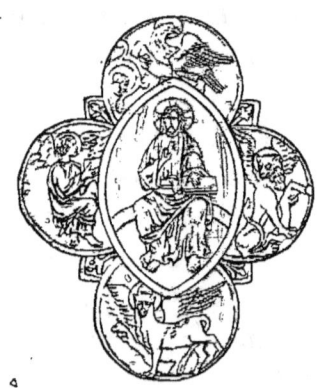

APPARTIENT A M. LE COMTE CHARLES DE L'ESCALOPIER.

Espérons qu'en France aussi les riches prendront goût à ce luxe inaltérable, et que les autres pourront au moins se permettre les dalles ciselées au trait. Quand le paganisme sera vaincu pour la dernière fois en France, au lieu de ces bustes en bronze ou en marbre qui coûtent si cher et qui sont ordinairement si laids, au lieu de ces inscriptions qui n'en finissent pas et qui sont

1. Voir les « Annales Archéologiques », vol. III, p. 283-290.

passablement ridicules, on reviendra certainement aux dalles qui gardent
l'effigie du défunt et qui provoquent la prière pour les pauvres parents ou
amis des décédés :

«Pour que la mémoire des morts subsiste, des tombes s'élèvent sur la
terre et portent leur image telle qu'elle fut jadis. D'où maintes fois on pleure
sous l'amertume du souvenir qui ne tourmente que les âmes pieuses[1]. »

Nous ferons tous nos efforts pour qu'on revienne à ces pieux et simples
usages, et bientôt nous pourrons montrer une de ces dalles de cuivre dans nos
ateliers.

Si l'on ne veut pas figurer le mort, on peut le mettre sous la protection du
Sauveur ressuscité, de Jésus triomphant et entouré des attributs de ses évangélistes, à peu près comme on le voit sur la petite plaque précédente, n° 144.

Pour un enfant qu'on a perdu, un motif analogue à celui de la marqueterie
des stalles du palais municipal, à Sienne, ne serait pas dépourvu de grâce.
L'enfant, qui est ici le Sauveur environné de lumière, monte au ciel les pieds
sur les ailes d'un ange, et il est accompagné de deux autres anges qui l'admi-
rent et qui l'enveloppent pour ainsi dire de leurs doubles ailes.

145. — MOTIF DE DALLE TUMULAIRE. — ASSOMPTION D'UNE AME.

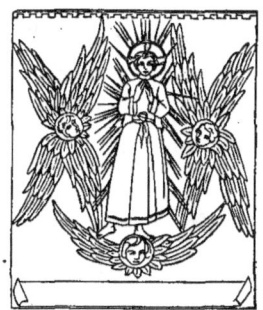

MARQUETERIE DU XIVᵉ SIÈCLE, A SIENNE.

Un monument de victoire, mais traité comme une dalle tumulaire, est celui
de la bataille de Bouvines. Louis IX, qui était non-seulement un saint roi,
mais un vaillant soldat, fonda l'église Sainte-Catherine-du-Val-des-Écoliers,
à Paris, en l'honneur de la victoire de Bouvines et pour satisfaire au vœu
des sergents d'armes qui gardaient le pont où Philippe-Auguste fut vain-
queur en 1214. Deux dalles, gravées, peintes et dorées, représentent saint
Louis, quatre sergents d'armes et un abbé concourant à l'exécution du vœu.
Au-dessus de ces dalles, on lit :

1. Le DANTE, « Purgatoire », chant XIIᵉ.

« A la priere des sergens darmes mons' saint Loys fonda ceste eglise et y mist la premiere pierre et fu pour la joie de la vittoire qui fu au pont de bouines lan mil. cc. et xiiii.

« Les sergens darmes pour le temps gardoient ledit pont et vouerent que se Dieu leur donnoit vittoire ils fonderoient une eglise en lonneur de madame sainte Katherine et ainsi fu il[1]. »

Il y a dans ces deux dalles une étude à faire et des leçons à prendre pour ceux qui voudront revenir aux anciennes dalles tumulaires, leçons de gravure et de peinture, de figure et d'ornementation.

L'iconographie des tombeaux est aussi variée que l'histoire générale de l'humanité et que l'histoire particulière des individus. Chaque tombe, en effet, est une oraison funèbre de l'individu qu'elle contient, de ses actions considérées en elles-mêmes et de ses actions comparées à celles des autres hommes.

Un tombeau comporte ordinairement deux étages : un coffre, à jour ou plein, dans lequel on place l'effigie du mort et quelquefois ses restes ; un couvercle, en pente ou en terrasse, sur lequel est figuré le défunt, vivant et entouré de ses actes. Les exemples les plus complets de tombeaux de ce genre sont donnés par la renaissance. A Saint-Denis, les tombeaux de Louis XII, de François Ier et de Henri II sont assez complets sous ce rapport ; mais celui de saint Étienne d'Obasine, page 17, n° 9 de ce travail, en fournit déjà les éléments.

Dans l'étage du bas, la statue couchée ; dans le haut, la statue agenouillée. Dans le bas, le mort s'appelle le GISANT (« jacens ») ; dans le haut, il se nomme le PRIANT (« orans »). Mais, à la renaissance, on préfère le couvercle en plate-forme au couvercle en pente ; au toit on substitue la terrasse. Par conséquent, s'il y a une place très-belle pour le priant et sa famille, comme au tombeau de François Ier, par contre, la place manque pour y figurer les actions du défunt[2]. Ces actions, comme les campagnes d'Italie aux tombeaux de Louis XII et de François Ier, c'est au soubassement sur lequel

1. « Monographie de l'église royale de Saint-Denis », par le baron de GUILHERMY, dessins par FICHOT, p. 244-245.

2. Voir la « Monographie de l'église royale de Saint-Denis », par M. le baron de GUILHERMY, avec dessins par Ch. FICHOT. Ce livre, si savant et si précis, pourrait nous dispenser de parler des monuments funéraires, parce que tout ce qu'on en peut dire est là. In-18, Paris, 1848. — Page 151, on y lit : « Cinq figures agenouillées sur la plate-forme supérieure du monument représentent François Ier et Claude de France ; leurs fils, le dauphin François et Charles, duc d'Orléans ; leur fille, Charlotte de France, qui mourut âgée de huit ans. Le roi et la reine ont devant eux des prie-Dieu ornés de F et de C couronnés. »

est étendu le gisant qu'il a fallu les établir ; et, dès lors, le vivant, le
« priant », est un peu éloigné de sa vie. D'un autre côté, le moyen âge est
encore moins conséquent. Dans le bas, il met la mort et dans le haut la vie ;
dans le coffre inférieur, le triomphe, et, sur la toiture supérieure, le combat. Cette disposition est contraire à l'ordre et à la hiérarchie des faits.

Si j'avais à exécuter un tombeau à sujets ou une châsse historiée, j'y voudrais trois étages. Tout en bas, la vie et les actions du défunt ; au milieu, sa
mort ; au sommet, sa récompense. Le combat, le trépas et la résurrection,
voilà les trois étages sur lesquels il convient d'établir une tombe, car ce sont
les trois degrés par lesquels l'homme s'élève de la terre au ciel.

Très-souvent, comme dans les dalles, l'effigie seule, accompagnée d'un ou
deux attributs, signale le défunt au souvenir et aux prières des survivants
et des générations successives. Ainsi la figure de Libergier tient à la main
droite l'église qu'il a bâtie, à la main gauche, la règle de l'architecte, règle
complétée par l'équerre et le compas qui sont à ses pieds. Le premier, je le
crois, j'ai avancé que la plupart des attributs gravés ou peints sur les monuments funéraires, même les plus anciens, même des catacombes, faisaient
allusion, non pas à la croyance du mort, mais à son métier ; non pas à son
opinion religieuse, mais à son état professionnel [1]. De temps à autre, depuis
vingt ans, j'ai repris cette question, et l'étude des monuments m'a confirmé
que ma présomption était fondée. L'antiquité avait déjà fait ce que le christianisme et le moyen âge ont continué. Dans Homère, les Troyens rendent
les derniers devoirs à l'un de leurs compagnons, le rameur Elpénor :

« Nous lui élevons une tombe sur laquelle nous dressons une colonne ; puis,
au sommet de la tombe, nous plantons la rame d'Elpénor [2]. »

Il n'y est question ni de la patrie, ni de la religion, mais seulement du
métier. Dans Virgile, Misène, aussi habile à se servir du clairon et de la
rame que de la lance, meurt noyé dans les flots de la mer :

« Alors le pieux Énée lui fait élever une sépulture considérable, et il y
place les armes, la rame et la trompette du héros [3]. »

La tombe de Libergier prouve que, dans le moyen âge, les chrétiens ont
exactement fait comme les païens d'Homère et de Virgile. Les « Monumental

---

1. DIDRON, « Histoire de Dieu », année 1843, pages 337-351.
2. « Odyssée », chant XIIⁱᵉ.
3. « Énéide », livre VI :

> At pius Æneas ingenti mole sepulcrum
> Imponit, suaque arma viro, remumque tubamque.

Brasses » de Charles Boutell reproduisent l'effigie de sir Royer de Trumpington, mort en 1289. Le guerrier est représenté sur la dalle funéraire, les
jambes croisées par le repos de la mort et les mains jointes pour la prière.
Sur les ailettes et le bouclier de ce Roger Trumpington ou « de la Trompette », sont représentées des trompettes, armoiries parlantes de son nom.
Du reste, les Anglais, qui ont toujours attaché une si grande importance au
nom, parce que le nom c'est la terre, c'est la propriété, ont très-souvent,
pendant le moyen âge, fait parler ainsi le nom du défunt. Sir Robert de
Septvans, mort en 1306, porte des vans sur sa tunique, son bouclier et les
ailettes de son armure ; et sir Jean le Bouteiller, mort en 1285, porte sur son
bouclier trois espèces de calices ou trois bouteilles ; comme on parlait français
alors en Angleterre, on lit autour de sa dalle :

+ IOHAN ⋮ LE ⋮ BOTILER ⋮ GIT ⋮ ICI ⋮
DEV ⋮ DE ⋮ SA ⋮ ALME ⋮ EIT ⋮ MERCI ⋮
AMEN [1].

Dernièrement je passais à Bar-sur-Aube, qui possède encore, dans ses deux
églises Saint-Pierre et Saint-Maclou, un assez grand nombre de dalles du
XIIIe au XVIIe siècle. A Saint-Pierre, près de l'entrée latérale du midi et sous
la chaire, j'en avisai une qui me parut du XVe siècle. Pas d'effigie, mais, au
milieu d'un écusson, j'aperçus gravés au trait un couperet et un couteau de
boucher ; puis, en face, un poisson, de la mâchoire inférieure duquel pen-
daient deux petites barbilles ou appendices charnus. Je crus d'abord que le
défunt avait été boucher et poissonnier tout à la fois ; mais, en y regardant de
plus près, je lus ce qui suit d'une inscription dont le reste, par malheur, est
rogné ou caché par la chaire :

CY GIST HONORABLE HOME JEHAN JOSEPH DIT BARBILLO BOVCHER EN SON VIVAT DEMORT EN
CESTE VILLE LEQUEL TRESPASSA LE.....

Ainsi, à cause de son surnom, était figuré un barbillon comme sur les
dalles anglaises, et, à cause de son métier, un couperet et un couteau.

Certainement, aujourd'hui surtout, on fera très-bien de graver sur la dalle
d'un chrétien le symbole de sa croyance ; mais on est autorisé, par la plus
belle époque du moyen âge, à y figurer les attributs de la profession et même
du plus humble métier.

1. CHARLES BOUTELL, « Monumental Brasses », in-8°, Londres, 1847, p. 30, 35, 159.

XX. — PORTES, PENTURES ET GRILLES.

Notre tâche est à peu près terminée, et nous pouvons sortir de l'église en fermant sur nous les portes du grand portail et des portails latéraux.

Si nous étions en Italie, il faudrait nous arrêter longtemps devant cette clôture des monuments religieux; car, héritière des Grecs et surtout des Romains, l'Italie s'est plu à fermer par des portes en bronze l'ouverture de ses églises. On en a probablement détruit beaucoup, mais il en reste peut-être plus de deux cents encore à Palerme et dans toute la Sicile, à Naples, à Bari, dans les Calabres et les Abruzzes, à Rome, à Pise, à Florence, à Venise et même en Lombardie. Les Romains affectionnaient ces lourdes, mais éternelles et inattaquables clôtures, et les Italiens en ont conservé le goût.

Lorsque Virgile, plus flatteur peut-être qu'il n'est permis, annonce qu'il veut bâtir sur les rives du Mincio, près de sa chère Mantoue, un temple dont César occupera le centre et sera le dieu, il couvre de sujets guerriers, de batailles et de victoires, les portes de son monument[1]. Ces portes, il est vrai, sont en or et en ivoire massif; mais c'est de la poésie que ce luxe

---

[1]. La dernière guerre vient de jeter un nouvel éclat sur ces campagnes chantées par Virgile :

> Primus Idumæas referam tibi, Mantua, palmas;
> Et viridi in campo templum de marmore ponam
> Propter aquam, tardis ingens ubi flexibus errat
> Mincius, et tenera prætexit arundine ripas.
> In medio mihi Cæsar erit, templumque tenebit.
>
> . . . .
>
> In foribus pugnam ex auro solidoque elephanto
> Gangaridum faciam, victorisque arma Quirini;
> Atque hic undantem bello magnumque fluentem
> Nilum, ac navali surgentes ære columnas.
> Addam urbes Asiæ domitas, pulsumque Niphaten,
> Fidentemque fuga Parthum versisque sagittis,
> Et duo rapta manu diverso ex hoste tropæa,
> Bisque triumphatas utroque ab littore gentes.
>   « Géorgiques », livre III.

Au livre VI de « l'Énéide », Virgile décrit les portes du temple d'Apollon, près de Cumes, où Dédale cisela le labyrinthe, l'histoire de Pasiphaé, du Minotaure, de Thésée, d'Ariane, mais où, vaincu par la douleur, il ne put représenter la chute de son fils Icare, parce que, à deux reprises différentes, le burin tomba de ses mains paternelles :

> Bis conatus erat casus effingere in auro,
> Bis patriæ cecidere manus.

excessif, et, s'il avait réalisé son vœu, Virgile se serait contenté sans doute du bronze qu'on employait, de son temps, aux portes des temples.

En décrivant le palais du Soleil, Ovide se plaît à énumérer les sujets ciselés sur les deux battants de la porte. En bas, le grand Océan embrasse les continents; au milieu, s'étend la terre; en haut, le ciel plane sur le globe. Dans la mer, les dieux bleus, Triton le musicien, Prothée l'insaisissable, Egéon l'immense, Doris et ses filles, nagent, sèchent leurs cheveux verts ou se promènent traînées par des poissons. Sur la terre, les villes et les hommes, les forêts et les bêtes, les fleuves, les nymphes et les divinités des champs. Dans le ciel étincelant, les signes du zodiaque, six au battant droit, six au battant gauche. Tout cela reluisant d'argent et ciselé par Vulcain[1]. On pourrait continuer ces portes d'Ovide par celles que Ghiberti et André Ugolini ont fondues en bronze pour le baptistère de Florence. Ovide crée la mer, la terre et le ciel. Ghiberti, à sa porte orientale, continue la création; puis il montre la chute de l'homme, le meurtre d'Abel, le déluge, la vocation d'Abraham, la vie d'Isaac, de Jacob, de Joseph, la sortie d'Égypte, l'entrée dans la terre promise, l'histoire de David et de Salomon. A la porte du nord, André Ugolini continue l'histoire des Hébreux par celle de saint Jean-Baptiste; et Ghiberti, après l'avoir achevée, commence celle des chrétiens, à la porte du sud, par la vie, la mort et la résurrection du Sauveur.

En France, assurément, avant le XIIe siècle, nous avons eu des portes en bronze comme celles de l'Italie, et comme l'Allemagne et la Russie elle-même en montrent aujourd'hui encore à Aix-la-Chapelle, Mayence, Augsbourg, Hildesheim et Nowgorod. L'abbé Suger parle de celles qu'il avait placées au portail de l'église Saint-Denis[2]. Mais il ne nous en reste plus une seule, et

---

1. Ovide, « Métamorphoses », livre II :

> Argenti bifores radiabant lumine valvæ.
> Materiam superabat opus : nam Mulciber illic
> Æquora cælarat medias cingentia terras,
> Terrarumque orbem, cœlumque quod imminet orbi, etc.

Cette description, dont je ne donne ici que les premiers vers, est certainement des plus curieuses, même pour un archéologue du moyen âge; les rapprochements abondent entre ces portes et les portails de nos cathédrales du XIIIe siècle.

2. Suger, dans « De Administratione sua », consacre un chapitre fort curieux, sous le titre « De Portis fusilibus et deauratis », à ces portes en bronze doré dont il décora, en 1140, les trois baies du portail occidental de l'église abbatiale de Saint-Denis :

« Après avoir appelé des fondeurs et choisi des sculpteurs (ciseleurs), nous avons, avec de grandes dépenses et un grand luxe de dorure, comme il convenait à ce noble portail, élevé des portes principales qui contenaient la Passion, la Résurrection et l'Ascension du Sauveur. Au côté

d'ailleurs, dès le xiie siècle, par des raisons d'économie et d'iconographie, nous avons adopté un autre système.

En France, le cuivre et l'étain sont rares en effet; d'un prix élevé par conséquent, et le bronze n'y fut employé qu'avec épargne. En Italie, on n'a jamais bien su, au moyen âge, appliquer la statuaire à l'architecture. En cela, il faut le dire, les Italiens furent aussi maladroits que les Grecs et les Romains de l'antiquité. En France, au contraire, dès le commencement du xiie siècle, et surtout pendant la durée du xiiie et du xive, un goût souverain présida au développement de la sculpture historiée sur les portails principaux et latéraux des cathédrales ou abbatiales d'Angoulême, de Poitiers, de Saint-Denis, de Vézelay, d'Autun, de Sens, d'Auxerre, de Chartres, de Paris, de Laon, de Reims, d'Amiens et de cent autres. L'Italie n'offre que des façades plates et dénuées de statuaire; mais comme l'iconographie est un besoin pour l'œil et l'esprit, on reporta sur les portes ce que nous autres Français avons toujours placé sur les portails. Les parois, les voussures, le trumeau, le linteau, le tympan et quelquefois même, comme à Reims, le pignon de nos portails étant peuplés de personnages, il devenait inutile d'en appliquer encore sur les battants des portes. De là ces battants tout unis, gros madriers, de chêne ordinairement, qui ferment les larges baies de nos portails. Ce n'est plus une œuvre de mouleur en bronze, mais un simple travail de charpentier. Toutefois, sur cette grosse menuiserie, le serrurier du moyen âge, qui est un véritable artiste, étala ses arabesques de fer forgé, comme l'orfévre étend ses plus fines ciselures sur le nu de ses plus belles œuvres.

droit, nous avons placé des portes neuves; au côté gauche, des portes anciennes sous une mosaïque que nous avons, contre l'usage, fait exécuter à neuf et incruster dans l'arc (le tympan) de la porte. » — Sur ces battants de bronze, il fit graver les beaux vers suivants, que nous laissons à nos lecteurs le soin de traduire :

> Portarum quisquis attollere quæris honorem,
> Aurum nec sumptus, operis mirare laborem.
> Nobile claret opus, sed opus quod nobile claret
> Clarificet mentes ut eant, per lumina vera,
> Ad lumen verum, ubi Christus janua vera.
> Quale sit intus in his determinat aurea porta.
> Mens hebes ad verum per materialia surgit,
> Et demersa prius hac visa luce resurgit.

Noble poésie et qui, dans les deux derniers vers surtout, montre comment du réel on s'élève à l'idéal, et par les sens à l'esprit, par l'iconographie au dogme. Il semble aussi que le « Materiam superabat opus » des portes du Soleil, dans Ovide, résonne en écho dans ce vers de Suger :

> Aurum nec sumptus, operis mirare laborem.

La penture où s'emboîte le gond des portes, au lieu d'être une bande simple
et plate, s'allongea en forme de branche et s'enroula en rinceau. L'exemple
suivant, n° 146, est l'un des plus simples; il appartient à la porte du trésor
de la cathédrale de Sens, et date du courant du XIII° siècle. Évidemment, ici,
on a songé à la solidité beaucoup plus qu'à la beauté. Il s'agissait de protéger
contre les voleurs les richesses du trésor, et l'on a doublé les épais madriers
de la porte par des pentures résistantes, peu ouvragées, mais collées et rivées
au bois par des clous nombreux.

146. — PENTURES EN FER FORGÉ. — XIII° SIÈCLE.

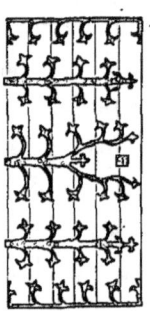

AU TRÉSOR DE LA CATHÉDRALE DE SENS.

La porte de la sacristie de la même cathédrale est un peu plus riche : la
tige est cannelée et les rinceaux s'épanouissent en grappes de raisin frappées
à l'étampe[1]. Mais les plus riches de ces pentures sont incomparablement
celles qui ornent et fortifient les vantaux des portes de gauche et de droite
au portail occidental de la cathédrale de Paris. Le fer y est assoupli et
modelé comme une pâte, comme une cire molle; il s'arrondit en rinceaux, il
s'étale en feuilles et en fleurs étampées, comme s'enroulent des filigranes sur
un vase d'or ou comme des broderies courent sur une étoffe. C'est une œuvre
si merveilleuse, que le peuple a fait intervenir le diable Biscornette (deux fois
cornu) dans la fabrication de ces rinceaux. Au commencement de ce siècle,
les plus grands savants de l'Académie des sciences, les plus habiles métallur-
gistes du premier empire, ont fait des mémoires pour prouver que ces tiges et
rinceaux de fer n'avaient pas été battus, mais coulés dans un moule. Ils n'en
revenaient pas de surprise, ces académiciens illustres, et cependant ils se
trompaient. Ce métal n'est pas de la morne fonte, comme celle dont on nous

1. Voir dans les « Annales Archéologiques », vol. XI, pages 133-136, le dessin et la description de ces deux portes par M. ÉMILE AMÉ, architecte diocésain et des monuments historiques.

empoisonne aujourd'hui, mais bien du fer vivant et battu sous le marteau. Depuis quelques années, grâce aux études archéologiques, grâce à la renaissance du moyen âge, il existe déjà dans Paris trois ou quatre serruriers qui en forgent et en battent, et qui ne suffisent pas aux commandes. Nous en avons nous-même fait exécuter par un serrurier, qui n'est pourtant pas un grand clerc et qui a réussi à souhait. Dieu donne des secours aux hommes de bonne volonté.

147. — PENTURE EN FER FORGÉ. — XIII⁰ SIÈCLE.

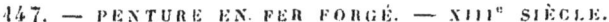

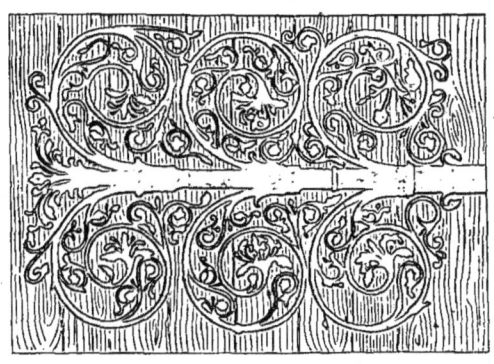

AU GRAND PORTAIL DE NOTRE-DAME DE PARIS.

Entre ces pentures proprement dites, dans l'œil desquelles passent les gonds, on cloue des panneaux de fer pour fortifier et resserrer davantage encore les madriers des portes. C'est le même système qu'aux pentures, mais d'après un motif plus petit : tige centrale de laquelle partent de petits rinceaux qui se terminent en dragons ailés ou en oiseaux. Ces petits lézards, ces joyeux oiseaux, qui courent et volent dans cette végétation de fer battu, sont charmants à voir. Nos gravures microscopiques n'en peuvent donner

148. — TRAVERSE EN FER BATTU. — XIII⁰ SIÈCLE.

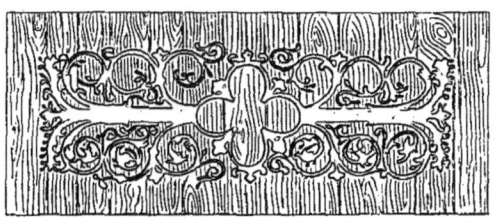

A NOTRE-DAME DE PARIS.

qu'une idée bien vague; mais, sur les grands dessins de M. Bœswilwald, gravés dans la « Statistique monumentale de Paris », et particulièrement sur les portes mêmes, sur la nature, on voit combien le xiiie siècle était doué d'imagination. Cette imagination est d'autant plus pleine de grâce, qu'elle joue sur le plus rude et le plus grossier des métaux.

A ces portes, ainsi armées et décorées, il faut une poignée pour attirer à soi les vantaux, et une serrure pour les fixer. La plaque de la serrure est assez ordinairement plate et simple, surtout au xiiie siècle ; mais la poignée, qui sert aussi de heurtoir, ne manque pas de richesse. A la serrure est attaché un verrou qui glisse entre deux ou trois colliers, et qui se termine souvent par une tête de lion ou de dragon. Le moraillon, qui fixe le verrou, s'amortit lui-même par une tête de bête, et c'est dans une gueule de monstre qu'est enchâssée la poignée du heurtoir. Dans l'exemple qui suit, n° 149, on trouve réuni ce qui est nécessaire pour faire mouvoir et pour fermer des vantaux de porte. C'est du xive siècle, il est vrai, mais d'une sévérité qui ne déplaisait pas au xiiie. L'anneau de la poignée est fait de deux serpents soudés à la queue, séparés et menaçants à la tête. Au moraillon, tête d'animal, de chien peut-être. Au verrou, tête de lion. On le voit, c'est encore du fer vivant comme aux portes de Notre-Dame.

149. — SERRURE ET HEURTOIR EN FER. — XIVe SIÈCLE.

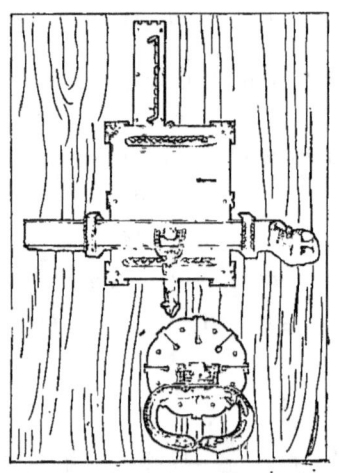

A MUSSY-L'ÉVÈQUE, DÉPARTEMENT DE L'AUBE [1].

Sur un grand nombre de portes d'églises, on retrouve encore les anciennes poignées ou heurtoirs qui en accompagnaient et complétaient les pentures. Quelquefois même toute l'armature en fer des pentures a disparu, tandis que

1. Nous tenons de M. Charles Fichot un grand dessin d'après lequel a été réduite cette gravure.

la poignée a subsisté. Il faut croire aussi que, dans les églises pauvres, quand les ressources ne permettaient pas le luxe des pentures ornées et feuillagées, on se contentait d'attacher une poignée, sinon sur le vantail dormant, au moins sur le vantail mouvant. On peut se rendre compte ainsi du nombre assez considérable des poignées qui nous restent.

Ces poignées-heurtoirs, il faut le dire, n'offrent pas une grande variété : c'est une plaque, circulaire ou carrée, sur laquelle s'attache un marteau. Aux XIIᵉ et XIIIᵉ siècles, cette plaque est un disque, et ce marteau est un anneau. Mais au XIVᵉ siècle, surtout aux XVᵉ et XVIᵉ, la plaque est assez souvent carrée, oblongue, et le heurtoir un marteau véritable, mobile à la queue et frappant à la tête. Il y a de vrais chefs-d'œuvre de fonte et surtout de serrurerie dans les deux espèces.

L'un des plus beaux est le suivant, qui appartient à la porte nord de la cathédrale de Bayonne.

450. — HEURTOIR EN BRONZE. — FIN DU XIIIᵉ SIÈCLE.

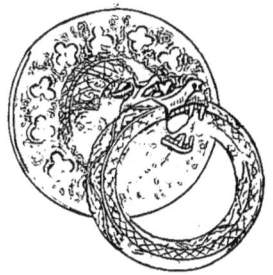

DIAMÈTRE DU DISQUE, 25 CENT. — SAILLIE, 17. — DIAMÈTRE DE L'ANNEAU, 22.

Les fines arabesques, ciselées sur l'anneau et particulièrement sur le disque d'attache, semblent annoncer que Bayonne avoisine l'Espagne et sympathise avec l'art de Cordoue et de l'Alhambra. Du milieu de ce disque s'élève un renflement, ce qu'on appelle un « umbo » dans les boucliers, et d'où s'élance une gueule béante qui ressemble à celle du chien autant que du lion. Comme c'est une tête de lion qui « engoule » presque toujours l'anneau des heurtoirs, on peut supposer que celle-ci est la tête d'un petit lion plutôt que celle d'un gros chien.

En Italie presque partout, en France à plusieurs églises [1], les portails sont gardés par des lions qui déchirent des bêtes féroces ou venimeuses. On a dit

1. Notamment à Notre-Dame de Chartres, à Saint-Trophime d'Arles, à Saint-Gilles de Provence, etc.

que ces lions annonçaient le diable, ce lion terrible qui rôde partout, principalement autour des églises, cherchant à dévorer les fidèles : « circuit leo
quærens quem devoret ». J'admets volontiers cette explication pour un très-
grand nombre de cas ; mais j'en propose une autre pour la compléter.

De tout temps, le chien a gardé les maisons, et le « cave canem » des
Romains est toujours à notre usage. Or, un monument est une grosse maison,
et si le chien suffit pour garder une demeure particulière, il faut, pour un
grand édifice, une plus grosse bête, au moins en effigie. Le lion nous semble
donc le gardien d'une église au même titre que le chien l'est d'une habitation
privée. Ce qu'on ne peut nier, c'est que des heurtoirs à tête de lion existent
en fort grand nombre en France, en Italie, en Sicile, en Angleterre, en
Espagne, en Allemagne et même en Russie ; l'usage en est universel, et cette
tête, coulée en bronze ou battue en fer, nous croyons qu'on l'a clouée sur les
portes des églises et des châteaux comme chez les Romains on exécutait en
mosaïque, sur le seuil même des maisons, la tête ou le corps entier du chien
domestique.

Quoi qu'il en soit de cette explication, il importe de revenir à l'usage ancien
et de replacer les heurtoirs à gueule de lion sur toutes les portes des églises.
Dans cette prévision, nous avons fait mouler les heurtoirs de plusieurs églises
de France et d'Allemagne, et nous espérons en obtenir bientôt d'Italie. L'un
des plus beaux est à l'église Saint-Severin de Cologne. La tête du lion a
une importance double de celle de Bayonne, et sa crinière, comme les rayons
flamboyants du soleil, s'étalent presque sur tout le champ du disque qui a
30 centimètres de diamètre et 10 centimètres de saillie. Pour une petite
église, un disque de 20 centimètres de diamètre sur une saillie de 8 suffirait,
comme il a suffi à l'édifice d'où est tiré un heurtoir de cette dimension qui
se voit dans le musée chrétien de Cologne et dont je possède le moulage.

Il en est de la ferronnerie comme des étoffes : appliquée en relief et sur un
fond solide, c'est de la broderie, comme toutes les pentures des portes, et
surtout celles de Notre-Dame de Paris ; subsistante par elle-même et à jour,
pour la clôture ou la défense, comme toutes les grilles, c'est de la dentelle.

Cette dentelle de fer, aucune époque n'a su, aussi bien que le xiiie siècle,
l'exécuter avec habileté, solidité, élégance et poésie : la technique et l'art y
sont poussés aux dernières limites. J'ai acquis, il y a plusieurs années, le
panneau d'une grille qui date assurément de la première moitié du xiiie siècle.
Long de 1 mètre 4 cent., haut de 67 cent., en fer de 1 cent. de plat sur
30 ou 40 millim. de champ, ce panneau pèse 23 kilog. Sur cette étendue et
avec ce poids, le moyen âge a enroulé et soudé des rinceaux d'une élégance

et d'une simplicité inconnues de notre temps. La première fois que cette grille apparut au jour de la publicité, en 1850, quelques intelligents serruriers de Paris s'en émurent; ils l'admirèrent et n'y virent que difficultés réputées invincibles par eux. Depuis, j'ai donné l'autorisation de la reproduire, et on peut la voir, notamment, dans la cathédrale de Bordeaux. Des archéologues bordelais ont fait à l'architecte-inspecteur des travaux diocésains de Bordeaux l'honneur d'avoir inventé ce dessin; il n'en est rien : cet honneur appartient tout entier au xiiie siècle, et, malgré l'habileté que le ferronnier moderne a pu mettre dans sa reproduction, il est encore bien loin de l'original et bien loin du moyen âge. Du reste, on s'en rapproche de plus en plus, et ce vieux panneau de grille aura la gloire, avec les vieilles pentures de Notre-Dame dé Paris, d'avoir puissamment aidé à la renaissance actuelle de la ferronnerie du xiiie siècle. Aujourd'hui, une grille absolument semblable à la nôtre, et en fer battu, ne coûte pas plus de 150 francs le mètre superficiel; déjà nous en avons fait exécuter plusieurs, et nous pensons que, d'ici à peu de temps, on pourra en avoir 1 mètre pour 125 francs, et même pour 100.

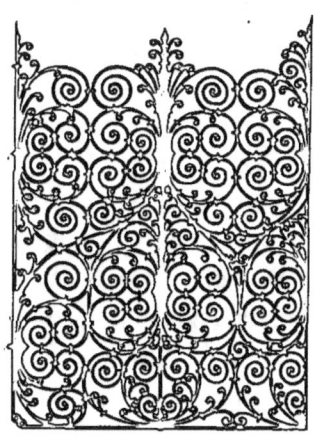

454. — GRILLE A JOUR, EN FER BATTU. — XIIIᵉ SIÈCLE.

APPARTIENT A M. DIDRON. — HAUTEUR TOTALE, 1 MÈTRE.

Sur ce modèle, mais avec du fil de fer plus ou moins fort, nous avons fait exécuter des grillages pour protéger les vitraux. Quand le soleil donne sur ces fenêtres, il semble que tout le fond de la verrière est historié d'un damassé courant. C'est un peu plus beau, à n'en pas douter, que les grilles à mailles monotones, en losanges ou en carrés stupides, qu'on nous fait depuis deux cents ans. Des grillages ainsi frisés en rinceaux ne coûtent que 35 ou 40 fr. le mètre. C'est plus cher assurément que les grillages maillés; mais aussi il existe entre eux la distance qui sépare l'art ancien de la nullité moderne.

Entre les nombreuses grilles de clôture qui existent encore à Saint-Ger-mer, à Reims, Braine, Saint-Quentin, Noyon, Saint-Denis, Auxerre, Cra-van, Cluny, Conques, Béziers, Cadiac, au Puy, et peut-être dans cinquante autres endroits de France, nous offrons une minime réduction, mais sans y attacher d'importance, de celle qui ferme le chœur de Sainte-Foi, à Conques, dans l'Aveyron. Sans y attacher de l'importance, en effet, car ce n'est pas la plus belle : son mérite est d'offrir trois motifs différents et un couronnement beaucoup plus original que joli.

152. — CLOTURE DE CHŒUR, EN FER BATTU. — XIIᵉ SIÈCLE.

A SAINTE-FOI DE CONQUES, DÉPARTEMENT DE L'AVEYRON.

Déjà les « Annales Archéologiques » ont reproduit, disséminés dans plu-sieurs volumes, des dessins et des descriptions de grilles par MM. Lassus, Viollet-Le-Duc, A. Ledoux, Darcel, E. Amé, A. de Surigny et l'auteur de ce Mémoire sur les œuvres de métal; mais nous pensons bien ne pas nous en tenir là, et nous espérons même que l'un des nôtres finira par publier un travail complet sur la ferronnerie au moyen âge dans tous les pays de l'Europe. Il faut dessiner et décrire tout ce qui existe, parce que les beaux motifs de fer battu, si finement exécutés pendant les XIIᵉ et XIIIᵉ siècles, peuvent nous servir aujourd'hui pour des pentures, des serrures, des heurtoirs, des grilles d'appui, des balustrades, des grilles de communion, des clôtures de chœur, des gril-lages de fenêtres. Le fer et quelquefois le bronze, comme aux balustrades intérieures d'Aix-la-Chapelle, doivent jouer, dans l'architecture religieuse et civile, leur rôle considérable d'autrefois. Depuis quelques années, nous assis-tons à la renaissance de la ferronnerie; mais il importe de donner à ce bel art toute l'importance qu'il avait dans les temps anciens, et voilà pourquoi, à côté de la fonderie, j'installe un atelier de serrurerie.

XXI. — OBJETS DIVERS.

Ces objets divers ressemblent assez à ces pierres qui font saillie, d'une assise à l'autre, sur les côtés d'une maison qu'on achève de bâtir et qui attendent que d'autres maisons viennent s'y accoler. Dans ce paragraphe, en effet, nous voudrions poser quelques pierres d'attente, soit pour des objets de métal, passés sous silence, parce que nous n'en avons pas trouvé des modèles anciens; soit pour des objets de pierre, de bois, de verre, ou pour des tissus, dont il sera question ultérieurement.

Ainsi nous avons omis les tabernacles, parce que les exemples anciens de ce meuble important nous sont inconnus. Il existe bien, surtout en Allemagne et notamment à Ulm et Nuremberg, de petits édifices placés dans le sanctuaire, au côté gauche de l'autel, et qu'on appelle des « Maisons de Dieu»; ce sont de vrais tabernacles. C'est là, en effet, que l'on renferme les ostensoirs et les ciboires, les hosties consacrées et la réserve eucharistique. Mais ces édicules ne sont pas posés sur l'autel comme nos tabernacles d'aujourd'hui, et, d'ailleurs, ils datent tous des xvᵉ et xvıᵉ siècles; je n'en connais pas un seul qu'on puisse seulement attribuer au xivᵉ siècle, à plus forte raison au xiiiᵉ.

On a donc prétendu que les tabernacles proprement dits n'étaient pas en usage autrefois, et que constamment la réserve eucharistique se suspendait en l'air, au-dessus du maître-autel, soit dans une colombe en métal, soit dans un vase en forme de tour où l'on renfermait le ciboire. Il faut le dire, en France, et surtout dans le nord, à Reims et Amiens, où cet usage à persisté, à Arras, dont notre gravure n° 4 offre un si complet modèle, il en était ainsi. Mais ailleurs, surtout en Italie, le tabernacle, tel que nous l'avons en ce moment, se plaçait sur la table de l'autel, au milieu des gradins. Seulement, il s'appelait arche ou tabernacle, et il rappelait l'arche d'alliance où furent renfermés les tables de la loi, le vase d'or qui contenait la manne du désert, les pains d'orge et autres reliques du culte juif. Guillaume Durand est décisif sur ce point :

« En imitation de cette arche du testament ou de ce tabernacle du témoignage, dans quelques églises, on place sur l'autel une arche ou tabernacle dans lequel sont déposés le corps du Seigneur et les reliques [1]. »

─────────

1. In cujus rei imitationem, in quibusdam ecclesiis, super altare collocatur arca seu tabernaculum in quo corpus Domini et reliquiæ ponuntur ». — G. Durand, « Rationale divinorum officiorum », lib. i, cap. ii, nᵒˢ 5 et 6.

C'est donc un fait incontestable : au XIII° siècle et sans doute auparavant, certaines églises avaient sur leur autel (l'autel majeur) un véritable tabernacle, comme celui d'aujourd'hui, où étaient renfermées les hosties consacrées. D'ailleurs, que cet usage ait existé ou non, il est presque universel aujourd'hui, et il faut y satisfaire.

Je l'ai dit, les exemples de tabernacles anciens font défaut ; mais il est assez facile, cependant, d'y suppléer. Un tabernacle, où l'on renferme les saintes hosties, n'est pas autre chose, quoique d'un ordre bien supérieur, qu'une châsse où l'on conserve les reliques des saints. L'assimilation est si complète, que Guillaume Durand dit que dans le tabernacle sont déposés les reliques et le corps du Sauveur. Or, les châsses et les reliquaires abondent ; nous en avons, Dieu merci, donné une assez belle collection dans le second paragraphe de ce Mémoire, châsses byzantines, romanes, ogivales, de tous les pays et presque de tous les temps. Nous proposons donc d'établir, sur les autels des églises anciennes ou des églises nouvelles en style ancien, des tabernacles entièrement pareils ou du moins analogues aux châsses que nous avons publiées ou qui enrichissent soit les trésors conservés, soit les collections publiques et particulières. Il nous arrive même ceci d'assez curieux : la châsse de forme byzantine, n° 5 de ce Recueil, nous l'exécutons en double exemplaire en ce moment : une première fois pour servir de tabernacle, et une seconde fois pour servir de reliquaire.

Les portes de tabernacles sont aussi rares que les tabernacles mêmes. Cependant, toute porte de reliquaire ou de châsse peut également servir de porte à un tabernacle quelconque. En outre, comme je l'ai déjà dit, ces belles couvertures tout en métal, ou en ivoire et métal, qui contiennent nos plus précieux manuscrits ou nos grands missels et évangéliaires, sont véritablement, pour un tabernacle, des portes toutes faites, comme forme, comme iconographie et comme symbolisme. Ainsi, nous avons exécuté en bronze, et pour servir de porte de tabernacle, la couverture du manuscrit allemand que nous publions aujourd'hui au n° 110, et nous avons l'intention de reproduire également cette face du célèbre reliquaire de la croix que possède Saint-Mathias de Trèves. Le Christ et les attributs dés évangélistes y sont bien à leur place pour en faire une porte d'un caractère général, et nous n'aurons à substituer à ces personnages et saints locaux, qui occupent l'arcature d'en haut et d'en bas, que la série des apôtres ou des anges [1].

1. Il est inutile de donner ici la description de cette curieuse iconographie du reliquaire de Saint-Mathias ; ce travail se fera tout naturellement lorsque sera publiée l'autre portion de ce reliquaire aussi célèbre et aussi intéressant que son frère, le reliquaire byzantin, qui est à Lim-

En canons d'autel on est encore, si c'est possible, plus pauvre qu'en tabernacles. L'usage en est récent, pas antérieur peut-être à la fin du xive siècle;
par conséquent, les exemples anciens font complétement défaut. Mais, comme
pour les tabernacles, il est facile d'en composer par analogie.

Le canon central se divise en trois sections : le milieu est occupé par
la « Consécration »; la partie gauche, par le « Gloria », le « Credo » et
l' « Offertoire » qui la précèdent; la partie droite, par les « Mémoires » et les
prières de la « Communion ». C'est donc un tableau à trois compartiments;
c'est, en d'autres termes, un véritable triptyque. Par conséquent, tous les
triptyques, et ils sont nombreux, peuvent servir de modèles. Or, page 20,
planche xiii de ce travail, nous avons offert le plus riche triptyque, et
page 45, planche xxxiv, l'un des plus simples qui existent. En ce moment
même, pour une église romane du xiie siècle, nous faisons exécuter, comme
cadre de canon central d'autel, le beau triptyque de l'abbaye de Florefle.
Quant aux canons latéraux, l'un pour l' « Infusion » du vin et de l'eau dans le
calice et le « Lavabo »; l'autre pour l' « Évangile de saint Jean », la partie
centrale du triptyque, dégarnie de ses deux volets, peut parfaitement s'y
approprier, et l'on aura ainsi trois tableaux engendrés par la même forme.

Si les couvertures des livres liturgiques doivent, pour garder l'esprit du
moyen âge, s'exécuter en métal riche ou précieux, relevé de filigranes et de
pierreries, à plus forte raison les cadres de canons d'autel réclament-ils le
luxe des métaux enrichis de toutes les délicatesses de l'art. Aussi, le magnifique triptyque de l'abbaye de Florefle ne nous a-t-il pas semblé trop riche
pour des cadres qui accompagnent le tabernacle et qui décorent l'autel.

Si des œuvres de métal nous voulions, dans cette revue de la décoration
et de l'ameublement des églises, passer aux œuvres de menuiserie, de marqueterie, de céramique, de mosaïque, de peinture sur verre, il faudrait, à ce
volume, en ajouter plusieurs autres. Je m'abstiens donc pour le moment,
et je me contente de donner tout uniment un exemple de carrelage et un
exemple de confessionnal.

Les « Annales Archéologiques » foisonnent en descriptions et dessins de
carreaux émaillés et de dalles ciselées. Ces travaux de MM. Charles Bazin,
Victor Petit, Auguste et Louis Deschamps de Pas, Alfred Ramé, Édouard
Fleury, Émile Amé, etc., ont même suscité la création de fabriques de carreaux et de dalles à Paris et dans plusieurs départements. Malheureusement,

bourg-sur-Lahn, et sur lequel a été donnée dans le xviie volume des « Annales Archéologiques »,
une notice fort détaillée.

la terre, l'émail et le vernis des carreaux ont peu de solidité, et la pierre, le mastic ou le plomb des dalles sont d'un prix élevé. Ces graves inconvénients ont beaucoup nui à ces jeunes fabriques dont plusieurs n'existent déjà plus. Mais il importe de ne pas laisser mourir une seconde fois une industrie florissante au moyen âge et qui a le droit de vivre et de s'étendre comme°a revécu et s'est développée la peinture sur verre. Il faut que les céramistes trouvent des substances résistantes, et que les dalleurs s'accoutument à faire vite, bien et à meilleur marché. Rien de cela n'est impossible. On ne remplacera par rien, si ce n'est par la mosaïque, dont les matériaux et le prix sont inabordables, les anciens carreaux émaillés; or, comme ces carreaux sont nécessaires pour harmoniser une église avec la peinture monumentale et les verrières historiées, il faut donc absolument que les carreleurs se remettent à l'œuvre.

L'un des plus beaux carrelages est celui de Saint-Pierre-sur-Dive, dont voici le dessin :

153. — CARRELAGE EN TERRE CUITE ÉMAILLÉE ET VERNISSÉE. — XIIᵉ SIÈCLE.

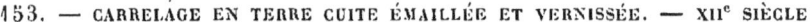

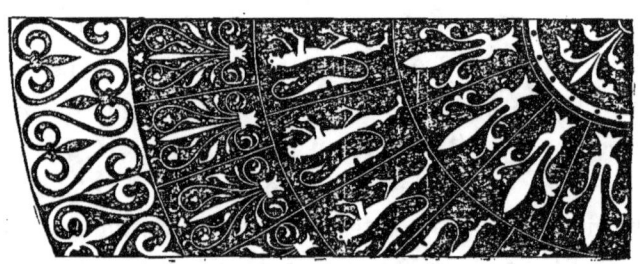

A SAINT-PIERRE-SUR-DIVE (CALVADOS).

Avec deux couleurs seulement, l'une claire pour le champ et l'autre foncée pour les ornements, ou foncée pour le champ et claire pour les ornements, on obtient un tapis en terre cuite d'un fort riche aspect. Puis, en prenant ces carreaux séparément ou, en vertu de certaines combinaisons, en les groupant deux à deux, quatre à quatre, on réalise des ensembles de la plus charmante géométrie.

Nous insistons pour qu'on n'abandonne pas à la légère, ainsi qu'on y paraît disposé en ce moment, un moyen, fort économique et qui peut être résistant et durable, de décoration vraiment splendide.

Si du carrelage en terre cuite nous passions au dallage en pierre ciselée ou en marbres colorés, il faudrait nous arrêter sur l'iconographie. Mais cette iconographie du sol doit se combiner avec celle des parois, avec celle des verrières, avec celle des voûtes, et c'est, sans exagération, tout un monde

nouveau à décrire. Or, après tout ce qu'on vient déjà de lire, à propos des
châsses, des chandeliers à sept branches, des couronnes ardentes, des pieds
de croix, des bénitiers et fonts baptismaux, des calices et des lutrins, on doit
être rassasié d'iconographie, du moins pour le moment, et nous n'en dirons
pas davantage. Du reste, ce n'est pas dans un paragraphe complémentaire,
mais dans un travail à part, qu'il peut en être question tout à l'aise.

Un meuble aussi rare, à cause de son usage récent, que les ostensoirs en
soleil, c'est le confessionnal. Le seul confessionnal un peu ancien que j'aie
rencontré dans mes voyages est à Notre-Dame de Nuremberg. Personne,
depuis l'année 1844 où je l'ai signalé, n'en a trouvé d'autre. Ce confessionnal de Nuremberg est en ogive flamboyante du xive-xve siècle; mais, à ma
prière, Lassus en a redressé les lignes, et il en a fait un meuble charmant du
xiiie siècle. Ce confessionnal, ainsi rectifié et vieilli, a obtenu le plus grand
succès, et l'on peut aujourd'hui le voir figurer dans plusieurs cathédrales et
grandes églises de France. Pour abriter le pénitent contre les regards indis-
crets, le confessionnal de Nuremberg a ménagé, à droite et à gauche de la
partie centrale où s'assied le confesseur, un compartiment complet où l'on
pénètre par une entrée de biais. Dans plusieurs imitations modernes qu'on
en a faites, comme ce confessionnal à cinq compartiments prenait trop de
largeur, on a supprimé les deux arcades en biais, et l'on a ouvert, pour en
faire l'entrée et l'agenouilloir des pénitents, les deux loges attenantes à celles
du confesseur. On a obtenu ainsi un confessionnal dont la construction est
moderne, mais dont tous les détails sont anciens.

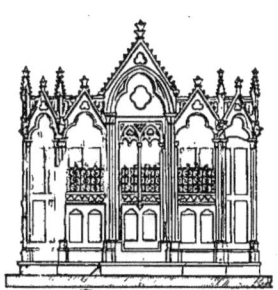

154. — CONFESSIONNAL DU XIIIe SIÈCLE.

IMITÉ D'UN CONFESSIONNAL DE L'ÉGLISE NOTRE-DAME, A NUREMBERG.

Si le moyen âge avait fait des confessionnaux comme il a fait des autels et
des fonts de baptême, nul doute qu'il ne les eût couverts d'ornements et de
figures. L'iconographie d'un confessionnal est l'une des plus séduisantes
qu'un homme d'imagination, nourri de la substance du xiiie siècle, puisse se

proposer. Après avoir, en 1856, publié la description et le dessin de l'orgue historié que M. W. Burges proposait pour Notre-Dame-de-la-Treille, à Lille, plusieurs jeunes architectes de France s'émurent; ils comprirent qu'on pouvait vivifier par la sculpture historique et allégorique tous les meubles d'une église. L'un deux, qui était chargé de faire exécuter, pour une des plus importantes églises de la Champagne, un certain nombre de confessionnaux, m'engagea à publier dans les « Annales » un confessionnal historié comme je venais de publier et de décrire le buffet d'orgue de M. Burges. « Le poëme du confessionnal n'est pas fait encore, m'écrivait-il, et il serait nécessaire de s'en occuper. Par la description de l'ancien dallage de Saint-Remi de Reims, par l'existence actuelle du dallage de la cathédrale de Sienne, on a maintenant l'iconographie du pavé; mais celle du confessionnal n'a pas été coordonnée autrefois, puisque ce meuble est d'usage récent, et personne n'a songé encore à s'en occuper comme M. Burges vient de s'occuper de l'orgue. »

Tout cela est parfaitement vrai, et, si j'en avais eu le temps, j'aurais abordé un sujet qui me séduit beaucoup, comme me séduit non moins vivement l'iconographie de la chaire à prêcher; mais les années s'en vont, la plus mauvaise et la plus froide saison de la vie accourt à grands pas, les maladies épuisent, les infirmités menacent, les occupations se multiplient, et l'on ne peut plus même faire l'indispensable. Du moins M. Burges est jeune, ardent, instruit, bon écrivain, excellent dessinateur; puisqu'il a composé le poëme de l'orgue aux applaudissements de tous, qu'il aille maintenant à la chaire, puis au confessionnal, et qu'il nous montre ce qu'un archéologue peut réaliser avec une grande science éclairée d'une vive imagination.

XXII. — CONCLUSION.

Lorsqu'il y a dix ans je terminais le catalogue de notre librairie archéologique, j'écrivais : « Pour nous, en nous occupant de la science rétrospective et tout en regardant le passé au microscope, pour ainsi dire, nous vivons en plein dans le présent et nous cherchons résolûment l'avenir. Notre devise a toujours été SAVOIR POUR PRÉVOIR, et ce n'est pas aujourd'hui que nous l'abandonnerions pour en prendre une autre. Nous croyons donc accomplir une mission d'ordre et de moralité, tout en faisant une tâche purement scientifique et même commerciale. » A la fin de cette petite profession de foi, qui n'a pas cessé de régler notre conduite, nous donnions la gravure d'un médaillon sculpté au XII siècle sur le jambage d'une porte de l'église abbatiale de Saint-Denis. Un individu à deux têtes sur un seul corps se tient debout sur un rinceau de feuillage qui contourne et circonscrit le médaillon. L'une des têtes est vieille et barbue, l'autre est jeune et imberbe. L'homme barbu est presque enveloppé d'un lourd manteau, l'imberbe est presque nu. Le pied du barbu pose lourdement sur la bordure du médaillon, le pied de l'imberbe est levé lestement sur un feuillage en saillie. Cette sculpture précède les signes du zodiaque ; elle symbolise l'année qui finit et l'année qui commence, le passé et l'avenir. Le passé est vieux, est lourd, et le froid de la mort commence à le prendre ; le présent est jeune, sans barbe encore, leste

155. — LE PASSÉ ET L'AVENIR.

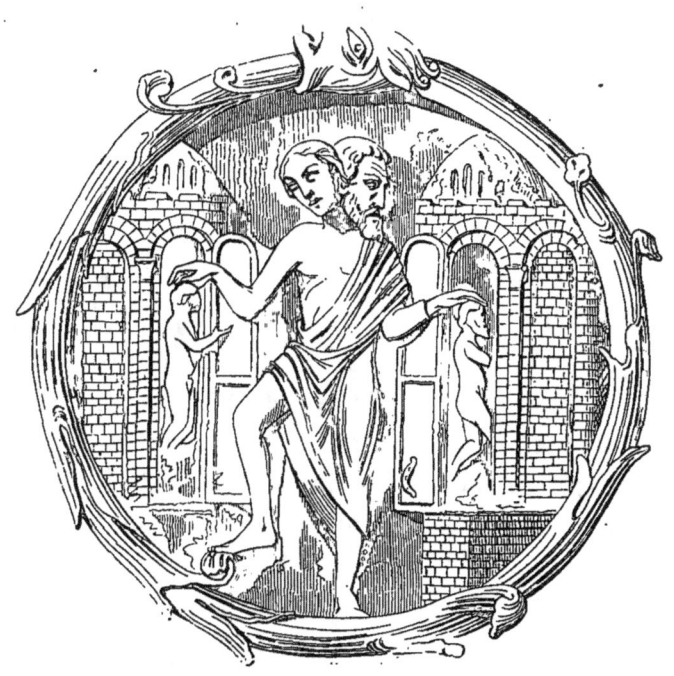

SCULPTURE DE SAINT-DENIS. — XIIᵉ SIÈCLE.

du pied et chaud du corps. Le barbu pose la main sur un petit être, un homme en raccourci, qui va se retirer dans une maison, et déjà la porte semble remuer pour se refermer à jamais sur ce passé qui disparaît. Le jeune, au contraire, ouvre la porte d'une autre maison et amène à lui un tout petit jeune homme qui accourt vif et leste. Le petit vieux qui se retire, c'est toujours le passé ; le petit jeune qui arrive, c'est l'avenir. Au bas de cette ancienne et bien curieuse sculpture nous avions écrit savoir, pour le passé, prévoir, pour l'avenir. C'était notre devise que nous retrouvions, ainsi mise en figures, six siècles avant l'adoption que nous en avons faite.

Cette devise et cette image, nous en avons fait une marque de fabrique pour tous les objets que nous exécutons en bronze et en orfévrerie. Comme marque à chaud, c'est une sorte de cachet.

Faute de place, nous avons supprimé les deux petits êtres dont l'un rentre dans le passé et dont l'autre, par la porte largement ouverte, arrive dans le présent et dans l'avenir. Mais les détails essentiels de la sculpture de Saint-Denis sont reproduits dans ce cachet dont voici le dessin.

156. — MARQUE DE FABRIQUE.

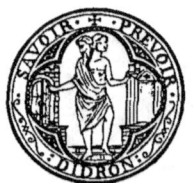

IMITÉE D'UNE SCULPTURE DU XIIᵉ SIÈCLE.

Dans la marque à froid, poinçon qui est tout à fait microscopique, il a fallu supprimer davantage encore; mais on a mis en parfaite évidence le barbu et l'imberbe, le passé et l'avenir, le savoir et le prévoir; en sorte que marque à chaud, cachet et marque à froid procèdent de la même pensée. Cette pensée, bien ambitieuse assurément, promet beaucoup plus qu'un homme ne pourra jamais tenir; mais elle a le mérite du moins d'indiquer nettement une tendance et de caractériser clairement une double aspiration. D'ailleurs le XIIᵉ siècle me l'apportait, et jamais je ne saurai ni ne pourrai résister au moyen âge.

FIN